기독교인이라면 반드시 읽어야 할 책 100

기독교인이라면 반드시 읽어야 할 책 100

| 송광택 지음 |

팬덤북스

프롤로그

책 읽는 기독교인이 미래를 바꾼다

다른 사람보다 한 발 앞서면 지도자가 되고, 두 발 앞서면 개척자가 된다는 말이 있다. 세상은 창조적인 소수에 의해 변화되어 왔다. 세상을 변화시킨 창조적인 소수는 대부분 책을 많이 읽는 사람들이었다.

1980년대 버클리 대학의 심리학 연구소는 세계적으로 성공한 600명에 대해 연구를 진행했다. 그 결과 성공한 사람들이 가진 다섯 가지 특징을 밝혀냈다. 강한 집중력, 살아 있는 감성, 창의적 사고, 정직한 성품, 풍부한 독서가 그것이었다. 다섯 가지 중 앞의 네 가지는 독서를 통해 자연스레 길러지는 능력이라는 것이 나의 생각이다.

2002년에 발표된 〈미국의 리더는 어떻게 만들어지는가?〉라는 연구 논문에는 독서와 관련된 항목이 있다. 성공한 리더들은 이미 초등학교 시절에 세계 명작 등의 좋은 책을 많이 읽었다는 내용이다! 어린 시절에 읽은 책의 양과 질이 한 사람의 인생이 나아갈 방향과 질을 결정했던 것이다.

'책 읽는 사람이 지도자(Readers are leaders)'라는 말이 있다. 독

4

서는 세상을 읽는 능력을 길러 준다. 책은 세상을 보여 주는 창이기 때문이다. 우리는 책을 통해 새로운 세계와 위대한 정신을 만난다. 독서라는 간접 경험을 통해 감성 능력, 즉 남을 이해하는 능력과 동정심, 인내심, 용기, 투지를 얻는다. 리더십은 영향력이고, 그 바탕을 이루는 저력은 독서력이다.

우리는 누구나 변화를 꿈꾼다. 특히 기독교인들은 예수님을 닮아 가는 근본적인 변화를 꿈꾸는 사람들이다. 우리는 변화의 힘을 어디에서 얻을 수 있을까?《영적 지도자 만들기》의 로버트 클린턴은 성공적인 지도자들의 생애를 연구하다가, 책이 그들의 생애에 끼친 영향을 발견했다. 책은 그들의 미래를 준비시켰다. 카네기는 책을 실컷 읽고 싶어서 책방 점원이 되었다. 벤저민 프랭클린은 책 살 돈이 없어서 다 읽은 책을 팔아 새로운 책을 샀다. 많은 위인과 지도자들은 결정적 시기에 책의 세계에 빠졌고, 책 속에서 비전을 발견했다. 책 읽기는 변화의 힘이다.

기독교인은 현세를 부정하고 내세만을 위해 사는 사람이 아니다. 현실 세계 속에서 우리는 가정과 직장과 사회의 일원으로서 다양한 역할을 감당해야 한다. 특히 21세기의 현실은 '평생 학습자'로서 교양인과 전문인을 요구하고 있다. 이를 위해 기독교인은 폭넓은 독서를 통해 비전의 지평을 넓히고, 사고의 깊이를 더해야 한다. 뿐만 아니라, 현실을 이해하고 미래를 전망하는 안목도 키워야 한다.

이 책은 기독교인에게 도움이 될 100권의 책을 선별하여 소개하였다. 기독교인의 지성을 위한 필독서와 양서를 주제별로 선정하고 핵심을 정리하였다. 엄선된 주제는 신앙생활 전반과 영성, 자기 관리와 인간관계, 가정과 자녀 교육, 리더십과 독서 등 현실에서 변화와 미래를 꿈꾸는 기독교인을 위한 본질적이면서도 실제적인 내용을 포함하고 있다.

2010년에 초판을 낸 지 수년이 지나 개정판을 내게 되었다. 새로운 책을 20여 권 소개하여 내용의 질을 더욱 향상시켰다. 이 책을 징검다리 삼아 고전과 명저를 직접 읽고 삶의 영향력으로 승화시키는 기독교인이 많아지기를 바라는 마음 간절하다.

책이 나오기까지 격려해 주신 분들이 많다. 이 자리에서 그분들의 이름을 모두 소개하기는 어렵지만, 그럼에도 감사를 지나칠 수 없는 분들이 있다. 연세대학교 조신권 명예교수, 겸재정선기념관 이석우 관장, 서울장신대학교 김세광 교수, 그리고 추천사를 써 주신 극동방송 이사장 김장환 목사, 총신대학교 평생교육원 최광수 교수, 한국작은도서관협회 정기원 이사, 샘터교육문화원 원장 안중덕 목사께 머리 숙여 감사를 표하고 싶다.

사랑하는 부모님, 교장으로서 청소년을 섬기는 아내 명란, 하나님의 선물인 효진이와 재윤이, 조카 재원과 은미, 일산 가좌동 목회자 독서 모임 회원들, 바울의 교회 성도와 도서관 글향기 북 카페 봉사자 여러분께도 감사와 사랑을 전한다.

일산 끝자락 글향기 도서관에서
송광택

7

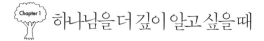

Chapter 2 하나님이 사랑하시는 나를 사랑하기

Chapter 3 예수님, 당신은 내게 누구십니까?

Chapter 4 인간관계가 어렵다고 느껴질 때

Chapter 5 지적 성장과 영적 성숙을 위한 책 읽기

Chapter 6 하나님이 바라시는 가정

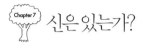

Chapter 7 신은 있는가?

Chapter 1

하나님을 더 깊이
알고 싶을 때

하나님, 이런 나를
사랑하시나요?

자녀로서 나를 사랑하시는 하나님

'아바'의 사랑을 느끼고 싶다면

나를 이처럼 사랑하사
브레넌 매닝 | 좋은씨앗

탁월한 저자 브레넌 매닝은 이 책에서 '자기혐오'의 문제를 다룬
다. 많은 사람들이 하나님의 기이한 사랑을 잘 받아들이지 못하
는 이유 가운데 하나가 자기혐오 때문이다. 우리는 우리 스스로
를 싫어하고 용서하지 못한다. 그렇기에 하나님께서 나를 사랑
하고 계신다는 사실을 마음으로 받아들이지 못한다. '어떻게 이

런 나를? 내가 봐도 나는 전혀 사랑스럽지 않은데?'

저자에 따르면, 예수님의 삶을 분명히 이해할 때에만 우리는 자기혐오를 떨칠 수 있다. 저자의 내면에 계신 그리스도는 사랑으로 나를 자기혐오에서 구원하시는 분이다. 그리스도는 각자 자신의 두려움과 불안을 모두 안고 '깨어진 죄인의 모습 그대로' 오라고 우리를 초청하는 분이다.

예수는 하나님 이해에서 일대 혁신을 이루셨다. 예수의 내면생활 중 가장 중요한 핵심 주제는 하늘의 아버지 '아바'를 향해 점점 깊어지는 신뢰, 친밀한 사랑이다. 그리스도의 뜨거운 열정의 근원은 하나님을 '아바'로 누리신 인격적 경험이었다.

아버지의 차고 넘치는 긍휼과 사랑은 아무리 과장해도 지나치지 않다. 자녀들을 향한 하나님 아버지의 사랑은 우리를 신비에 빠뜨린다. 그 사랑은 인간 경험의 범위를 완전히 벗어나기 때문이다. 탕자의 비유는 값없는 사랑을 잘 보여 준다.

신학자 마커스 보그에 의하면, 예수 사역의 가장 두드러진 특징 중 하나는 '죄인들', 즉 버림받은 자들과 함께 나누신 식사였다. 식탁을 나누는 것은 삶을 나누는 것이다. 정통 유대인에게 "당신과 저녁 식사를 함께 하고 싶다"라고 말한다면, 그것은 "당신과 우정을 맺고 싶다"라는 말로 통한다고 한다. 예수의 초대 손님인 죄인들은 식탁 교제의 의미가 단순한 예의와 호의 이상임을 잘 알았다. 바로 화평과 수용, 화해와 우애를 뜻했다.

예수님이 나와 '우정을 맺고 싶다'는 마음으로 당신의 저녁 식탁에 초대하심을 받아들일 때, 우리의 주일 예배는 어떻게 변화할까? 하나님의 식탁에서 예수님과 나누는 교제는 더 이상 부담스러운 의무와 무거운 율법의 준수가 아니다. 우리는 죄인이지만 동시에 예수님과 우정을 나누는 친구로서, 하나님의 사랑받는 자녀로서, 하나님 '아바'의 사랑의 식탁에서 화평과 수용, 화해와 우애를 체험한다.

한스 큉은 말했다.

"교회는 짓밟힌 사람들에게 용서와 화해와 구원을 베풀고, 심판을 하나님께 맡기며, 아버지의 무차별적인 사랑과 무조건적인 은혜를 선포하는 치유 공동체다. 교회가 죄인들로 구성되며, 죄인들을 위해 존재한다는 사실을 받아들이지 않는 교회는 자기 의(義)에 빠져 마음이 냉혹하고 무자비해진다. 이런 교회는 하나님의 자비도 인간의 신뢰도 마땅히 받을 수 없다."

이런 의미에서 주일 예배는 하나님 사랑과 이웃 사랑의 공적이고 단체적인 표현이다. 다른 사람들을 향한 사랑이 수반되지 않는 예배 의식은 위선일 뿐 아니라 전혀 무의미하다. 그런 예배는 하나님께 부합하는 길일 수 없다. 하나님 보시기에 공동체 예배의 가치는 훌륭한 음악, 효과적인 설교, 창의적으로 제작된 현수막 등과 무관하게 신앙 공동체 내 삶과 사랑의 질로 측정된다.

끝으로 저자는 '긍휼'을 말한다. 하나님의 지배적 속성은 거룩함이 아니라 긍휼이며, 따라서 하나님의 반사체인 공동체의 정서도 긍휼이 되어야 한다. 17세기 신비가 빈센트 디폴은 예리한 통찰력으로 말했다.

"긍휼을 베풀라. 그러면 성인(聖人)이 되리라."

저자의 방대한 책 읽기와 사유의 깊이는 독자를 압도한다. 진리를 구체화시키는 그의 글을 읽다 보면 하나님 '아바'의 사랑과 긍휼을 마음으로 깨닫게 될 것이다.

늘 주님을 실망시키는 우리지만, 그분의 눈빛 안에서 우리는 아버지의 무한한 긍휼을 감지하며, 예수 안에 계시된 하나님의 인간 얼굴을 본다.

내 영혼이 그분의
정원이 되기를!

하나님의 생명력으로 넘치는
아름다운 사람을 꿈꾸는 당신에게

물 댄 동산 같은 내 영혼
루시 쇼 | 요단출판사

이 책은 탁월하다. 기대 이상의 보상을 해주는 경건 서적이다. 영
성의 본질을 이야기하되, 난삽한 신학 용어가 아니라, 따뜻하고
선명한 진술로 영성의 뜻을 밝히고 있다. 저자 자신이 '정원'을 가
꾸며 얻은 체험적 영감이 녹아 있는데, 저자에 따르면 영성이란
생명에, 그것도 누군가가 '부여한' 생명에 닿아 있다. 그리스도인

에게 영성이란 성령, 하나님의 거룩하신 영에서 나온다.

이 책의 키워드는 '아름다운 정원'이다. 저자는 하나님께서 우리를 아름다운 정원으로 가꾸시는 분이라고 말한다. 저자에 따르면, "좋은 부모가 자녀들의 생각을 뛰어넘는 큰 계획을 마음에 두듯, 하나님께서도 우리가 어떻게 성장해야 좋은지, 시련과 고통을 넘나들며 어떤 성품, 어떤 영적, 정서적 능력을 키워야 할지 구상하신다. 그리고 그분은 우리의 잠재력을 보신다. 하나님께서 우리에게 부단한 시험을 겪게 하시는 이유는 이와 같다."

저자에 의하면, 영혼의 토양에 거름을 주는 일에 대해 우리는 어떤 종교적 실천이나 경건 훈련만을 염두에 두어서는 안 된다. 이 과정은 느리고 깊으며 전인적인 발전을 뜻한다. 풍부한 상상력을 추동하는 예술, 곧 음악, 미술, 영화, 시 등을 즐기고 추구하는 일, 다양한 책을 읽고 묵상 일기를 쓰며, 영혼의 친구와 우정을 쌓는 일 등등이 모두 창조주께서 우리 안에 기획하시고 공급해 주시는, 아름다움과 의미를 고양시키는 과정이다.

C. S. 루이스는 "너 자신을 땅속에서 묵묵히 겨울을 견디는 씨앗으로 생각하라. 정원의 주인이신 이가 정한 때에 꽃 피기를, 드디어는 세상으로 나가기를, 드디어는 깨어나기를 기다리는 한 씨앗으로 생각하라"라고 했다. 헨리 데이비드 소로는 "씨 뿌리지 않은 곳에서 싹이 나리라고 믿지는 않지만, 내게는 씨앗에 대한 크나큰 믿음이 있다. 그러니 거기 씨앗을 심어 보라. 나는 경이를 맛볼

준비가 되어 있다"라고 말했다. 저자는 작고 사소하나 당신의 삶을 바꾸어 버린 것들, 사람 마음의 풍경을 바꾸어 버리는 씨앗과 같이 작은 것들의 힘을 결코 무시하지 말라고 말한다.

7장 '빛으로 자라다'에서 저자는 진정한 영혼의 성숙을 말한다. "우리 각 사람은 형제자매를 섬기고 예술에 봉사하며, 의미 있는 일을 하고 따뜻한 인간애를 나누는 등의 여러 가지 일에서 보람을 찾을 수 있겠으나, 영혼이 진정으로 편안한 것은 하나님을 사랑하고 기쁘시게 하며 그분의 임재 안에 있을 때"이다.

저자에 의하면, "성장은 그 정확한 정의가 그렇듯 결코 정적이지 않은 것"이며, "모든 성장세는 변화가 따라야 한다. 그리고 변화는 위험을 수반한다"고 말한다. 미지의 영토로, 어둠 속으로 들어가기가 위험해 보일 수도 있다. 치명적인 재난을 맞을 수도 있다. 하지만 모험은 피할 수 있는 게 아니다. 우리는 죽음 속으로 죽지 않고 삶 속으로 죽는다!

물론 "영광과 아름다움은 값싸게 오지 않는다." 그것은 삶의 계절을 길이 참고 인내함으로써 얻어진다. 그렇기에 늙은 사람과 젊은 사람 들은 서로에게 필요하며 유익하다. 노인들은 청년들에게 지혜를 주고, 청년들은 노인들에게 활력을 준다.

이 책은 많은 인용구를 통해서 탁월한 작가나 신앙인의 깊이 있는 통찰력을 맛보게 해준다. 무엇보다 시인이기도 한 저자의 감수성 뛰어난 글들이 책 전체를 풍요로운 정원으로 만들고 있다.

나는 기도한다. 하나님의 창조 작업이 나의 식물들뿐 아니라 내 안에서도

계속되기를. 내 영혼이 그분의 정원이 되기를.

당신은 왜 기도하기를
주저하는가?

기도에 관한
실용적인 내비게이션

기도를 가르쳐 드립니다
제임스 L. 니코뎀 | 아바서원

청교도 토마스 왓슨은 기도가 "하늘에 계신 아버지의 품 안에서
영혼이 호흡하는 것이다"라고 말했다. 존 버니언은 말하기를, "기
도는 죄를 멈추도록 이끌지만, 죄는 기도를 멈추도록 유혹할 것
이다"라고 했다.

　이런 질문을 해볼 수 있다. 무엇이 기도보다 더 쉬울까? 우리

는 언제 어디서나 어떤 상황에서도 기도할 수 있다. 기도한다고 특별한 옷을 입거나 값비싼 준비물이 필요하지도 않다. 사실 기도는 절대적으로 자유롭다. 그런데도 왜 대부분의 그리스도인은 풍성하고 깊은 기도 생활을 하지 못하는가?

이 책은 기초적인 관점으로 기도에 접근한다. 1부에서는 기도하고 싶어 하는 많은 사람들을 방해하는 장애물과 그것을 극복하는 방법을 솔직하게 풀어 간다. 2부에서는 기도에 직접 생기를 불어넣어 줄 몇 가지 기본적인 전략을 다룬다.

이 책은 기도에 관한 실용적인 책이다. 저자에 의하면, 기도는 잔디를 깎는 일과 같다.

"그건 그냥 하면 되는 것이다. …… 기도란 그냥 하다 보면 잘하게 되는 것이다."

기도에 실패하지 않으려면 시간과 장소에 관한 계획을 세워야 한다.

"예수님은 기도하기 위해 미리 계획을 세우셨다. 하나님 아버지와 대화하기 위해 일정한 시간과 구체적인 장소를 따로 정해 놓으셨다."

기도하는 장소가 매일 동일하다면 기도 습관을 기르는 데 도움이 된다. 서재 책상 앞, 집 근처 공원, 침대 밑, 직장 주차장도 좋다. 저자는 아침에 일어나자마자 거실에 있는 의자로 달려간다.

어떻게 하면 우리는 균형 잡힌 기도를 드릴 수 있을까? 기도의 네 가지 요소를 때로는 'ACTS'라는 약자로 표현하기도 한다. A(Adoration)는 '찬미', C(Confession)는 '고백', T(Thanksgiving)는 '감사', S(Supplication)는 '청원'을 의미한다. 균형 잡힌 기도를 드리기 위해서는 각각의 요소에 동일한 시간과 주의를 기울여야 한다. 흥미로운 점은 저자가 제안하는 새로운 약자 'CHAT'다. '고백하다(Confess), 찬미하다(Honor), 간구하다(Ask), 감사를 드리다(Thank)'이다.

기도에 관한 세 가지 팁도 들어 있다.

첫째는 기도 일기다. 저자는 기도 일기를 쓰는 습관이 있다. 물론 그는 기도 일기를 매일 써야 하는 일기장으로 여기지 않는다. 월요일과 금요일, 일주일에 단 두 번이다. 철저하게 죄를 고백하는 습관을 유지할 정도로만 기도 일기를 쓴다.

둘째는 기도 생활을 위한 금식이다. 저자는 말한다. "당신은 너무 배가 불러서 하나님에 대해 굶주리지 않을 것이다." 하나님에 대한 갈망을 되찾으려면 소소한 즐거움에 대한 금식이 필요하다. 먼저 자신이 탐닉하는 것들이 무엇인지 알아내어 의도적으로 금식해야 한다. 농담이 아니다.

셋째는 기도 짝꿍이다. 기도 짝꿍 관계의 목적은 서로 하나님의 길을 걷도록, 그 길에서 벗어나면 다시 돌아가도록 돕고 격려하는 것이다.

저자는 독자에게 각자의 기도 생활을 돌아보도록 도전한다.

"무엇인가에 대해 열정을 담아 기도해 본 적이 언제인가? 영적으로 방황하는 친구나 사랑하는 사람의 구원을 위해 마음을 다해 기도한 적은 마지막으로 언제인가? 중요한 결정을 내리기 위해 절실하게 필요한 지혜를 구하려고 하나님께 부르짖으며 기도한 적은 언제인가? 오랫동안 당신을 괴롭힌 죄에서 구원해 달라고 매달린 적은 언제인가? 에이즈, 기아, 전쟁, 폭력 또는 자연 재해 같은 비극으로 피해를 입은 사람들을 위해 상한 마음으로 중보 기도한 적은 언제인가? 그와 같은 상황에서 가벼운 기도는 전혀 어울리지 않는다."

저자의 목표는 독자의 기도 활을 향상시켜 주는 것이다. 책에서 제시하는 해결책들은 기도를 힘들어하는 이들에게 실제적인 도움을 준다. 통독의 가치가 있는 책이다.

밑줄 긋기

우리가 기도할 때 눈물보다 하품이 먼저 나온다면 분명히 뭔가 잘못되었다.

하나님을 사랑하는
새로운 길

하나님이 주시는 축복이 목적인가?

하나님 자체가 목적인가?

래리 크랩의 네 가장 소중한 것을 버려라
래리 크랩 | 살림

저자는 '성령의 새로운 길'을 소개하고 있다. 우리는 성령의 인도
하심에 따라 신성한 춤을 추도록 초청받았다. 그런데 사람들이 찾
고 있는 것은 '인생이 잘되기 위한 방법'이고, 그 방법들은 옛 생활
방식이다. 더 나은 삶을 위해 효과적인 방법을 추구하는 것은 우리
를 거룩함의 길이 아니라 이 세상의 방식에 따라 살도록 이끈다.

그렇다면 하나님께서 허락하시는 새로운 길은 어떤 길인가? 이 길에서 하나님은 하나님의 축복보다 그분의 임재를 더 사모하는 갈망을 우리에게 심어 주신다. 이 길을 걷는 사람의 가장 깊은 열망은 하나님을 알아 가며 신뢰하는 것이다.

영적 순례의 길은 우리가 원하는 대로 살기 위해 조건을 만족시키는 것이 아니다. 즉, 인과의 길이 아니다. 그 길은 우리가 하나님 사랑의 표준에 비할 때 얼마나 연약한지 자아가 깨어지면서 깊이 깨달아 가는 길이다.

그리스도인이 인과법칙에 매여 사는 것은 심각한 잘못이다. 하나님께서는 우리에게 "네가 내 원칙을 따르면 원하는 대로 인생을 만들어 주겠다"라고 말씀하시지 않는다. 조건을 만족시켜야 하는 인과법칙은 좋은 소식(복음)이 아니다. 모세의 옛길은 인과법칙 아래 살아가는 길이다. 원리를 따르고 축복을 기대한다. 그러나 엄격한 인과법칙 아래의 삶은 실제로 불가능한 삶이다. 그리스도의 첫길은 은혜를 발견하고, 참 안식을 경험하고, 자유의 법 아래 살아간다.

저자에 의하면, 하나님을 위해 산다고 하나 실제로는 그분이 주시는 축복을 위해 사는 것보다 더 큰 속임수는 없다. 그것은 그리스도인의 삶을 육신적이고 세속적인 시각으로 보는 것이고, 결국 은혜와는 동떨어진 삶을 살게 된다. 어쩌면 현대 교회의 가장 큰 실수는 옛 생활의 길을 무의식적으로 격려하고 있는 것일지도 모른다. 책이나 설교, 세미나 등을 통해 매력적인 축복을 제시하고, 어떻게 하면 그것을 얻을 수 있는지를 말해 준다. "하나님은 여러분을 축복하기 원하십니다. 그분의 축복이 여러분의 삶에 임하도록 살아야 합니다"라고 호소한다.

저자에 따르면, 현대 기독교가 더 나은 삶을 제공하는 것에 전념했기 때문에 우리는 예수님과의 실제적인 만남을 별로 경험하지 못했다. 저자는 이렇게 상식처럼 만연한 속임수를 경계한다. '성령의 새로운 길'을 걷는 사람은 여느 종교인들처럼 행동하지 않는다. 선한 행동을 통해 더 나은 인생을 살고자 하지 않는다. 어떤 환경에서든지 기뻐하며 산다. 성공에 대한 욕망에 쫓기지 않는다. 물론 성공을 원하지만, 그것이 우상이 되지는 않으며, 혹 그런 성향이 있을 때는 바로 깨닫고 욕심을 버린다.

기도에도 옛 생활의 길과 새로운 길이 있다. 하나님과 친밀함을 누리는 소망보다 하나님이 주시는 삶의 축복을 더 소중히 여기는 그리스도인들은 옛 생활 방식대로 기도한다. 옛 생활 방식의 기도는 하나님께 문제 해결과 방법을 요구하고, 인생의 만족을 느끼게 해 달라고 요구한다. 반면 새로운 길의 기도는 시작과 내용과 끝이 주님께 나아가는 것에 맞춰져 있다. '축복이 오든 시련이 오든, 제 삶의 모든 것이 주님 사랑의 도구가 되기를 원합니다'라고 기도한다.

이 책은 기계적인 행복 공식이 아니라, 하나님의 임재를 기뻐하고 즐거워하는 새로운 길로 우리를 안내하면서, 현대 그리스도인 모두에게 꼭 필요한 메시지를 던지고 있다.

성령께서는 우리 각자가 세상과는 전혀 다른 길을 걷고 급진적인 순례의 길을 가도록 초청하십니다. 우리는 하나님이 허락하시는 것에 자신을 내맡기며, 인생에서 어떤 상황을 맞이하든 간에 하나님께 가까이 나아가 그분을 더 깊이 알아 가는 삶을 살 수 있습니다. 이것이 성령의 새로운 길입니다.

기도하지 못할 정도로
바쁜 삶은 없다

기도할 시간이 없다고 말하는

당신에게

너무 바빠서 기도합니다
빌 하이벨스 | IVP

눈길을 끄는 제목을 가진 이 책은 기도를 부담스러워하는 현대
인들에게 체험적이면서 성경적인 안내를 해준다. 저자에 의하면,
기도는 부자연스러운 것이다. 기도는 우리 인간의 교만한 본성과
는 아주 이질적인 것이기 때문이다. 기도는 인간의 자율성에 대
한 도전이요, 독립적인 삶에 대한 고발이다. 단호하게 자기 나름

대로의 길을 가고 있는 바쁜 사람들에게 기도는 매우 황당한 방해꾼이 아닐 수 없다.

실제로 저자 스스로가 기도에 관한 놀랍고도 중대한 체험을 했음을 고백한다. 그는 기도에 관한 중요한 책을 15권 내지 20권 정도 읽었고, 기도에 관한 성경 구절들도 거의 다 섭렵했다. 그리고 20년이 흘렀다. 저자는 고백한다. 기도를 통해 하나님과의 관계 속에서 일어난 질적인 변화야말로 가장 짜릿한 기쁨이었다고. 기도를 시작한 후로 하나님을 더 잘 알게 되었다는 느낌이 들었다고.

우리들이 예수님처럼 기도하려면 분주한 일상에서 벗어나야 한다. 규칙적인 기도 시간이 중요한 만큼 일정한 기도 장소도 중요하다. 예수님은 기도를 가르치시면서 은밀함을 강조하셨다. 왜 문을 닫아야 할까? 분명하고도 현실적인 이유는 은밀한 장소일수록 관심이 분산되는 것을 최소화할 수 있기 때문이다. 대부분의 사람들은 하나님과 교통하려고 할 때 엄청나게 산만해진다. 음악 소리, 전화벨 소리, 아이들 소리, 강아지 소리, 새 소리 등은 기도의 집중력을 떨어지게 한다. 진심으로 기도할 만한 은밀한 장소를 조성하면, 시간이 흐름에 따라 그곳으로 자꾸 가고 싶어 할 것이다. 기도하는 법을 배우려면 관심을 분산시키지 않는 조용한 장소를 찾아야 한다.

하나님은 마음에서 우러나는 기도를 원하신다. 하나님은 우리가 감동적인 표현들을 남발하는 걸 원치 않으신다. 말의 뜻은 생각해 보지도 않은 채 형식적으로 사용하는 것도 원치 않으신다. 그저 친구나 아버지에게 말하듯이 하나님께 말씀드리기를 바라신다. 진심으로, 존중하는 마음으로, 인격적으로, 절실하게 말이다.

우리는 구체적으로 기도해야 한다. 저자는 그의 기도들을 매일 글로 적는다. 저자가 기도의 실천을 위해 알려 주는 한 가지 지혜는 이렇다. "종이에다 수평으로 네 칸이 생기게 세 개의 줄을 긋고, 각 칸마다 A(adoration, 찬미), C(confession, 고백), T(thanksgiving, 감사), S(supplication, 간구)를 적으라"고 말한다. 이것은 일종의 기도 유형이다. 유일하거나 완벽한 유형은 아니지만, 좋은 유형인 것만은 사실이다. 균형이 잡혀 있고 활용하기 쉽다.

저자에 의하면, 우리가 하나님께 아뢰기 전에 다음과 같은 질문을 해보는 것도 좋다. '만일 하나님이 요청을 들어주신다면, 그로 인해 하나님께 영광이 되겠는가? 그로 인해 하나님 나라의 도래가 앞당겨지겠는가? 사람들에게 도움이 되겠는가? 영적으로 성장하는 데 도움이 되겠는가?'

저자는 우리가 기도를 기억하는 방법으로, 기도를 하루 일정 속에 꼭 집어넣는 것을 강조한다. 어떤 사람들은 아침에 이부자리를 걷어차기도 전에 기도 시간을 갖는다. 그런가 하면 어떤 사람들은 커피를 마시면서, 점심 식사를 하면서, 직장 일이나 수업을 마친 후에, 저녁 식사 후나 잠자기 바로 전에 기도 시간을 갖는다. 하루 중 어느 시간을 선택하든 성실하게 지키기만 한다면 상관없다. 기도는 우리의 일상적인 리듬 속에 꼭 들어 있어야 한다.

기도는 속도를 늦추는 삶을 요구한다. 더불어 저자는 일기 쓰기를 통해서 삶의 속도를 늦춘다. 저자가 쓰는 일기는 영적인 기록이며 자신의 경험, 관찰, 묵상을 적는 것이다. 영적 일기를 쓰면서 그날 있었던 사건들 뒤에 숨어 있는 의미를 돌이켜보며 떠오르는 생각들을 기록하기도 한다.

진정한 기독교는 살아 계시고 역동적이며 대화하시는 하나님과의 초자연적인 동행이다. 능력은 침묵의 시간과 고요함 속에서 온다. 당신은 혼자만의 고요한 시간을 일정 속에 반드시 포함시키는가? 그렇게 해보라고 저자는 강력하게 권유하고 있다.

기도를 타협할 수 없는 생활의 중요한 일부로 여기고 하나님께 매달릴 때 어떤 유익이 있으리라고 생각하는가? 확신하기는, 심령이 온유해지고 습관이 변할 것이다. 믿음이 커지고 가난한 자들을 향한 사랑이 우러날 것이다.

주님처럼 기도하는 법을 가르쳐 주세요

예수님처럼 강력한 기도를
하고 싶다면

주여, 기도를 가르쳐 주소서
스탠리 하우어워스, 윌리엄 윌리몬 | 복있는사람

주님께서 가르쳐 주신 주기도문은 모든 그리스도인이 알고 있는 기도의 모본이요, 가장 중요한 기도이다. 저자인 스탠리 하우어 워스는 〈타임〉이 선정한 '미국 최고의 신학자'이다. 그는 이 책을 통해 주기도문의 의미를 복원해 내면서 개인주의와 자본주의가 만연한 21세기 현실에서 주기도문이 어떠한 함의를 지니는지 밀

40

도 있게 탐색한다.

그리스도인이 된다는 것은 어떤 모험에, 다시 말해 하나님 나라라고 하는 여정에 참여하도록 선발되는 것이다. 모험에 참여할 때 우리는 그전까지 우리의 삶을 노예화해 온 온갖 두려움에서 비로소 자유로워진다. 예수께서는 우리에게 그분의 나라에 동참하라고 초청하셨다. 그리스도인이 된다는 것은 새로운 나라, 곧 하나님 나라에 입양되는 것이다. 그렇기에 주기도는 모험으로의 초대다.

주기도는 주님을 알고 배우는 길이다. 진리란 곧 예수 그리스도다. 우리는 그분을 알게 됨으로써 진리를 알게 되며, 그분이 가르쳐 주신 대로 기도하기를 배움으로써 그분을 알게 된다.

주기도는 모든 기독교의 신조와 행동이 흘러나오는 원천이다. 주기도는 기독교의 본질을 제시한다. 기독교는 우리가 어떤 일을 하고, 어떻게 사느냐의 문제가 아니다. 기독교는 먼저 하나님이 그리스도 안에서 무슨 일을 하셨는지의 문제다. 먼저 하나님이 어떤 분인지를 알기까지 우리는 어떻게 살아야 하는지 알지 못한다.

저자에 의하면, 예수의 이름으로 기도한다는 것은 하나님의 뜻을 보다 중요하게 여기고, 우리 자신의 뜻을 보다 덜 중요하게 여기는 훈련을 평생에 걸쳐 받는 것이다. 주기도는 '자기중심적 신앙을 뒤집어엎는 하나님 중심의 기도'이다. 주기도로 기도하기를 배우는 일, 주기도가 우리의 제2의 천성이 되도록 만드는 일은 시간이 걸리며, 습관적인 반복이 필요한 일이다. 예를 들면, 하나님께 양식을 구하는 기도는 우리의 삶이 우리의 양식처럼 하나님께로부터 오는 선물이라는 사실을 매일같이 우리에게 상기시킨다. 매일 우리는 하나님께 의존해 살아가야 하기 때문이다.

저자에 따르면, "주기도에는 이 세상의 질서와 세속적 가치관을 변혁시키는 하나님 나라의 에너지가 응축되어 있다. '하늘에 계신 우리 아버지'로 시작하는 주기도는 하나님의 구원의 성격과 본질을 밝히는 것이며, 구원에 참여하는 것이며, 구원의 수단이다. "이것이 하나님께서 우리를 하나님 나라에 참여시킴으로써 세상으로부터 우리를 구원하시는 방법이다."

이 책은 주기도가 지금 여기서 우리가 살아 내야 할 진리라는 것을 확인해 준다. 저자의 주장에 따르면, 그리스도인은 이 세상과는 전적으로 다른 새로운 질서와 원리를 따라 살아가는 특이한 사람들이며, 그 특이성으로 인해 사회에 엄청난 영향을 미친다. 한마디로 주기도는 '이 땅으로 침투해 들어오는 하나님 나라의 선포이자, 하나님 나라의 백성으로 징집되어 살겠다는 담대한 고백'이다.

밑줄 긋기

구원이란 당신의 삶이 하나님을 향해 전향되는 것이다. 당신 생각에 당신이 하는 일이란 그저 작은 기도를 외워 드리는 것이 전부인데도 말이다. 구

원이란 그리스도 안에서 하나님이 우리에게 오심으로써 우리에게 무슨 일
이 일어났는지를 세상을 향해 말할 수 있는 용기를 갖게 되는 것이다.

기독교 교리가
어렵게 느껴집니까?

삶과 교리가 만나도록 인도하는

가이드북

당신은 무엇을 믿는가

더글라스 브라우어 | 복있는사람

처절한 상황에 처하거나 벼랑 끝으로 몰리면 우리는 궁극적인 질
문들을 던지고, 물음에 대한 답을 갈망하게 된다. 우리는 "지금 내
게 또는 내 주변에서 일어나고 있는 일이 대체 나의 신앙에 어떤
의미를 갖는가?" 하는 질문도 한다.

저자에 의하면, 용감히 질문을 던지는 신앙인(또는 신학자)이 되

기 위해서는 지금까지 다른 신앙인들이 믿어 왔고 가르쳐 온 내용들에 관해 어느 정도 지식을 가지고 있어야 한다. 교회는 질문을 던져 온 이천 년의 역사를 가지고 있다. 따라서 오늘 질문을 던지고자 하는 우리에게는 신앙 선배들이 던져 왔던 질문들과 관련하여 최소한의 지식은 가지고 있어야 한다. 물론 그들이 도달한 답변에 대해서도 마찬가지다.

이천 년의 역사를 지나오면서 교회가 던졌던 질문에 대한 답변들을 우리는 '교리'나 교회의 가르침이라고 부른다. 대부분은 기독교의 기본적인 질문들에 대해 신앙인들이 함께 이룬 하나의 일치된 생각을 나타낸다. 교회의 교리들은 많은 경우 교리 문답(catechism), 신앙 고백문(confession), 신조(creed)라 불리는 문서에 담겨져 있다.

그리스도인은 무엇보다도 성경의 독특한 위치와 권위를 인정한다. 그리스도인은 성경이야말로 권위의 원천이며 우리가 그 권위의 지배 아래 있음을 고백한다. 이러한 고백은 분명 현재 문화의 흐름을 역류하고 있는 것이다.

16세기 종교 개혁자 장 칼뱅은 성경 말씀을 읽을 때 신앙의 안경이 필요하다고 언급한 적이 있다. 성경 말씀이 하나님의 말씀이 되려면 성령이 내 안에서 역사하셔야 하고, 그때야 비로소 깨달을 수 있다. 칼뱅은 성경을 읽기 전에 먼저 기도했다.

"오 하늘에 계신 아버지, 주님 안에는 빛과 지혜가 충만하나이다. 당신의 성령으로 우리의 생각을 밝히시고, 우리에게 당신의 말씀을 경외함과 겸손으로 받을 수 있는 은총을 주소서. 그것 없이는 아무도 당신의 진리를 이해할 수 없나이다. 그리스도의 이름으로 기도합니다. 아멘."

사람들은 종종 성경이 어느 날 갑자기 형성되었다고 생각하지만, 사실은 점진적인 과정이었다. 때로는 고통스러운 과정이기도 했다. 어떤 책을 성경에 넣을지 말지는 신앙인들이 오랫동안 점진적으로(사실은 수세기에 걸쳐) 의견을 수렴시켜 왔던 문제이다.

저자에 따르면, 하나님에 대한 인간의 모든 언어는 하나의 근사치일 수밖에 없다. 하나님은 우리가 그분을 묘사하기 위해 사용하는 언어로 제한되는 분이 결코 아니시기 때문이다. 물론 우리는 창조 세계를 통해서도 하나님에 대해 무언가를 배울 수도 있다.

이 책은 마지막 부분에서 소위 '종말론'을 다룬다.

"당신과 나는 어떤 미래를 맞이할 것인가? 종말은 어떤 모습인가? 확실하게 알 수 없다. 어느 누구도 마찬가지다. 일부 그리스도인들이 생각하는 만큼 성경에는 종말에 대해 분명하고 세세하게 기록되어 있지 않다. 그러나 적어도 이것만은 분명히 알고 있다. 바로 우리의 미래는 하나님의 손 안에 있다는 사실이다. 그것이 좋은 소식이다."

저자는 기본적인 정통 신학을 이해하기 쉽고 흥미진진하게 설명한다. 그가 설명하는 방식은 매우 솔직하고 마음에 와 닿는다.

책의 내용은 도전적이지만 누구나 쉽게 읽을 수 있다. 신앙이 자라기 원하는 사람이라면 손 가까이 두고 읽기를 추천한다.

당신과 나는 오늘을 책임 있게 살라는 부르심을 받았다. 바로 그것이 남은

생애 동안 우리가 늘 마주해야 할 도전이다.

묵상의 세계를 배우고
실천하고 싶은가?

삶 전체로 하는

묵상의 세계를 배우라

- - - - - - - - - - - - - -

묵상의 여정

박대영 | 성서유니온선교회

지금까지 묵상을 주제로 한 많은 저작이 있었지만, 이 책의 무게
감은 아주 특별하다. 저자에 의하면, 묵상은 여정이다. 항상 현재
진행형인 여정이다. 시간과 공간 속의 여정이며, 관계 사이로 난
길을 따라 걷는 여정이다. 목표가 있는 여정이며, 과정이 목표만
큼이나 중요한 여정이다.

시간과 공간 속에서 진행되는 여정이기에 일상에서 벌어지는 크고 작은 일들과 우리의 소소한 선택에 따라 결정되는 여정이다. 또한 관계의 여정이기에 나아감이 있고 물러감이 있으며, 깊어짐이 있고 얕아짐이 있는 여정이라고 저자는 말한다.

묵상의 여정은 목표가 있는 여정이다. 속도보다는 방향을 중요하게 생각하는 여정이자, 천천히 걷고 천천히 읽고 천천히 생각하는 여정이다. 관계의 여정이기에 나 혼자만의 여정이 아니라 함께 가는 여정이다.

저자의 경우 묵상의 여정에서 두 분이 결정적인 역할을 했다. 그는 대학교 1학년 때 도서관에서 김교신의 〈성서조선〉을 만났다. 그것은 충격이요 감동이었다. 또한 비슷한 시기에 성서유니온선교회의 윤종하 장로를 만났다. 윤종하 장로는 초대 한국성서유니온선교회의 총무로서 〈매일성경〉을 창간했다.

특히 이 책은 몸의 역할에 주목하고 있다.

"신앙도 몸으로 한다. 우리는 몸으로, 몸을 통해 배운다. 맹목적인 신앙이 아니라면, 어쩌면 머리로 아는 만큼이 아니라 몸이 기억하는 만큼이 내 신앙인지도 모른다. …… 영적 각성과 정신적 의지가 몸을 훈련시키고 단련시키지만, 그다음에는 몸이 우리의 정신을 건강하게 할 뿐 아니라 우리를 더욱 영적인 사람, 경건한 사람이 되게 해준다."

묵상은 온몸으로 밀고 나가는 여정이며, 온 마음과 뜻과 정성을 다하여 살아 내는 여정이다. 저자는 "나의 행위 전체가 거룩한 묵상이다"라고 강조한다. 저자는 묵상이 우리를 하나님의 기쁨에 참여하도록 돕는다고 말한다. 묵상을 통해 하나님을 누리는 기쁨은 세상에서 인내할 힘을 주며, 하늘 가는 우리의 길 앞에 놓인 죄의 권능을 깨뜨리는 열쇠가 된다.

이 책은 인간의 마음이 '쉼 없는 욕구 제작소'라고 말한다. 죄는 강력하게 파멸의 길로 우리를 유혹한다. '어디서 마실까', '어디서 즐길까' 묻는 질문에 우리가 대답할 수 있는 것은 묵상의 즐거움을 통해 여호와를 즐기고, 공동체를 즐기고, 자연을 즐기는 것뿐이다. 이 즐거움을 맛봄으로써 궁극적인 즐거움을 사모하는 것이다.

무엇보다도 묵상은 명상이 아니라 살아 계신 인격체와의 대화다. 묵상은 하나님과의 소통이다. 저자는 독자들을 묵상 여정으로 초대하고, 여정에 준비시키며, 여정의 성격을 소개하고, 묵상의 배경이 되는 신학으로까지 안내하고 있다. 삶 전체로 하는 묵상의 세계를 배우고 실천하고 싶은 분에게 추천한다.

"묵상은 우리를 지금 이 기쁨에 참여하도록 돕는다. 그리하여 지금 이 기쁨을 누리는 자들만이 초청받는 새 하늘과 새 땅에서 벌어지는 어린양의 잔치에서 하나님의 기쁨에 참여할 수 있게 해 준다. 묵상을 통해 하나님을 누리는 기쁨은 이 세상에서 인내할 수 있는 힘을 주며, 하늘 가는 우리의 길 앞에 놓인 죄의 권능을 깨뜨리는 열쇠가 된다."

묵상은 억지로 하는 것이 아니라 어린아이의 놀이처럼 기쁨과 즐거움이

있는 축제의 여정이며 감탄과 경이가 있는 신비의 여정이다.

어떤 인생의 카드를 집어 들었는가?

당신은 당신이 맡은 악기만 연주하면 된다

변명하지 않는 그리스도인
헨리 클라우드, 존 타운센드 | 토기장이

저자가 먼저 다루는 주제는 '원하는 것을 선택하는 능력'과 연관
이 있다. 선택하는 능력은 이른바 '의지'이다. 문자적으로 '의지'
라는 말은 '욕구'를 의미한다. 하나님의 형상으로 창조된 인간에
게 '의지'는 그보다 훨씬 더 많은 의미를 지닌다.

동물은 생존을 위한 기본적인 욕구 , 곧 식욕을 가지고 있다.

오직 사람만이 단순히 어떤 것을 원하는 욕구뿐만 아니라, 욕구에 대한 책임을 지고 성취하려는 창조적인 의지를 가지고 있다. 창조적인 능력은 하나님의 속성에 속한다. 하나님의 속성을 전해 받은 우리는 창조적인 선택을 할 수 있다. 하나님은 우리에게 두 가지를 위임하셨다.

첫째, 삶을 창조하고 삶에 반응하는 능력.

둘째, 그러한 선택에 따르는 실제 결과들.

우리에게 어떤 일이 일어날지 스스로 결정하지 못할 때도 많다. 어떤 인생의 카드를 집어 들지 알 수 없는 일이다. 우리는 언제나 우리에게 일어난 일들에 어떻게 반응할지, 우리가 들고 있는 카드를 어떻게 사용할지 선택할 수 있으며, 필요한 것들을 구하고 찾을 수 있다.

이어서 이 책은 성공적으로 노력하게 만드는 몇 가지 방법들을 소개한다.

1단계 : 현실을 있는 그대로 볼 수 있어야 한다.

2단계 : 겸손한 사람이 되어야 한다. 겸손은 위인들이 지닌 특성이다. 스스로 하찮게 여기는 소심한 사람들의 모습이 아니다.

3단계 : 자신을 관찰하는 사람이 되어야 한다. 자기 자신을 들여다보고 점검하는 능력을 계발해야 한다. "자기 자신을 공부하는 학생이 되라"는 것이다.

4단계 : 용서해야 한다. 용서란 내게 상처를 준 사람을 처벌하고 정의를 행사하며 복수할 권리를 내려놓는 것이다. 용서하지 못하면 희생당함, 무능력함, 처벌, 불공평함, 보복 등에 대한 생각들로 마음이 흐려지기 쉽다. 이 부정적인 짐 덩어리를 내려놓아야 우리는 좀 더 명확하게 생각하게 된다.

5단계 : 유익한 슬로건을 만들고 기록해야 한다. 미래에 대한 책임을 지지 않으려고 우리 머리는 변명들을 늘어놓고 있다. 아마도 오랫동안 그리 해 왔을 것이다.

"당신의 사고방식에 새로운 시각을 부여해 줄 수 있는 새로운 슬로건을 세심하게 만들어 보라."

새로운 슬로건들을 기록하여 무엇이 참이고 실제인지 늘 되새길 만한 곳에 붙여 두어야 한다. 부정적인 사고가 당신의 머릿속에 침투하면 다시 기록들을 보라. 만사가 잘되어 가더라도 당신이 현실 한가운데 두 발을 딛고 서 있도록 기록들을 보라. 겸손하고 용서하는 사람이 되면 새로운 슬로건들이 강력한 효과를 발휘한다고 저자는 강조한다.

저자에 의하면, 변화에는 두 가지 유형이 있다. 그중 하나는 누구나 원하는 변화이고, 다른 하나는 실제로 더 나은 삶을 위해 준비된 사람들만이 원하는 변화이다.

첫 번째 유형은 '성과의 변화'이다.

성과란 당신이 추구하는 최종 결과물이다. 당신이 수확하고 싶은 열매, 즉 보고 싶어 하는 변화를 말한다. 아마도 날씬해진 몸매이고, 술술 잘 풀리는 데이트이며, 열정적인 결혼이고, 만족스러운 직장일 것이다. 성과의 변화를 꿈꾸는 것은 바람직한 일이다. 그럴 때 우리는 동기를 부여받고 영감을 얻으며, 계속해서 목적을 바라보게 된다.

그런데 그것은 변화의 쉬운 면에 불과하다. 성과가 달라지기를 갈망하는 것이 뭐가 어렵겠는가? 백일몽처럼 마음속에 낙관적인 이미지(비전)를 그려 보는 정도인데 말이다.

두 번째 유형은 '접근법의 변화'이다.

접근법이란 성과를 이루어 내고 목표를 달성하기 위해 취하는 방법이다. 접근법의 변화는 체중 관리 센터에 등록하고, 데이트 프로그램에 참여하고, 결혼 생활에 대해 마음을 터놓는 대화를 지속적으로 하며, 업무를 파악하기 위해 따로 시간을 내는 것 등을 포함한다. 다른 방식으로, 새로운 방식으로 일하는 것을 의미한다. 익숙하지 않더라도 해야 하는 일이다. 접근법을 바꾸지 않고서는 앞으로도 현재 얻고 있는 것만 계속해서 얻을 수밖에 없다.

인생에서 성과를 올리고 관계에서 성공하고 싶은가? 긍정적인 갈망과 목표들을 가지고 나아가라. 변화를 위해 올바른 접근법을 배우라.

당신의 선택들과 진로에 대해 주인 의식과 책임 의식을 가지고 따라가는

길에서 당신은 당신이 맡은 악기만 연주하면 된다.

영성이란
무엇인가?

하나님을 아는 성경적인 영성을
갖고 싶다면

거룩한 몸부림
구대일 | 멘토

'영성(spirituality)'이란 무엇인가? 영성이란 단어만큼 혼란을 주는
단어는 없다. 이 책은 영성을 깊이 있게 연구하고 있다. 저자에 의
하면, 영성은 '이미 거듭나서 하나님을 아는 사람들이 하나님께
더욱 가까이 가기 위한 거룩한 몸부림'이다.

영성은 믿음과 삶과 인격과 성품과 태도 등을 총괄하는 통합체이다. 그러므로 '누구의 영성'이란 말은 그 사람의 모든 삶의 결정체를 가리키는 말로 보아야 한다. 영성은 그리스도를 만남에서 절정을 이룬다. 만남이 없으면 그리스도를 얻지 못한다. 그리스도를 얻지 못하면 모든 것을 잃어버림이 아니라 배설물을 얻는 결과가 되어 버린다. 옛사람이 죽지 않는다는 말이다. 하나님을 간절히 찾는 몸부림을 통해 우리는 하나님의 형상을 회복한다.

개신교에서는 지금까지 영성이란 단어를 회의적 시각에서 바라보아 왔던 것이 사실이다. 16세기의 종교 개혁자들이 내건 슬로건은 오직 하나님의 은혜였다. 모든 것을 하나님의 구원에 호소하는 그들의 눈에 영성은 인간의 공로를 주장하는 사악한 것으로 생각되었고, 당연히 종교 개혁의 큰 틀 안에서 배제되었다. 그들에게 있어서 '영성'은 공로주의에 불과했던 것이다.

그때부터 영성이란 단어는 거룩하고 경건한 생활로 탈바꿈하여 사용하게 된다. 그들은 참 경건이란 세상을 떠나 수도원에 들어가는 것이 아니라, 세상이 바로 수도원이며, 세상의 일상생활 속에서 하나님을 섬기는 것이라고 주장하였다.

지금은 종교 개혁 시대와 아주 다른 상황이 되었다. 종교 개혁자들이 중세 기독교의 심각하게 잘못된 여러 교리들을 버리고 나오면서 영성도 함께 곁들여 버려졌다는 사실을 최근에 이르러 깨닫게 되었다. 최근에 영성의 진가를 캐내기 위한 시도가 개신교 안에서 활발히 진행되고 있다는 사실은 반가운 일이 아닐 수 없다.

저자는 영성을 '지식적 영성'과 '체험적 영성'으로 분류한다. '지식적 영성'은 하나님을 아는 지식(knowledge of God)이요, '체험적 영성'은 하나님을 아는 체험(experience of God)이다. 두 영성은 상반된 것이 아니다. 두 가지 모두 하나님을 알아 가는 방편으로써 서로 조화를 이루고 있다. 말씀을 통해서도 능히 하나님의 뜻을 발견할 수 있으며, 체험을 통해서 하나님의 말씀을 더욱 확증해 나가기도 하기 때문이다. 이런 통합은 사도 바울 안에서 엿볼 수 있다.

모든 영적 체험은 신앙의 표준인 성경에 반드시 물어보아야 한다. 고전 영성 수련가들은 철저하게 성경 중심적이었다. 만약 신비적 체험을 했을 때는 반드시 성경에 비추어 보아야 한다. 올바른 체험적 영성은 성경을 기준으로 삼는다.

영성은 은사주의나 신비주의와 다르다. 또한 영성과 영적 분위기를 혼동하면 안 된다. 영적 느낌이 영성을 이끌어 가서는 안 된다. 막연한 느낌에 의존해서 영성 생활을 이끌어 가면 주관적 판단이나 주변 분위기에 영성이 좌우되기 쉽다. 하나님과의 만남에 있어서도 분위기나 느낌으로 판단해서는 안 된다. 느낌과는 상반되는 결과도 있기 때문이다. 항상 초점은 우리의 느낌이 아니라 하나님께 두어야 한다. 지나치게 영적 분위기에 의존하면 올바른 영성이 형성되지 않는다.

저자는 영성 신학이 모든 신학의 결정체라고 말한다. 기독교 역사 속에 숨 쉬고 있는 영성을 살피는 것은 필수적인 작업이다.

기독교 영성의 역사 속에서 우리는 정도를 발견할 수 있을 뿐만 아니라, 잘 못된 영성을 분간할 수 있는 안목도 얻게 된다. 이 책은 영성의 참뜻 을 깊이 있게 이해하고 삶에 적용하는 법을 배울 수 있을 것이다.

그러므로 공적, 개인적 신앙 행위 안에서 우리의 영과 혼과 육을 포함하는 모든 기관을 총동원하여 하나님을 찾는 거룩한 몸부림을 영성이라고 말할 수 있다.

내 색깔에 맞는 영성은
무엇일까?

하나님이 창조하신 나다운 모습으로

주님과 교제하고 싶다면

영성에도 색깔이 있다

게리 토마스 | CUP

영성이란 무엇인가? 저자에 따르면, 영성은 우리가 하나님과 관계 맺는 방식, 그분과 가까워지는 방식을 일컫는 말이다. 그분과 관계 맺는 방식은 다양할 수 있다. 영적 기질은 사람마다 다르기 때문에 사람에 따라 하나님을 사랑하는 방식도 다르며, 신앙을 드러나는 방식도 다양하다고 저자는 말하고 있다. 그럼 하나님과 관계 맺는 영성은 어떤 게 있을까?

자연주의 영성은 야외에서 하나님을 사랑한다. 자연주의자들은 야외에서 최고의 교훈을 배운다. 그들은 영적 진리를 시각화한다. 걱정은 집에 두고 숲으로 가서 하나님을 만나는 사람들이다. 자연 속에서 하나님을 만나는 데 익숙한 사람들이다. 책을 읽거나 설교를 듣는 쪽보다 개미 집단을 관찰하거나 잔잔한 호수를 보며 더 많은 것을 배운다.

감각주의 영성은 오감으로 하나님을 사랑한다. 하나님은 우리의 오감을 지으셨다. 오감은 사탄의 유혹 이전에 하나님의 선물이다. 감각을 통한 즐거움은 하나님의 아이디어였다. 감각주의 영성은 그림이나 예배당의 건물을 통해서도 하나님을 만날 수 있다. 그러나 감각주의 영성에는 함정이 있다. 알맹이 없는 예배가 될 수 있고, 예배 자체를 예배할 수도 있다. 감각주의 영성은 미의 우상화를 경계해야 한다.

전통주의 영성은 의식과 상징으로 하나님을 사랑한다. 그 영성은 예배의 형식에 더 편한 감정을 느낀다. 종교 행위는 인간이 영적 진리를 구체화하는 길이다. 전통주의 영성에는 의식(예배 형식), 상징(중요한 이미지), 희생이라는 3요소가 있다. 의식의 힘은 간단히 말해 강화된 행동의 힘이다. 의식은 우리 신앙에 틀을 제공한다. 상징은 그리스도인의 삶에서 커다란 어려움 중 하나인 기억력 부족의 문제를 극복하는 데 도움이 될 수 있다. 희생은 기독교의 심장이다. 최고의 희생이 되신 주님을 닮고 싶은 이들은 반드시 깨달아야 할 부분이다.

금욕주의 영성은 고독과 단순성으로 하나님을 사랑한다. 고독, 청빈, 엄격함은 금욕주의 영성의 3가지 요소이다. 고독은 남에게 방해받지 않고 혼자 있는 시간이다. 그들은 감각의 자극이 낮은 환경을 고르곤 한다. 금욕주의자들은 말에 앞서 행동을 강조한다. 금욕주의 영성의 행위로는 심야 기도, 새벽 기도, 침묵, 금식, 순종, 일, 기도원, 단순한 삶, 고난을 견디는 것을 들 수 있다.

행동주의 영성은 참여와 대결로 하나님을 사랑한다. 행동주의자들은 영광과 오명을 안고 성경의 역사에 뛰어든다. 모세, 엘리야, 하박국, 베드로는 좋은 예이다. 기독교는 사랑과 동시에 하나님의 거룩함이 드러나야 한다. 참된 그리스도인으로서 행동주의자는 오직 하나님과 그분께 드리는 사랑을 위해 산다. 그러나 기도하지 않는 행동주의자들은 머지않아 냉담해지며, 주변의 대다수 그리스도인들을 멀리할 수 있다.

박애주의 영성은 이웃 사랑으로 하나님을 사랑한다. 장애인을 도우면서 자기 내면의 치유를 경험하기도 한다. 박애주의자들에게 남을 돌보는 것은 잡일이 아니라 예배이다. 박애주의자들은 긍휼의 행위를 통해 하나님의 사랑을 나타낸다. 하지만 그들은 긍휼의 마음이 없는 사람을 판단하지 말아야 한다.

열정주의 영성은 신비와 축제로 하나님을 사랑한다. 성경을 보면 신비, 축제, 초자연적 사건을 풍성히 체험한 신앙인들이 등장한다. 기독교에는 신비의 측면이 있다. 하나님은 초자연적인 방법으로 자신을 나타내시는 초자연적 하나님이시다. 그들이 원하는 것은 단지 개념을 아는 것이 아니라, 직접 체험하고 느끼고 감동에 잠기는 것이다. 하나님이 꿈을 통해 말씀하실 수 있지만, 성경의 계시에 어긋나는 꿈을 수용해서는 안 된다.

묵상주의 영성은 사모함으로 하나님을 사랑한다. 하나님을 아는 일에 헌신된 사람들에게는 우리 영혼을 깊이 만지는 뭔가가 있다. 묵상주의자들이 첫째로 하고 싶은 일은 하나님을 사모하는 것이다. 묵상주의자들은 그분 안에서 모든 기쁨을 얻는다. 시간은 우리가 하나님께 드릴 수 있는 최고의 선물 중 하나이거니와, 묵상주의자들은 시간을 충분히 드리고 싶어 한다. 그 목표는 하나님이 우리를 더 많이 소유하시도록 우리의 마음을 넓히는 것이다.

지성주의 영성은 생각으로 하나님을 사랑한다. 그들은 생각의 자극을 통해 주님께 강렬히 끌리는 사람들이다. 하나님에 관한 새로운 진리를 깨달을 때 경배의 마음이 솟는다. 지성을 키우기 위해서는 성경을 읽고 지속적으로 공부해야 한다.

이 책이 소개하는 아홉 가지 영적 기질은 그리스도인의 영성 지도를 위한 중요한 통찰을 제공한다.

힘들어하는 모든 그리스도인들에게 똑같은 영적 처방을 주는 것은 의사가

모든 환자에게 페니실린을 처방하는 것만큼이나 무책임한 처사이다.

기독교 고전의 숲에서 만나는
영적 선배들의 가르침

영적 성숙을 위한 친절한
안내 지도를 가지고 싶다면

뿌리 깊은 영성은 흔들리지 않는다
게리 토마스 | CUP

어떤 분이 독서 모임에서 '영적 성숙'이나 '영성'의 개념이 손에
잡히지 않는다고 하면서, 영성이 무엇이지 설명해 달라고 한 적
이 있다. 수년 전부터 많은 신앙 서적들이 여러 가지 이유에서 영
성을 전면에 내세우고 있고, 독자들은 제목의 무게 앞에서 때로
는 조심스럽고 때로는 움츠러든다. 물론 두 눈을 반짝이며 영성

의 세계로 흥미진진한 탐험에 나서는 사람도 있겠지만.

《21세기 영성 신학》의 저자인 홍성주 교수는 영성 신학적 관점에서 보면 지금 한국 교회는 일대 위기에 직면해 있다고 했다. 영성의 왜곡과 부재가 위기의 원인이라는 것이다.

저자 게리 토마스는 성경과 교회사와 기독교 고전을 통합하는 관점에서 이야기를 풀어 가면서, 그리스도인의 영적 성숙의 분명한 목표를 제시하고, 목적지에 이르는 여정을 친절하게 안내해 주고 있다. 모두 12장으로 구성되어 있는 이 책이 다루는 문제는 하나님을 더 친밀하게 만나기, 영적 목표 설정하기, 일곱 가지 영성 훈련, 죄와 유혹 피하기, 단순함의 유익, 죽음을 준비하는 행복, 고난의 달콤함, 영혼의 어두운 밤 등이다.

저자는 기독교 고전들을 통해 영적인 삶에 구체적인 도움이 되는 통찰들을 얻게 되었다고 고백한다. 그는 십자가의 요한, 아빌라의 테레사, 윌리엄 로우, 존 오웬, 프랑스 신비주의자 페네롱, 17세기의 영적 지도자 프란시스 드 살레의 글을 읽었다. 특히 요한 클리마쿠스의 《거룩한 등정의 사다리》라는 동방 기독교 고전을 읽었을 때는 저자의 내면에서 잠자고 있던 무엇인가가 갑자기 깨어나는 것 같았다고 한다.

저자는 고전들을 한 권씩 읽으면서 몇 가지 공통된 주제를 발견하였다. 영성가들은 인간의 아픔과 하나님의 영광을 누구보다도 잘 알고 있었다. 그들은 삶의 깊은 문제를 발견했으며, 많은 사람들을 괴롭히는 함정들을 가려내는 데 놀라운 능력을 보여 주었다.

이 책에서 게리 토마스는 우선 영성의 의미를 다음과 같이 규정하고 있다.

1. 그리스도인의 영성은 인간 중심이 아니라 하나님 중심이다.
2. 그리스도인의 영성은 주관적인 경험이 아니라 객관적인 진리이다.
3. 그리스도인의 영성은 타인 중심적이다.

저자는 교회가 사람들로 하여금 구원을 넘어 하나님과의 보다 깊고 의미 있는 동행을 생각하게 할 목표를 세워 줘야 한다고 말한다. 물론 모든 그리스도인에게 동일한 목표가 있어야 한다고 생각지는 않는다. 행동주의자들은 당연히 지성주의자들과는 다른 목표를 선택할 것이며, 묵상주의자들은 또 다른 목표를 선택할 것이다. 그러나 모든 그리스도인은 목표를 갖는 데서 유익을 얻을 것이다. 옛 영성가들의 목표에서 우리는 중요한 힌트와 가르침을 얻을 수 있다.

영적 생활 훈련의 한 가지 요소는 이른 아침을 거룩하게 하는 것이다. 저자의 경우, 동트기 전에 일어나 아침을 깨우는 것이 삶의 중요한 부분이 되었다. 윌리엄 로우는 "건강한 모든 그리스도인은 아침 일찍 일어나야 한다"라고 말했다. 로우에 따르면, 지나친 수면은 영혼을 느슨하고 게으르게 만든다.

성경은 경건에 이르는 연습을 하라고 말한다(딤전 4:7). 이것은 우리가 얼마나 발전했는지, 얼마나 뒤처졌는지 돌아보는 시간을 전제로 한다. 분별 있는 '자기 성찰'은 기독교의 본질적인 요소이다. 우리가 현재 자기 모습을 점검하지 않는다면 수년이 지나도 아무런 성장을 이루지 못할 것이다. 윌리엄 로우는 매일 저녁 성찰의 시간을 가지면서 그날 한 일을 자신의 영적인 목표에 비추어 보았다. 저자의 경우엔 생일을 맞이할 때마다 삶의 소명과 영적 성장을 자세히 돌아보았다.

영성가들의 가르침으로 가득한 이 책의 부록에는 본문에서 언급된 주옥같은 기독교 고전 목록들이 독자를 기다리고 있다. 이 책을 징검다리로 삼아 영성의 세계와 기독교 고전의 숲으로 들어가는 모험가들이 많이 나타나기를 기대해 본다.

게으름, 이기적 야망, 탐심, 교만, 그리고 그 밖의 잘못된 태도와 죄를 이기기 위해서 우리는 평생 훈련을 해야 한다. 잠시라도 경계를 늦추면 죄는 가차 없이 우리를 공격한다.

영적인 싸움에서
승리를 거두라!

세상을 변화시키는

예수님의 전략에 동참하려면

하나님 나라 최전선에 서라

제임스 에머리 화이트 | IVP

오늘날은 위기의 시대다. 우리는 과거보다 더 심각한 시대에 살고 있다. 미국의 독립에 이바지한 토마스 페인은 《위기》라는 소책자에서 이렇게 말했다.

"지금은 사람들의 영혼을 시험하는 시대이다. 몸을 사리는 군인과 철새 애국자 들은 이러한 위기의 때에 조국을 위해 봉사하길 기피한다. 그러나 이때를 견뎌내는 자는 사랑과 칭찬을 받을 자격이 있다."

페인의 말은 워싱턴의 군대에 지대한 영향을 미쳤다.

세상은 영적 싸움터다. 주님은 '우주적 싸움'의 가운데로 들어오셨다. 주님은 자신을 따르는 자들에게 싸움에 참여하여 역사를 창조하라고 명하신다. 그렇다면 위기의 때에 요구되는 사람은 어떤 사람인가? 저자에 의하면, 역대상 12장 32절에 힌트가 있다.

"그들은 때를 잘 분별할 줄 알고, 이스라엘이 하여야 할 바를 아는 사람들이다."

세상을 변화시키는 예수님의 핵심 전략은 무엇인가? 저자에 의하면, '변화된 삶에서 나오는 폭발적인 힘'이다. 하나님께서는 먼저 우리 마음에서 세상을 뽑아 버리신다. 그 후에야 우리는 다른 사람의 삶에 영향을 미치는 그리스도인이 된다. 하나님이 하시는 일은 무엇보다 우리의 인격과 관련이 있고, 우리와 하나님과의 관계와 관련이 있다.

우리가 하나님을 위해 살기 위해서는 먼저 그분과 함께 사는 법을 배워야 한다. 과연 어떻게 그리스도와 함께 살며 그리스도처럼 살 수 있을까? 영성의 역사는 한 목소리로 말한다.

"하나님의 말씀을 읽고 묵상하고 순종하라. 기도의 골방으로 들어가라. 침묵과 고독의 시간을 확보하라. 영성 지도를 받으라."

하나님과의 관계가 깊어지는 것은 벅차고 어려운 시간이 요구된다. 그것은 적극성과 훈련과 목적과 추진력을 요구한다. 리처드 포스터는 말하기를 '피상성은 우리 시대의 저주'라고 했다. 오늘날 절실히 필요한 것은 더 많은 수의 지성인이나 유능한 사람들이 아니라 깊이 있는 사람들이라고 말한다.

저자에 의하면, 세상에 영향을 끼치는 그리스도인들에게는 네 가지 특징이 있었다.

1. 그들은 자신의 영혼에 깊이를 더했다.

2. 그들은 자신의 지성을 계발했다.

3. 그들은 하나님의 부르심에 응답했다.

4. 그들은 사역에 있어서 교회와 연합했다.

저자는 교회사의 오랜 전통인 렉시오 디비나(lectio divina, 거룩한 독서)를 소개한다. 이것은 성경을 묵상하면서 천천히 읽으며, 성경이 우리 마음을 찌르게 하며, 우리를 하나님과 연합하게 하는 것이다. 저자에 의하면, 이러한 성경 읽기는 우리의 생각을 하나님의 생각에 맞추고, 우리의 마음을 하나님의 마음에 맞추는 방법이다.

성경을 통해 하나님을 만나는 것뿐만 아니라, 더불어 우리는 하나님을 만나기 위해 기도의 문을 열고 들어가야 한다. 영성은 기도와 삶의 결합이다. 기도할 때 우리는 하나님께 이끌린다. 기도는 경험 지향적인 사건이 되어서는 안 된다. 기도는 관계 지향적이다. 따라서 우리는 기도를 통해 하나님과 교통하고 대화하며 교제해야 한다.

"모두가 인류를 변화시키는 일을 생각하지만, 자기 자신을 변화시키는 일을 생각하는 사람은 아무도 없다."_톨스토이

어떻게 일상 속에서
기도할수 있는가?

기도 방법에 관해
실제적인 제안을 하다

일상 기도
폴 밀러 | CUP

왜 우리는 기도하지 못하는가? 저자는 먼저 기도에 대한 냉소적 태도를 언급한다. "기도할게", "기도해 보자"라는 입에 말린 말도 우리의 냉소를 굳혀 준다. 많은 사람들이 말만 해 놓고 정작 기도하지는 않는다. 왜 그럴까? 기도해 봐야 별로 달라질 바가 없다고 생각하기 때문이다.

사실은 문제의 일부에 지나지 않는다. 가장 흔한 좌절은 기도 자체다. 기도를 시작하고 15초만 지나도 난데없이 잡념이 떠오르거나 해야 할 일들이 생각난다. 의지력으로 다시 마음을 다잡고 기도로 돌아가 보지만, 어느새 똑같아지는 것이 일반적 경험이다. 기도 대신 잡념과 염려가 뒤죽박죽 섞이고, 그러다 보면 죄책감도 든다. 이내 "난 기도할 사람이 못 돼. 차라리 볼일이나 처리하는 게 낫겠다"라고 말하며 포기해 버린다.

저자에 따르면, 기도하고 싶은 본능은 창조 당시부터 주어졌다. 우리가 하나님의 형상대로 지음 받았기 때문이다. 지금은 타락으로 인해 기도할 줄 모르는 무능함이 생겨났다.

"악이 우리 안에 있는 하나님의 형상을 훼손시켜서 하나님께 말하고 싶어도 그렇게 하지 못한다. 기도하고 싶은 갈망과 철저히 망가진 기도 안테나가 서로 마찰을 일으켜 끊임없이 좌절을 낳는다. 꼭 우리가 뇌졸중 환자라도 된 것 같다."

기도를 방해하는 가장 교묘한 장애물 중 하나는 인간의 지성과 능력과 부를 중시하는 문화다. 하나님 없이도 인생을 살아갈 수 있으니, 기도가 좋긴 해도 꼭 필요해 보이지는 않는다. 기도보다 돈이 더 빠르고 시간도 덜 걸린다고 생각한다.

"자신과 자신의 재능을 믿는 한 우리는 어차피 하나님과 상관없는 독자적인 존재다. 그러니 기도하라는 권면은 귀에 들어오지 않는다."

저자에 의하면, 일상 기도는 1년 만에 이루어 내는 일이 아니라 평생의 여정이다. 배우자나 친구를 사랑하는 법을 배우는 것도 마찬가지다. 이 땅에 사는 한 배움은 끝나지 않는다. 쉽게 사랑을 터득하기에는 대상인 인간이 너무 깊다. 마찬가지로 쉽게 기도를 터득하기에는 대상이신 하나님이 너무 깊으시다.

신약의 서신서에서는 바울의 기도가 있다. 바울은 수많은 사람들을 위하여 꾸준히 기도했다. 신약학자 제임스 던은 이렇게 썼다. "바울은 틀림없이 기도 목록이 아주 길었을 것이고, 아마 날마다 꽤 많은 시간을 들여 하나님 앞에서 자신의 모든 교회들, 동료들, 후원자들의 이름을 불러 가며 기도했을 것이다. '모든 성도'와 믿음을 나누어 가졌다는 의식을 그렇게 지키고 굳혔을 것이다."

바울은 성도들을 위해 늘 기도했다. 그는 사탄이 교인들을 공격하고 있다고 보고 믿음이 떨어질까 우려했다. 그래서 교인들의 믿음에 관한 소식을 들으면 감사하고 기뻐했다. 바울의 기도는 일상 기도의 모범적 사례다. 그는 한 사람 한 사람의 이름을 기억하고 부르며 기도했다. 그의 마음속에 그들이 있었다. 마음으로 영으로 그들을 품고 사랑하며 기도한 것이다. 그는 위대한 교사요 전도자였으며, 또한 기도하는 사람이었다.

일상 기도는 1년 만에 이루어 내는 일이 아니라 평생의 여정이다.

당신은 하나님을 간절하게
배고파하고 있는가?

하나님에 대해 아는 것과
하나님을 아는 것은 다르다

하나님께 굶주린 예배자
토미 테니 | 규장

모든 그리스도인들은 예배자로 부르심을 받았다. 그럼 하나님께서 진정으로 원하시는 예배자는 어떤 모습일까?

베스트셀러 《다윗의 장막》으로 유명한 저자 토미 테니는 《하나님께 굶주린 예배자》에서 "하나님은 하나님께 굶주린 그의 자녀들을 찾아오신다"라고 말한다. 그에 따르면, 하나님의 임재를 가로막는 요인이 하나 있다. 하나님은 하나님께 굶주리지 않은 자들을 결코 찾아오시지 않는다는 것이다. 하나님은 굶주린 자들을 찾고 계신다. '하나님께 굶주리다'는 말은 지금까지의 삶에 하나님의 충만한 임재가 없었기 때문에 만족하지 못한다는 것을 의미한다. 당신의 모든 삶을 기꺼이 하나님께 맡길 때라야 비로소 당신을 찾아오신다.

저자에 의하면, 하나님에 대해서 아는 것과 하나님을 아는 것은 다르다. 현대 교회는 '하나님의 임재'라는 최고 우선순위를 상실하고 말았다. 하나님과 친밀한 교제를 나누려면 우리 마음이 깨끗해야 한다. 지금까지 우리가 교회에서 즐기던 재미있는 놀이와 게임을 끝장내야 하는 것이다. 그리고 거룩한 불만을 가져야 한다. 지금은 바야흐로 거룩한 불만을 품을 때이다. 저자는 묻는다. "하나님을 향한 굶주림이 너무도 간절하고 애절해서 다른 사람들이 당신에 대해 어떻게 생각할지 신경 쓰지 못할 정도로 초췌해진 적이 있는가? 여기서 말하는 굶주림이란 감격적인 찬양과 예배를 향한 갈망을 뜻하는 게 아니다. 하나님의 임재를 향한 굶주림, 바로 그것이다. 당신은 지금 하나님의 임재를 좇고 있는가?"

요즈음은 좋은 것이 최선의 것을 가로막는 원수가 되었다. 저자의 예리한 지적에 귀를 기울이자.

"하나님의 말씀을 읽는 것보다 어떤 것을 더 많이 읽었다면 그동안 읽었던 것들을 그만 읽어라. 하나님을 가장 먼저, 가장 간절하게 배고파해야 한다. 사탄은 우리가 하나님을 배고파하지 못하도록 우리 심령을 시시한 폐물로 가득 채우는 것을 주요 책략으로 삼아 왔다. 그리고 그 책략은 지난 수세기 동안 엄청난 성과를 거두었다. 사탄은 우리를 물질적으로 번영하게 하는 한편, 영적인 영역에서 걸인처럼 생활하도록 만들었다. 그래서 결국 우리는 하나님 임재의 빵 부스러기를 조금만 얻어먹어도 만족하게 되었다.”

우리의 문제는 간절하게 굶주려 본 적이 단 한 번도 없다는 것이다. 우리는 이 세상의 것들로 삶을 가득 채우고 굶주림을 충족시킨다. 우리는 매주, 매달, 매년 하나님께 나아가지만, 하나님으로 우리의 빈 곳을 채우지 않는다.

저자는 위선적인 예의범절을 버리라고 요구한다. 형식적인 껍데기 예배를 온몸으로 거부하라고 말한다. 우리는 지나치게 종교화되었다. 우리는 남의 눈에 극단적인 그리스도인으로 비춰지기를 결코 원하지 않는다. 때문에 예배당 의자들을 보기 좋게 일렬로 맞추고, 우리의 예배 또한 통제된 줄을 따라 질서 정연하게 진행되기를 기대한다. 그러나 우리는 남의 시선을 의식하여 만든 모든 예의범절을 망각할 만큼 필사적으로 하나님을 갈망할 필요가 있다.

우리는 하나님의 사랑에 굶주린 예배자가 되어야 한다. 은사가 아니라, 은사를 주시는 하나님을 갈구해야 한다. 어떤 대가를 치르더라도 하나님을 자신의 심령에 소유하겠다고 결단해야 한다. 하나님께서는 지금도 하나님의 마음에 합한 사람들을 찾고 계신다. 하나님의 영광이 우리 교회의 벽을 뚫고 거리로 흘러 나가야 한다. 하나님을 배고파하는 모든 그리스도인들에게 이 책을 필독서로 추천한다.

사탄은 우리를 물질적으로 번영하게 하는 한편, 영적인 영역에서 걸인처럼 생활하도록 만들었다.

하나님이 사랑하시는
나를 사랑하기

그리스도 안에서
행복한 하나님의 자녀로!

아픈 기억에서 해방되어
긍정적인 자아상을 갖고 싶다면

하나님이 만드신 참 좋은 나
댄 스니드 | 예수전도단

사람은 누구나 자기 자신에 대한 이미지를 갖고 있다. 그 이미지
는 일종의 내적 자아(inner self)에 관한 것이다. 한 사람의 성인이
되는 과정에서 우리는 과거의 '상처'로 인해 부정적 자아상을 갖
게 되는 경우가 있다. 사실 부정적 자아상은 많은 사람에게 고통
을 주는 문제이기도 하다.

저자는 자신의 끔찍했던 경험을 솔직하게 털어놓는다. 초등학교 3학년 때의 '한순간'이 삶을 과격하게 바꾸어 버렸다. 그날 저자는 심한 복통으로 급히 화장실에 가야 하는 상황이었다. 선생님은 화장실에 보내 주지 않았다. 그는 결국 설사를 했고, 아이들은 비명을 질렀다. 선생님은 "이 더러운 아이야! 어떻게 그런 일을 할 수 있니?"라고 호통을 쳤고, 지저분한 자리에 끝까지 앉아 있게 하였다. 쉬는 시간을 기다리는 20분 동안 선생님은 그에게 다가와 코를 막으며 이런 말을 반복하였다. "이 더러운 아이야!", "냄새가 지독하구나!"

이 사건은 저자의 성격을 부분적으로 막아 버렸다. "이 더러운 아이야!"라는 말은 마음속에서 계속 들렸다. 십 대가 되면서 저자는 극단적으로 수줍은 사람이 되었다. 오랜 시간이 지난 후에야 비로소 하나님의 사랑으로 상처가 치유되었다.

하나님은 우리가 치유의 도구가 되기를 원하신다. 저자는 3학년 때 선생님이 망신을 주었던 그날 일을 생생히 기억한다. 그러나 이제 그 기억은 그를 조금도 어렵게 하지 않는다. 하나님께서 그를 모든 것으로부터 자유롭게 하신 것이다. 저자는 과거에 일어난 일을 여전히 기억하고 있지만, 기억의 따가운 아픔과 그 결과로 일어난 묶임은 사라진 것이다!

저자는 '용서의 능력'에 대해서도 말하고 있다. 많은 사람들이 비통함과 원한에 휩싸여 긴 시간을 보내는 것을 보았기 때문이다.

용서한다는 것은 어두움의 과거로부터 벗어나는 것이다. 저자가 TV에서 본, 한 어머니와 성인이 된 딸이 용서의 이야기를 나누는 인터뷰는 용서의 힘을 감동적으로 보여 준다. 딸이 어렸을 때, 어머니는 딸의 머리를 벽에 대고 때리거나 옷장 속에 가두기도 하였다. 어느 날 자제력을 잃은 어머니는 엄지손가락으로 딸의 눈을 눌렀다. 너무나 세게 누른 나머지 딸은 아주 눈이 멀게 되었다. 수년 후 딸은 그리스도인이 되었고, 18세가 된 후 용서를 위해 어머니를 찾았다. 모녀는 화해하게 되었다. 딸은 자신의 삶과 어머니를 용서하기 위해 겪은 과정들을 기록해 책을 썼다.

저자는 우리들이 용서받은 자로서 용서하도록 부름받았다고 말한다(엡 4:32). 용서는 우리 자신을 위한 것이기도 하다. 용서는 용서하지 않았을 때의 처참한 결과로부터 나 자신을 풀어 주기 때문이다. 그러니 우리에게 상처를 준 사람들을 용서하라고 말한다. 성경이 가르치는 용서는 느낌에 기반을 둔 감정적인 결정이 아니다. 용서는 선택이다. 하나님은 우리의 감정에 명하지 않으신다. 그분은 우리의 의지와 사고에 명하시는 것이다.

독자는 이 책에서 균형 잡힌 성경 해석과 저자의 통찰을 만날 수 있으며, 생활 속에서 끌어낸 예증들을 통해 진리에 더 가까이 다가서게 될 것이다. 무엇보다도 그리스도 안에서 자신이 누구인지 알고, 그 능력을 경험하는 행복한 '하나님의 자녀'가 될 것이다. 책의 부록인 '그리스도 안에서 나는 누구인가?'는 성경적 자아상을 세우는 데 긴요한 정보들이다.

용서란 우리의 회복을 위한 긍정적 과정일 뿐만 아니라, 우리에게 잘못한

사람들을 위한 것이기도 하다.

당신은 이미 선하고
놀라운 존재이다

하나님께서 나에게 달아 주신
'새로운 꼬리표'가 궁금하다면?

내면의 혁명
드와이트 에드워드 | 좋은씨앗

어떤 책이 좋은 책일까? 좋은 책은 고정 관념의 우물에서 벗어나
게 하거나, 세상을 바라보고 이해하는 패러다임을 형성시키거나
변화시킨다. 좋은 책은 삶의 나침반이나 지도가 되고, 때로는 각
성의 나팔 소리로 들려온다. 그런 의미에서 이 책은 '좋은 책'이다.

조나단 에드워드의 5대손인 저자에 따르면, 오늘날의 교회에

는 무언가 빠져 있고, 여러 면에서 아주 비참한 지경에 이르렀다. 뿐만 아니라 오늘날 사람들은 계속해서 교회 때문에 식상해하거나 지루해하고 있다. 많은 사람들은 이제 기독교에는 두 번 다시 눈길을 주려고 하지 않는다.

현대 교회의 문제를 진단하면서 저자는 먼저 영적 성숙에 관한 세 가지 모델을 소개한다.

첫 번째는 '옳은 것 행하기'식 접근법이다. 이것은 도덕주의적 모델이다. 이 입장은 특히 근본주의적이고 보수적인 복음주의자들 사이에서 널리 받아들여지고 있다.

두 번째는 '잘못된 것 고치기'이다. 이것은 치료적인 모델로, 사람들은 과거에 받은 상처를 정확하게 파악하고 치유하기 전까지는 옳은 것을 행할 수 없다고 주장한다. 즉, 내면의 고통과 실망을 그대로 직시하여 극복하고 담대하게 나아갈 때 비로소 변화가 일어난다는 입장을 갖고 있다.

이상의 두 가지 모델은 분명 진리의 일부분을 담고 있다. 그러나 두 입장에서 고려하는 변화의 수단은 성도의 삶 속에 있는 '새 언약'의 영적인 실체를 애써 간과하거나 부인한다고 저자는 말한다.

세 번째 모델은 '놓친 것 붙잡기'라는 방법이다. 이것은 능력체험적 모델로, 영적 성장의 핵심에서 하나님과의 기적적인 체험을 계속 추구할 것을 주장한다. 여기에도 일말의 진리가 들어 있기는 하지만, 표적과 기사에만 집착하는 믿음은 결코 온전하게 성숙할 수 없다.

위 세 가지 모델보다 나은 모델은 래리 크랩 박사가 '선한 것 흘려보내기'라고 부르는 모델이다. 이것은 새 언약의 영성에서 핵심에 해당한다. 저자에 따르면, 새 언약 때문에 모든 성도들의 내면에는 초자연적인 자원들이 항구적으로 자리하고 있으며, 이 것이 바로 모든 영적인 선을 위한 원천이다. 따라서 그리스도인 은 새 언약의 자양분이 이미 자신 안에 있다는 사실을 알아야 한 다. 그리스도인의 새로운 삶은 이미 우리 안에 있는 새 언약의 자 양분들을 더욱 풍성하게 발견하여 밖으로 흘려보내는 것이다!

사실 그리스도인의 삶이란 어려운 정도가 아니라, 전적으로 불 가능하다. 다만 하나님의 충만하심을 백성들의 마음에 직접 부어 주실 때라야 비로소 가능해진다. 이것이 바로 그분께서 새 언약 안에서 하시는 일이다. 저자에 의하면, 하나님께서는 그리스도인 에게 새로운 정결함과 새로운 정체성과 새로운 기질, 그리고 새 로운 능력을 주셨다. 그리스도인의 풍성한 삶을 가능케 하는 이 모든 것은 하나님의 선물이다.

새로운 정체성을 설명하면서 저자는 우리가 우리에 대한 정확 한 '꼬리표'를 알아야 한다고 말한다. 꼬리표는 우리의 정체성을 밝혀 주는 다음과 같은 말씀들에서 확인할 수 있다. 이제 우리는 새로운 피조물(고후 5:17), 신의 성품에 참예하는 자(벧후 1:4), 그리 스도의 향기(고후 5:17), 하나님의 자녀(롬 8:16), 하나님의 후사(롬

8:17), 모든 일에 넉넉히 이기는 자(롬 8:37)이다. 당신은 자기 자신을 이렇게 바라보고 있는가? 우리는 경건한 존재가 되기 위해 삶을 변화시키는 것이 아니라, 이미 거룩한 존재가 되었기 때문에 변화된 삶을 살아가는 것이다.

그러면 그리스도인은 어떤 자세로 살아야 하는가? 무엇보다도 그리스도께서 그리스도인인 나를 통해 열매를 맺으신다는 사실을 알아야 한다. 우리 그리스도인 모두에게는 밖으로 쏟아 내야 할 거룩한 영적 자원이 있음을 알아야 한다.

'새 언약의 삶이라는 새로운 포도주'를 소개하는 이 책에서 독자는 진부한 종교나 무미건조한 율법 지키기에 안주하지 않을 수 있는 진리를 발견할 것이다. 또한 개인과 교회의 영적 갱신과 부흥을 위해 고민하고 기도하는 이들에게 성경적 길을 안내해 줄 것이다.

당신 인생을 향한 하나님의 최우선적인 소명은 그 아들 예수 그리스도 안에서 강렬하고도 심오한 사랑을 누리는 것이다.

내 삶의 목적은
무엇인가?

인생의 목적을 찾고 싶은

당신에게

소명

오스 기니스 | IVP

통찰력 있는 문화 분석가 오스 기니스의 탁월한 저작《소명》은 30년 동안 탐구한 주제다. 그에 따르면, 우리가 생각하는 위대한 역사의 발전(시내 산에서의 유대 민족의 형성, 갈릴리 지방에서의 기독교 운동, 17세기의 종교 개혁, 기독교 신앙에 의한 근대적 세계의 형성, 청교도 운동 등) 뒤에는 언제나 '소명'이라는 진리가 중심적인 역할을 해 왔다.

"나는 그리스도의 십자가의 진리와 더불어 소명의 진리는 역사상 다른 어떤 진리 못지않게 개개인과 사회에 큰 영향력을 발휘했던 것을 발견했다."

소명이란, 하나님이 우리를 그분께로 부르셨기에 우리의 존재 전체, 우리의 행위 전체, 우리의 소유 전체가 특별한 헌신과 역동성으로 그분의 소환에 응답하여 섬기는 데 투자된다는 진리이다. 주의해야 할 것은 소명에 대한 몇 가지 왜곡이 있다는 점이다.

첫 번째 왜곡은 저자가 '구교적(舊敎的) 왜곡'이라고 부르는 것으로 '성스러운/세속적인', '높은/낮은'이라는 구분을 가지고 그리스도인들의 삶을 분리하는 것을 말한다. 이것의 기원은 에우스비우스에게까지 거슬러 올라간다. 에우스비우스는 이 틀을 가지고 그리스도인들을 '완전한' 그리스도인과 '용인된' 그리스도인이라는 두 부류로 구분했다. 완전한 그리스도인은 신부, 수녀, 제사장과 같이 '소명을 받은' 사람들이고, 용인된 그리스도인이란 군인, 농부, 상인과 같이 '평범한 일거리를 가지고 있는' 사람들이었다.

이러한 왜곡은 그리스도인들 사이에 영적인 계급 같은 것을 낳았다. 아우구스티누스와 아퀴나스를 비롯한 많은 교부들에게서 우리는 왜곡의 영향을 발견할 수 있다. 그 영향은 오늘날에도 우리 가운데 뿌리 깊게 남아 있다. 심지어 복음주의권 내에서도 왜곡이 존재한다. 그것은 '전임(專任) 사역'과 같은 말들이 일반적으로 사용되는 것만 봐도 알 수 있다고 저자는 한 인터뷰에서 지적하기도 했다.

두 번째 왜곡은 그가 '신교적(新敎的) 왜곡'이라고 명명한 것으로, 소명에 대한 영적 개념화에 대한 반발로 나온 것이다. 종교 개혁자들이 직업을 포괄하는 개념으로 소명을 파악했다는 사실에는 의심할 여지가 없으며, 이는 바람직한 것이었다. 문제는 그후 직업과 일이 너무 강조된 나머지 직업, 즉 사람들이 하는 '일'이 소명이라는 말과 실질적인 동의어가 되어 버렸다는 점이다. 산업 혁명이 한창일 때 직업은 신성화된 반면, 소명이라는 개념은 '사람들이 하는 일'이라는 의미로 세속화되었다. 신교적 왜곡도 방향만 반대일 뿐이지, 구교적 왜곡만큼이나 해악이 크다고 저자는 말한다.

저자는 두 가지 왜곡을 극복할 균형을 찾아보려고 애써 왔다. 우리에게는 주님에 의한, 주님을 위한, 주님에 대한 소명이 있다. 이것은 근본적인 소명이다. 이 부르심은 무엇(자녀들을 양육하는 일, 가르치는 일, 정치하는 일)으로의 부르심, 어디(법조계, 캠퍼스, 아프리카)로의 부르심에 앞선, '누구(하나님)에게로의 부르심'이라고 저자는 말한다. 우리가 근본적인 소명을 따르고자 할 때 우리 각자의 삶의 현장에서 구체적으로 행하는 일이 있는데, 이것이 바로 부수적인 소명이라는 것이다.

저자가 소명을 근본적인 것과 부수적인 것으로 나누는 데는 두 가지 중요한 이유가 있다. 첫째는 두 가지를 함께 붙들어야 한다는 것이고, 둘째는 순서를 뒤바꾸지 말아야 한다는 것이다. 즉, 근본적인 것은 언제나 부수적인 것보다 선행되어야 한다. 저자에 따르면, 교회는 두 가지 점에서 모두 실패하였고, 그것이 바로 앞에서 지적한 왜곡의 두 형태이다. 저자는 소명의 개념이 혼동되고 왜곡된 오늘날, 성경에 기초한 올바른 '소명관'을 확립하는 것이야말로 기독교 본래의 모습과 영향력을 회복하는 지름길이라고 생각한다.

이 책은 인생의 목적을 발견해서 성취하려는 사람들을 위한 책이다. 인생의 목적은 우리가 창조된 구체적인 목적, 곧 우리가 부름받은 목적을 발견할 때에만 비로소 찾아진다는 것이 저자의 주장이다.

그리스도를 따르는 자로서의 일차적인 소명은 그분에 의한, 그분을 향한, 그분을 위한 것이다.

당신은 현실에 막혀
날개를 접었는가?

살아 있는 믿음의 날개로
- - - - - - - - - - - - - - -
날아오르라
- - - - - - -

닉 부이치치의 플라잉
닉 부이치치 | 두란노

베스트셀러 작가이자 전 세계를 돌며 강연하는 복음 전도자 닉 부이치치. 지구상의 수백만 사람들은 그의 미소 짓는 얼굴과 영감을 주는 메시지를 알고 있다.

팔과 다리가 없이 태어났음에도 불구하고 닉의 도전은 위대한 모험에서 물러서지 않았다. 그는 사람들과의 만남을 즐겼고 의미 있는 일들을 성취하였다. 그는 자신이 독특하고 특별한 목적을 위해 창조되었다는 약속의 말씀에 집중하면서 시련과 어려움을 극복해 나갔다. 그는 자신의 생명이 다른 사람을 위한 선물이라고 믿었다. 온갖 절망과 고난에도 불구하고 하나님은 언제나 그와 함께 계셨다.

2012년 2월 어느 날 그는 아름답고 영적인 여성 카나에와 결혼했다. 결혼한 지 1년 후인 2013년 2월 그는 건강한 아들 키요시를 얻었다. 닉 부이치치는 자신의 신체적 장애 때문에 결혼과 아빠가 되는 것이 불가능하다고 생각했다고 한다. 불가능하게 여겨졌던 꿈이 현실이 된 것이다.

닉은 심각한 장애를 갖고 태어나 8세 이후 세 번이나 자살을 시도하였으나, 부모의 전폭적인 지원과 사랑 아래 양육을 받았다. 부모의 교육 철학으로 정상인이 다니는 학교를 다니며 학생회장을 지냈고, 호주 로건 그리피스 대학에서 회계와 경영을 전공했다.

닉은 15세에 하나님을 인격적으로 만났다. 19세에 첫 연설을 시작한 이래 학생, 교사, 청년, 사업가, 여성, 직장인 및 교회 성도 등 다양한 청중을 대상으로 연설해 왔다. 그는 지금까지 40여 개국 이상을 다니며 많은 사람들에게 희망을 전하고 있다.

닉은 우리 모두 한계를 뛰어넘어 영혼의 비상이 필요하다고 말한다. 믿음의 날개를 달고 세상의 중력을 거슬러 박차고 날아올라야 한다고 주장한다. 닉 부이치치 자신이야말로 이 땅의 중력을 거부하고 하늘 높이 날아오른 믿음의 인물이다. 그는 우리에게도 좌절과 절망, 자기 연민을 딛고 힘차게 날아오르라고 전한다.

한 여인의 조건 없는 사랑을 경험한 닉은 말한다.

"믿음은 성장하지 않으면 퇴보하기 마련이다. 사랑도 마찬가지다. 카나에는 진실하고 충성스러운 하나님의 딸이다. 주님은 이 여인을 내게 보내셔서 서로 사랑하고 거룩한 은혜를 만끽하며 영광을 돌리게 하셨다."

닉의 끝없는 도전 행보는 많은 이에게 희망과 용기를 주었다. 도무지 미래가 보이지 않던 닉에게 하나님은 기적처럼 날개를 달아 주셨다. 하나님이 주신 꿈을 향한 그의 도전은 앞으로도 계속될 것이다. 이 책은 닉이 살아온 삶의 비결이 고스란히 적혀 있다. 우리 인생에 보이지 않는 날개가 있음을 알려 주는 그의 삶은 아름답고 찬란하기까지 하다.

이 책은 닉의 두 번째 책이다. 그가 얼마나 바빴고 얼마나 많은 일들을 감당했는지를 보여 준다. 전혀 신학적인 책이 아니다. '당신도 할 수 있다'는 강력한 메시지로 동기 부여를 하는 책이다. 동시에 희망의 책이기도 하다. 모든 사람들에게는 삶의 목적과 의미가 있음을 상기시킨다.

우리는 하나님의 피조물들이므로 거룩한 사랑을 받으며 서로 사랑하는 관계를 누릴 수 있다. 누구나 나처럼 사랑의 축복을 누리길 기도한다. 하지만 저마다 제 몫이 있음을 기억해야 한다. 받기만 할 게 아니라 사심 없이 나눠 줄 준비를 갖춰야 한다는 뜻이다.

인생의 봄, 여름, 가을, 겨울에 담긴 하나님의 섭리

하나님의 때에 따라 성장하고 열매 맺고

성숙해지려면

삶의 계절
폴 투르니에 | 쉼

'대화 상담'과 '인격 의학'의 창시자 폴 투르니에는 20세기 후반의 가장 영향력 있는 필자로 꼽힌다. 그의 심오하고도 실제적인 사상은 저서와 강연을 통해 세계 각지의 사람들을 변화시켰으며, 그의 저서들은 수십 개국에서 번역되어 널리 읽히고 있다.

이 책은 폴 투르니에의 대표적 저서 가운데 하나이다. 많은 독자의 사랑을 받아 온 이 책은 저자가 1959년 독일에서《인생의 발전과 성숙》이라는 이름으로 출판했다가 나중에 다시 내용을 증보하여 출판한 책이다.

제목이 암시하듯이《삶의 계절》의 내용은 인간의 일생을 자연의 계절에 비교하여, 인생의 봄이라고 할 유년기에서 겨울에 해당하는 죽음에 이르기까지, 각 시기의 인간 심리를 근대 심리학의 성과와 저자 자신의 풍부한 대화 상담의 경험을 살려 생생하게 묘사하고 있다. 그는 각 시대별 개개의 경험들을 분석함으로써 인생의 과정 전체를 개관할 수 있는 시야를 열어 준다. 인간이 성장하고 발전하는 과정 가운데 성숙한 인간, '내적 자유'를 획득한 완성된 자아로 나아가는 길을 제시하는 것이다.

저자에 의하면, '인생에는 누구나 반드시 거쳐야만 하는 여러 시기'가 있다. 그 시기마다 하나님의 계획이 정해져 있다는 것이다. 인생의 봄은 어린이들이 경험하는 시기이다. 어린이들은 그들만의 세계를 가지고 있고 즐기고 있다. 그들은 성장을 경험하고, 그들만의 어려움을 경험한다. 그들만의 생각과 상상의 세계가 있고, 내부로부터는 재능이 싹튼다. 어린이도 어른만큼 감정이 풍부하다는 사실도 기억해야 한다.

어린이는 주위 환경에 민감하게 반응하는 꽃봉오리와 같다. 어린이들은 가정 안의 분위기에 아주 민감하게 반응한다. 부모가 행복해야 아이들도 행복하다는 것은 누구나 아는 진리이다. 어린 시절의 상처는 노년에까지 영향을 미치기도 한다. 어린 시절의 문제를 가지고 결혼한 젊은이들이 결혼 생활 중에 그 문제 때문에 어려움을 겪기도 한다. 봄과 같은 어린 시절에 신뢰와 사랑을 배운 사람만이 건강한 인간관계를 맺으며 살아갈 수 있다고 저자는 말한다.

인생에도 여름이 있다. 이 시기는 열매를 맺는 시기이다. 하나님은 성숙한 인간에게 풍성한 열매를 기대하신다. 인생의 여름은 행동의 계절이다. 이 시기에는 성공과 실패를 경험하면서 성장한다. 때로는 실패가 성공보다 풍성한 열매를 가져다준다. 성공도 실패도 어떤 의미가 있는 것은 다만 하나님의 계획을 성취하는 데 기여했을 경우에 한한다.

인생의 가을은 노년의 시기이다. 노년은 가치를 재검토하는 시기이다. 나이를 먹을수록 남아 있는 시간이 아주 짧게 보인다. 소유와 행동이 삶으로부터 떨어져 나간다. 이 시기는 영속적인 가치가 되는 것을 위해 결단을 해야 하는 때이다.

저자는 죽음이 접근하는 때를 가을에서 겨울로 옮겨 가는 시기에 견준다. 그리고 인생의 모든 계절이 다 의미가 있음을 강조한다. 저자는 에필로그에서 다음과 같이 말하고 있다.

"성경에서는 인간에 대해서 한 번도 추상적인 교리 같은 논쟁을 하지 않습니다. 성경은 말하고 있어요. 인간이란 일반적인 의미에서가 아니고 구체적인 개개인으로서의 인간을 보여 줍니다.

중요한 것은 어떤 특정한 사람이 어떤 특정한 순간에 체험했다는 것입니다. 우리는 그 사람이 인생의 한복판에 서 있다는 것을 봅니다. 그 사람의 태도를 결정하는 요소가 되는 몇 개의 힘이 서로 갈등하는 것과 고뇌에 휘말리고 있는 인간을 봅니다. 그리고 타자와 만남을 계속하고 있는 인간, 모든 만남 속에서 가장 개인적인 만남, 하나님과의 만남을 체험하고 있는 인간을 봅니다. 그 하나님은 결코 철학자들이 말하는, 멀리 계시며 보편적이며 영원불멸하는 하나님이 아닙니다. 그분은 세계 역사와 개인의 운명에 대하여 말씀하시고 행동하시고 대답하시는, 살아 계시는 하나님이시며, 역사 안에서 일하고 계시는 하나님이 십니다."

참고로 이 책은 2015년에 아바서원에서 《인생의 사계절》이라는 제목으로 재출간되었다.

하나님과 동행하는 삶은 이 세상에서 가장 큰 모험이다.

하나님처럼 우리도
인생이라는 모험을 즐기자!

인생을 숙제처럼 살고 있는

당신에게

와일드 하트
존 엘드리지 | 포이에마

저자 존 엘드리지는 카운슬러이며 대학 강사이다. 하나님과 자연, 인간의 본질적인 내면을 이야기하는 그의 글은 사람들의 감추어진 소망과 열정을 불러일으키는 힘이 있다. 저자가 전하는 메시지는 신선하고 도전적이다. 이 책은 자유와 열정과 모험이 가득한 삶을 찾아 떠나라는 도전적 메시지를 담고 있다. 저자의 생각을 따라잡기 위해 독자는 열린 마음을 가지고 책장을 열어야 한다. 강준민 목사는 추천사에서 "이 책을 읽는 모든 분들의 삶 속에 이 책을 통해 예리한 지성, 야성적 감성, 그리고 깊은 영성이 회복되길 소원한다"고 했다.

거룩한 야성, 이것은 저자가 우리에게 전하는 메시지의 키워드이다. 탁월한 영성 작가인 존 엘드리지는 모험의 삶으로 우리들을 초대한다. 하나님은 모험의 하나님이시다. 인간 창조 자체가 하나의 모험이었다고 저자는 말한다. 하나님은 엄청난 위험을 무릅쓰신다. 그중 가장 큰 모험이 천사와 인간에게 자유 의지를 주셨다는 것이다. 심지어 하나님을 거부할 자유까지 허락하셨으니 말이다! 그것도 단 한 번만 허락하지 않고 매일 거부할 수 있는 자유를 허락하셨다. 하나님은 인간의 선택이 하나님의 역사에 크게 영향을 미치도록 허락하셨다. 하나님은 인간을 당신의 역사에 참여시켰다!

하나님은 모험을 즐기신다. 하나님은 복음을 전하는 일에서도 모험을 하셨다. 하나님은 전혀 가능성이 없어 보이는 사람들을 앞세우셨다. "매춘부와 글을 겨우 깨우친 몇 명의 어부들, 세금 징수원을 복음의 전파자로 사용하셨다. 그리고 이제 그 역할을 우리에게 넘기셨다." 존 샌더스는 "하나님은 위험을 무릅쓰고 게임에 끝까지 동참하시는 분이다"라고 말했다. 기꺼이 위험을 감수하려는 하나님의 모습은 그저 놀라울 따름이다. 하나님의 마음에는 뜨거운 모험심이 감춰져 있다!

삶의 본질은 모험이라고 저자는 말한다. 하나님이 이 아슬아슬한 드라마를 위한 위험한 무대를 세워 놓으시고 '보시기에 좋았다'고 말씀하신 태초부터 삶은 모험이었다. 우리가 위험을 삶의 과제로 받아들일 때, 달리 말하면 하나님은 우리가 믿음으로 살 때라야 세상이 제대로 돌아가도록 꾸미셨다.

모든 남자는 강한 힘을 지닌 존재로 확인받고 싶어 한다. "남자라면 일에서나 사랑에서, 또한 영적인 삶에서 모험을 멀리하지 않을 때 행복할 수 있다"고 저자는 말한다. 〈브레이브 하트〉, 〈플라잉 타이거〉, 〈하이눈〉, 〈라이언 일병 구하기〉, 〈탑건〉, 〈다이하드〉, 〈글래디에이터〉처럼 남자들이 좋아하는 영화는 남자들의 마음이 갈구하는 것, 이 땅에 태어난 날부터 남자의 마음에 새겨져 있는 것을 드러낸 영화이다. 저자에 의하면, 싫든 좋든 간에 모든 남자의 마음에는 파괴적인 면이 감춰져 있다.

영화 〈가을의 전설〉을 본 남자들은 모두가 트리스탄을 닮고 싶어 한다. 정작 현실에서는 대부분의 남자들이 자신을 알프레드나 사무엘에 더 가깝다고 생각한다. 트리스탄은 야성의 마음을 가진 청년이다. 한마디로 서부극의 남자다. 야생마를 붙잡아 길들이고, 칼을 들고 회색곰과 맞서 싸우며, 아름다운 여인을 쟁취한다.

저자에 의하면, "남자는 자신의 이름을 알아야 한다." 남자는 자신이 남자에게 필요한 것을 가졌다는 사실을 알아야 한다. 이것은 깊은 의미의 앎이다. 아담이 그의 아내를 알았던 앎, 그의 아내가 아기를 낳았을 때 몸으로 체득한 앎을 뜻한다.

저자에 의하면, "남자에게는 싸워야 할 전투가 필요하다." 가족과 가정을 초월해 목숨을 걸고 해내야 할 위대한 사명이 필요하다. 남자에게는 죽음을 각오하고 헌신해야 할 대의가 있어야 한다. 대의가 삶을 지탱해 주는 가치이기 때문이다. 무엇보다 전사는 비전을 갖는다. 삶을 초월하는 무엇, 즉 자기 보존보다 훨씬 중대한 대의를 갖는다. 진정한 전사는 초월적 대의를 위해 싸운다. 예수님은 전사이시다!

기독교인은 예수님을 따라 예수님처럼 사는 것이 삶의 목표인 사람들이다. 이런 의미에서 이 책이 전하는 메시지는 비단 남자에게만 해당되지는 않을 것이다.

삶은 해결해야 할 문제가 아니다. 우리가 살아가야 할 모험이다.

당신은 언제 마지막으로
열정적인 하루를 살았는가?

하루하루를

선물처럼 살고 싶다면

인생 수업

엘리자베스 퀴블러 로스, 데이비드 케슬러 | 이레

  삶에서 가장 중요한 절대 가치는 무엇인가? 나는 지금 분명한
목표를 가지고 가슴 뛰는 감격으로 살아가고 있는가? 죽음을 앞
두고 사람은 무엇을 깨닫게 되는가? 아마 독자는 이 책을 읽으면
서 이러한 물음 앞에 서게 될지 모른다.

  이 책은 20세기 최고의 정신 의학자이자 호스피스 운동의 선

구자 엘리자베스 퀴블러 로스와 그녀의 제자 데이비드 케슬러가 죽음으로 내몰린 사람들과의 인터뷰를 통해 삶에서 꼭 배워야 할 것들을 정리한 책이다. 2004년에 사망한 엘리자베스 퀴블러 로스의 마지막 책으로, 그녀가 살아가는 동안 얻은 삶의 진실들을 담고 있다.

그녀에 의하면, 죽음을 눈앞에 둔 사람들은 위대한 가르침을 주는 삶의 교사들이다. 삶이 더욱 분명하게 보이는 것은 죽음 앞으로 내몰린 바로 그 순간이기 때문이다. 삶의 마지막 순간이 가까워 오면 사람들은 더 진실해지고, 더 정직해지고, 더 진정한 자신이 된다. 죽음을 앞둔 사람들은 마치 어린 시절로 되돌아간 것처럼 진정한 자기 모습으로 돌아간다.

삶은 시간이 지배한다. 사람들은 각자의 시간을 다르게 경험한다. 시간의 가치가 개인적인 인식에 따라 달라질 수 있기 때문이다. 시간이 흘러가면 모든 것들이 변한다. 안도 변하고 바깥도 변한다. 우리의 외모도, 내면의 자아도 변한다. 누군가에게 "몇 살인가?" 하고 묻는다면, 실제로는 "당신의 인생 시계는 몇 시인가?" 하고 묻는 것이다.

현대인들은 늙어감의 가치를 인정하지 않는다. 주름살은 삶의 일부가 아니라, 예방하고 감추고 제거해야 할 대상이다. 반면 시한부 선고를 받은 사람들은 시간에 대해 보다 강렬한 느낌을 갖는다. 죽음을 앞둔 사람들이 우리에게 가르쳐 주는 가장 중요한 교훈은 모든 날들을 최대한으로 살라는 것이다.

"죽음을 앞둔 사람들이 한 번만 더 별을 보고 싶다고, 바다를 보고 싶다고 말하는 것을 들으면 언제나 정신이 번쩍 듭니다. 많은 사람들이 바다 가까이 살지만, 바다를 볼 시간이 없습니다. 우리 모두 별 아래에 살지만, 가끔이라도 하늘을 올려다보나요? 삶을 진정으로 만지고 맛보고 있나요? 평범한 것 속에서 특별한 것을 보고 느끼나요?"

눈을 뜨는 매일 아침, 당신은 살아갈 수 있는 또 다른 하루를 선물받은 것이다! 당신은 언제 마지막으로 그 하루를 열정적으로 살았는가?

이 책은 우리에게 삶에 대한 깊은 성찰과 교훈을 던져 준다. 단순히 '남을 위해 살아라', 혹은 '자기 자신에게 충실하라'와 같은 상투적인 교훈이 아니다. 저자는 우리가 어떻게 하면 자신의 삶에 솔직하게 대면하고 최선으로 살아갈 수 있는지에 대해 진정성이 담긴 조언을 들려준다. 따라서 이 책의 메시지를 한마디로 요약한다면 이것이다.

"생의 마지막 순간에 간절히 원하게 될 것, 그것을 지금 하라."

밑줄 긋기

삶은 탄생에서 죽음에 이르는 수업과 같습니다.

지금 보고, 듣고, 느끼는 모든 것들이
얼마나 큰 축복인지

일상의 감사를 잃어버린

당신에게

사흘만 볼 수 있다면

헬렌 켈러 | 산해

"만일 내가 3일간 볼 수 있다면 첫날은 나를 가르쳐 준 설리번 선 생님을 찾아가 그분의 얼굴을 볼 것이다. 그리고는 산으로 가서 아름다운 꽃과 풀, 빛나는 노을을 볼 것이다. 둘째 날엔 새벽에 일찍 일어나 먼동이 트는 모습을 보고 싶다. 저녁에는 영롱하게 빛나는 하늘의 별을 보고 싶다. 셋째 날엔 아침 일찍 큰길로 나가 부지런히 출근하는 사람들의 활기찬 표정을 보고 싶다. 점심때는 아름다운 영화를 보고 집에 돌아와 사흘간 눈을 뜨게 해주신 하나님께 감사의 기도를 드리고 싶다."

헬렌 켈러의 고백이다. 보지도, 듣지도, 말하지도 못하는 삼중고의 어려움을 극복하고 인간 승리를 이룩한 헬렌 켈러는 초등학교 어린이들도 잘 아는 이름 가운데 하나이다. 나의 경우도 어렸을 때 접한 위인전을 통해 감동을 받았던 기억이 새롭다.

헬렌 켈러는 미국의 여류 저술가요 사회사업가이다. 심각한 육체적 핸디캡을 극복하고 다른 장애인들에게 영감과 격려를 주는 삶을 살았고 구제, 교육, 사회사업에 평생을 바쳤다. 헬렌은 미국 남부 앨라배마 주 터스컴비아에서 부잣집 딸로 태어났다. 19개월째 되던 어느 날 헬렌은 심한 열병을 앓는다. 그로 인해 그만 눈이 멀고 아무 소리도 들을 수 없게 된다.

《사흘만 볼 수 있다면》은 절망과 비애를 딛고 일어선 헬렌 켈러의 자서전으로, 그녀가 보여 줬던 삶의 의지를 생생하게 나타내고 있다. 또한 소중하지만 언제나 누리고 있기에 소중함을 깨닫지 못하는 모든 것들의 의미를 새삼 깨닫게 해준다.

그녀의 기적은 성인들이 보여 준 기적에 비하면 참으로 소박하다. 허나 인간의 힘으로 운명의 혹독함을 이겨 낸 작은 기적이 다른 무엇보다 인간적임을 부정할 수 없다. 친구의 얼굴을 볼 수 있다는 것, 보고 싶은 책을 읽을 수 있다는 것, 사랑하는 사람의 목소리를 들을 수 있다는 것 등과 같은 일상들이 얼마나 소중한지 알려 주었기에 그녀의 이름은 오늘날에도 수많은 곳에서 기억되고 있다.

이 책은 삶의 빛이 퇴색되어 간다고 믿는 이들에게 부활의 노래가 되고, 주저앉고 싶은 이들의 어깨를 도닥거려 주는 격려의 노래가 된다. 누군가가 그토록 원하는 것들을 일상적으로 사용할 수 있음을 깨닫게 해주는 축복의 노래가 된다.

"내일 귀가 안 들리게 될 사람처럼 음악 소리와 새의 지저귐과 오케스트라의 강렬한 연주를 들어 보십시오. 내일이면 촉각이 모두 마비될 사람처럼 그렇게 만지고 싶은 것들을 만지십시오."

나는 종종 성인(成人)들이 단 며칠간만이라도 맹인과 귀머거리가 될 수 있다면 좋을 것이라고 생각한다. 왜냐하면 맹인이 되면 시력의 중요성을 알게 될 것이고, 또 귀머거리가 되면 소리의 중요성을 알게 될 것이기 때문이다.

당신 삶을 바꾸는
위대한 조언을 듣고 있는가?

인생의 고귀한 메시지를

듣고 싶다면

폰더 씨의 위대한 하루

앤디 앤드루스 | 세종서적

주인공 폰더 씨가 떠난 환상 여행을 통해 솔로몬, 안네 프랑크, 링컨, 콜럼버스 등 7명의 인물을 만나 인생의 고귀한 메시지를 하나씩 얻는 이야기이다. 이 선물로 폰더 씨는 궁지에 몰렸던 자신의 삶과는 다른 인생을 맞게 될 것을 예감하며 환상에서 깨어난다.

솔로몬은 폰더 씨에게 이렇게 말한다.

"하나님께서는 당신이 선택하신 기회를 위해서는 산이라도 움직이시는 분이니까. 하지만 먼저 자네 자신이 움직여야 하네. 그런 식으로 마음의 준비를 해 두는 것이 좋아."

"'지혜를 찾아라'라는 말 중에서도 '찾아라'가 중요하네. 사실 지혜는 사람들이 그것을 따 가기를 기다리고 있지. 하지만 지혜는 물물 교환을 하거나 돈 주고 살 수 있는 물건이 아닐세. 지혜는 부지런한 자만 얻을 수 있는 선물이지. 오로지 부지런한 자만이 지혜를 찾을 수가 있어. 게으른 자나 어리석은 자의 눈에는 지혜가 보이지 않아. 지혜의 문은 누구에게나 열려 있으나, 그 문으로 들어가는 사람은 소수이지. 지혜를 찾게. 지혜를 열심히 찾다 보면 자네는 성공과 만족을 얻게 될 걸세."

콜럼버스는 어떤 말을 할까?

"진실은 어디까지나 진실이니까요. 1천 명의 사람들이 어리석은 어떤 것을 믿는다 해도 그건 여전히 어리석은 일일 뿐입니다. 진실은 여론에 의존하는 것이 아니에요. 차라리 나 혼자일지라도 평범한 사람들의 평범한 헛소리를 따르는 것보다는 내 마음속의 진리를 따르는 것이 더 좋아요."

안네 프랑크의 말도 들어보자.

"나의 인생, 다시 말해서 나의 성격, 습관, 심지어 나의 말버릇은 내가 읽기로 선택한 책들, 내가 만나기로 선택한 사람들, 내가 내 마음 속에서 선택한 생각들의 총합이에요. 나는 독일인, 아리

아인, 아프리카인이라는 사실이 그 개인의 미래를 결정한다고 생각하지 않아요. 위대함은 그 개인이 남자냐, 혹은 여자냐와도 상관없어요. 정말 중요한 것이 내용이라면, 그것은 곧 우리 자신이 그 안에 뭘 넣겠느냐고 선택한 것의 총합이라고 할 수 있어요. 우리는 인생이 하나의 특혜라는 것을 잊으면 안 돼요. 인생을 가장 충실하게 사는 것은 저마다의 선택이랍니다."

링컨은 이렇게 충고한다.

"나는 전능하신 하나님께서 내가 어디에 있든 내 기도를 들어주실 것으로 확신하네. 그분의 팔은 워싱턴에서 게티즈버그까지 미치지 않는 곳이 없지. 또한 하나님께서는 기도만 하고 기다리는 사람보다는 기도를 하면서도 일도 열심히 하는 사람을 더 좋아하시지."

"올곧은 성품을 가진 사람은 머지않아 그 성품을 시험당하게 되어 있네. 명예와 용기를 가진 사람은 곧 부당한 비난을 당하게 되어 있지. 하지만 그런 부당한 비난은 결코 진실을 움직이지 못한다는 사실을 잊지 말게. 나의 굳은 신념은 이거야. 여론은 왔다 갔다 할 수 있어도 선과 악의 구분은 결코 흔들리지 않는다는 거야."

책 전체의 내용은 일곱 가지 원리를 제시한다.

1. 나는 내 과거와 미래 인생에 대해 총체적인 책임을 진다. _트루먼 대통령
2. 나는 남들에게 봉사하는 사람이 되겠다. _솔로몬 왕

3. 나는 행동하는 삶을 살겠다. 나는 이 순간에 머뭇거리지 않으며, 행동하기를 결단하겠다. _체임벌린 대령

4. 나는 내 삶을 결단한다. 나는 내 운명을 믿으며, 내 운명을 스스로 결정한다. _콜럼버스

5. 오늘 나는 행복하기를 선택하겠다. 나는 어떤 상황에서도 나의 삶에 감사하겠다. _안네 프랑크

6. 나는 남과 나 자신을 용서하겠다. 남을 용서하고 이끄는 사람이 되겠다. _링컨 대통령

7. 나는 포기하지 않겠다. 나는 내 꿈과 희망을 굳게 믿고 실천하겠다. _가브리엘 대천사

한마디로 이 책은 역사적인 인물들의 감명 깊은 조언과 구절들을 통해 진솔한 감동과 지혜를 전해 주는 현대판 우화이다.

밑줄 긋기

"아주 오래 전부터 자네는 수많은 선택을 했고, 그것이 모여서 오늘날의 상황을 만들어 낸 거라네. 자네는 현재의 상황을 유도한 그 길의 한가운데를 분명히 걸어왔던 거야. 앞으로 '그건 내 잘못이 아니야'라는 말은 절대로 하지 말게." _트루먼

바꾸고 싶은
습관이 있습니까?

영적으로 좋은 습관을 들이는 법을

배우고 싶다면

습관과 영적 성숙

손경구 | 두란노

"습관은 제2의 천성이다."

파스칼의 말이다. 파스칼은 제2의 천성인 습관이 제1의 본성을 파괴할 수 있다고 경고하기도 했다. 일찍이 옛 성인들은 끊임없이 습관의 중요성을 역설하고 상기시켰다. 나다니엘 에몬스는 "습관은 가장 훌륭한 종이기도 하고, 가장 포악한 주인이기도 하

119

다"라고 했으며, 기독교 교육의 선구자 가운데 한 사람인 호레이스 부쉬넬은 "습관과 영혼과의 관계는 피와 혈관과의 관계와 같다"라고 했다. 황금의 입으로 알려진 설교자 크리소스토무스는 "젊은이에게 올바른 습관을 심어 주고 마음을 단련시키는 일보다 더 귀한 일이 어디 있겠는가"라고 말했다.

인간의 실생활은 대부분 습관에 의해 반복적으로 일어난다. 성경은 습관의 영향력에 대하여, 긍정적인 것이든 부정적인 것이든, 바른 주의를 주고 있다. 가령 신명기 6장 4~9절에서 이스라엘이 율법의 규정을 습관적으로 따르도록 일깨우고 있으며, 로마서 7장 15절, 8장 2절에서 사도 바울은 죄를 짓는 습관의 구속력에 대하여 증거하고 있다.

인간이 날 때부터 습관을 가지고 태어나는 것은 아니다. 습관이란 후천적으로 습득된 행동이며 사고이다. 어린아이들이 성장하는 것을 살펴보면, 행동이 얼마나 빨리 의식화되고 유형화하는가를 관찰할 수 있다. 습관이 발생하는 과정을 잘 알고 있는 종교 교육 전문가들은 부모나 교회 학교가 유아 또는 아이들과 관계를 가질 때, 문자 그대로 생활 방식과 사회를 형성한다는 사실을 의식할 것을 촉구하고 있다.

사고와 행동의 습관은 유아기의 단순한 반응에서 사춘기에는 모방으로 바뀌진다. 주변의 동료나 어른들은 여러 가지 행동 양식과 사고방식을 만들어 내는데, 성장기의 아동은 그 가운데서 자기가 동조할 만한 습관을 선택한다.

물론 습관적인 사고와 행위의 결과에는 긍정적인 결과도 있고 부정적인 결과도 있다. 어떤 결과들은 분명히 드러나고 곧 끝나 버린다. 만약 습관을 조정하는 법을 터득하지 못한다면 그것이 우리의 생활을 좌지우지할 수가 있다. 목회 상담가 G. 로이드 레디거에 따르면, 일단 좋지 못한 습관을 제거하고 나면 좋은 습관을 갖기 시작할 수 있다.

손경구 목사가 쓴 이 책은 "습관이 당신의 미래를 바꾼다"라고 말한다. 영적 성숙을 원한다면 지금 당신의 습관을 점검하라고 촉구한다. 저자는 모든 사람이 관심을 두고 바꾸고 싶어 하는 '습관'이란 화두를 인생과 미래뿐 아니라 영성과 관련하여 다루고 있다. 저자는 '습관과 영적 성숙'이라는 주제를 원리, 생활, 영성, 적용의 네 부분으로 엮어 각각의 분야에 맞게 습관의 중요성과 변화의 필요성을 말한다.

우리의 모든 행동은 대부분 습관으로 구성되어 있으며, 습관은 단순한 행동의 차원을 넘어 우리의 미래를 만들어 낸다. 저자는 단순히 습관을 바꾸거나 좋은 습관을 가지라는 차원의 일반 처세서와는 달리, 습관을 이루는 '생각'이라는 원리를 중점적으로 다룬다. 뿌리부터 달라져야 한다는 것이다. 단지 좋은 습관이 아니라, 영적으로 성숙하기를 원하는 기독교인들에게 필요한 습관에 대해 초점을 맞추고 있기에 묵상적인 경건집의 성격을 띠고 있다.

강준민 목사도 이 책이 독자들이 좋은 습관을 형성함으로써 영적 성숙에 이를 수 있는 구체적인 방법을 제시해 준다고 추천하고 있다. 자신의 습관에 대한 관심과 고민이 많거나, 인생의 변화를 추구하는 이들, 영적 성숙에 관심이 많은 그리스도인에게 도움을 줄 만한 책이다.

습관은 그 사람의 행동을 결정짓고, 행동은 그 사람의 생활을 결정짓고, 생활은 그 사람의 인생을 결정짓는다.

재능보다더 중요한
습관의 힘

인생의 성공과 실패를 좌우하는

습관의 힘을 알고 싶다면

습관의 힘
잭 D. 핫지 | 아이디북

모든 성공한 사람들에게는 공통점이 하나 있다. 바로 좋은 습관
을 바탕으로 한 일상생활을 영위하고 있다는 것이다. 습관은 그
렇게 중요하다. 습관은 모든 위대한 사람의 충복이며, 동시에 모
든 실패자의 충복이기도 하다. 습관은 위대한 사람을 더욱 위대
하게 만들며, 실패자는 더욱 실패하도록 만든다. 우리는 습관을

통해 이익을 얻을 수도 있고, 파괴될 수도 있다.

습관을 바꾸는 것이 왜 그렇게 어려울까? 습관은 우리의 무의식 깊숙한 곳에 들어와 있기 때문이다. 무의식 부분은 일종의 저장 공간이다. 과거의 경험이 존재하는 곳이다. 기억, 느낌, 신념, 가치, 습관이 무의식을 구성한다. 그래서 어린 시절에 형성된 습관(특히 유아기에 형성된 것)은 바꾸기가 어렵다. 오랫동안 갖고 있던 습관(더 많이 반복되었던 것)은 바꾸기가 더 어렵다.

저자가 자신의 아침 출근 습관을 바꾸는 데는 21일이 걸리지 않았다. 반면에 어린 시절부터 있었고 20대가 되어서도 고치지 못했던, 손톱을 깨무는 나쁜 습관은 고치는 데 거의 5개월이나 걸렸다. 그만큼 오랜 습관이었기 때문이다.

성공한 사람이 보통 사람보다 반드시 더 뛰어난 능력을 갖춘 것은 아니다. 다만 그들은 더 많이 노력하고, 연습하고, 준비하는 습관을 갖고 있다. 성공한 사람이 천성적으로 다른 사람보다 의지가 굳고 더 열심히 노력하는 것은 아니다. 다만 인내하고 노력하며, 효과적이고 체계적으로 학습하고 일하는 습관을 가지고 있을 뿐이다.

저자는 대학 시절에 할아버지로부터 충고를 하나 들었다. 할아버지는 세상에 두 종류의 사람이 있다고 말씀하셨다. 꿈꾸는 사람과 실천하는 사람이다. 실천하는 사람은 자기 목표를 달성한다. 회사를 세우고, 책을 쓰고, 마라톤 대회에 나가 완주한다. 스스로 목표를 정하고 달성한다. 꿈꾸는 사람은 그런 것을 꿈꾸기만 한다. 할아버지의 말씀은 저자의 삶을 바꾸어 놓았다. 그는 그때부터 실천하는 습관을 들이기 시작했다.

저자에 의하면, 습관은 유전적 잠재력의 실현 수준을 결정한다. 위대한 발명가 토머스 에디슨은 전구와 축음기, 영사기를 포함해 일생 동안 1,093개를 발명했다. 에디슨은 진짜 천재였다. 그러나 정작 에디슨 본인이 주장한 성공 이유는 다른 것이었다. 자신의 발명은 생각하는 습관이 있었기에 가능했다고 말했다. 에디슨은 전구에 가장 적합한 재료를 찾기까지 10,000번이나 실험을 시도했다.

스페인의 위대한 바이올린 연주가 사라사테를 어떤 비평가가 천재라고 부른 적이 있다. 그 말을 듣자 사라사테는 즉시 반박했다. "천재라고? 나는 지난 37년 동안 하루에 14시간씩 연습했다. 그런 것은 생각하지 않고 사람들은 나를 천재라고 부른다니까."

사라사테는 자신을 19세기 최고의 바이올린 연주자로 만든 것은 천재성이나 재능이 아니라는 점을 잘 알고 있었다. 그를 만든 것은 매일 쉬지 않고 꾸준히 연습하는 습관이었다.

래리 버드는 전설적인 농구 선수였다. 그를 가장 위대한 농구 선수라고 평하는 이도 있을 정도이다. 그는 타고난 운동선수가 아니었다. 뛰어난 재능을 타고난 것도 아닌 그가 어떻게 최고의 자리에 올랐을까? 정답은 바로 습관이다. 래리 버드는 NBA 역사상

최고의 자유투 슈터였다. 그는 매일 아침 자유투를 500개씩 연습하고 나서 학교에 가는 습관이 있었다.

나쁜 습관을 없애고 좋은 습관을 갖게 되었을 때 얻을 수 있는 혜택은 상상할 수 없을 정도로 크고 많다. 이것만은 분명하다. 당신의 습관이 궁극적으로 인생의 성공 수준을 결정한다.

우리 모두는 우리가 생각하는 것보다 훨씬 많은 일을 할 수 있다. 자기를 절대 과소평가하지 말아야 한다.

당신의 아침은 피곤하고 힘겨운가, 활기차고 즐거운가?

아침 시간을 의미 있게

시작하고 싶다면

인생을 두 배로 사는 아침형 인간

사이쇼 히로시 | 한스미디어

"아우야 얼마나 훌륭한 아침이냐.

우리들의 꿈보다는 더 아름다운 아침이 아니냐.

어서 바다를 향하여 기운찬 돌을 던져라.

우리들이 저 푸른 해안으로 뛰어갈 아침이란다."

1934년 6월 시인 김현승이 조선중앙일보에 발표한 〈아침〉이란 시의 마지막 행이다.

'아침형 인간'을 다룬 책들이 연이어 나왔고, 일부 독자들은 그 책들에서 제시된 모델을 따라 실천에 옮기려고 시도하기도 한다. 그 책들은 성공 비법으로 '아침 시간 관리'를 이야기하고 있고, 과학적 통계 수치까지 들이대면서 독자를 설득하고 있다.

하루 24시간 중 아침을 관리한다는 것은 어떤 의미가 있을까? 《인생을 두 배로 사는 아침형 인간》의 메시지는 세 가지로 요약할 수 있다.

첫째, '아침을 지배하는 사람이 하루를 지배하고, 하루를 지배하는 사람이 인생을 지배한다'는 명제가 출발점이다. 잠에서 깨어나 바로 자리에서 일어나는 것은 자연의 리듬을 타는 것이다. 저자 사이쇼 히로시는 '1일 4분론'을 소개하고 있다. 즉, 하루를 이른 아침-아침-낮-밤으로 나누어 관리하라는 것이다. 아침형 인간은 대자연의 여명과 더불어 하루를 시작하는 사람이다. 아침이 없는 사람에게는 성공도 건강도 없다는 것이 저자의 주장이다. 그는 자신의 주장을 과학적 근거와 사례를 바탕으로 설득력 있게 펼치고 있다.

둘째, 저자는 아침을 회복하라고 말한다. 아무리 밤이 즐거워도 아침과 맞바꾸지 말라는 것이다. 어떤 태도로 하루를 시작하느냐가 그날 일의 성공과 실패에 절대적인 영향을 미친다. 아침에 기분이 좋으면 하루 종일 일이 잘 풀린다. 일을 잘하기 위해 서는 유쾌한 기분을 가지는 것이 필요하다. 아침에 개인적으로 묵상의 시간을 갖는다든지, 클래식 음악을 듣는 것도 도움이 될 것이다. 위대한 첼리스트인 카잘스는 매일 아침 일어나서 바흐의 곡을 두 곡씩 연주하면 자기와 자신의 가족에게 축복이 임하는 것 같다고 했다.

셋째, 저자는 "시간을 잘 경영하는 사람만이 인생을 다스릴 수 있고, 성공적인 삶을 이룰 수 있다"고 말한다. '시간 지배'의 목적은 금 같은 시간을 지키는 데 있다. 즉, 시간을 금으로 만드는 것이다. 하루 동안의 능률을 높이려면 시간표를 잘 조직함과 동시에 때에 맞는 효과적인 일을 해야 한다. 아무리 바빠도 전날에 다음 날 일과표를 작성하라. 일과표를 작성하는 순간 그날이 시작된다. 일과표를 일찍 작성하면 하루를 그만큼 빨리 출발하는 것이다. 매일 좋은 출발을 해야 한다.

매일 아침 스스로에게 다음과 같은 질문을 하는 것도 좋다.

'어떻게 일을 즐겁게 할 수 있을까?'

'오늘 반드시 이루어야 할 중요한 목표들은 무엇인가?'

'오늘은 누구와 만나고, 무슨 대화를 나누며, 어떻게 도움을 줄까?'

'오늘 만나게 될 곤란한 문제는 무엇이며, 어떻게 미리 대처할 것인가?'

일어나자마자 약 3분 동안 이런 질문들을 해 보면 어떨까.

24시간이 모두 귀하지만 아침은 특별하다. 시인 김남조는 '생금 (生金)보다 귀한 아침 햇살'이라고 노래했다. 떠오르는 태양을 맞이하기 위해 이른 아침 잠자리에서 일어나는 것은 멋진 일이다. 더 훌륭한 것은 이른 아침을 기도와 묵상으로 맞이하는 일이다. 그리스도인이 아침 시간을 금보다 더 소중히 여기는 이유는 성공학 교과서의 지침에 의한 것이 아니다. 또 그래서도 안 된다. 그리스도인은 시간의 주(主)가 되시는 분 앞에서 엄숙한 마음으로 새로운 아침을 맞이하고 새로운 하루를 창조하는 자다.

눈을 뜨자마자 벌떡 일어나는 것은 괜히 불안하고 찝찝한 기분을 한 방에 날려 버리는 단호하고 적극적인 자기 방어이다. 이 선제공격에 성공하게 되면 아침에 일찍 일어나는 것이 점점 즐거워진다.

자연이 차려 주는
식탁을 차리자

내 몸을 사랑하고 자연을 아끼는
식사를 하고 싶다면

헬렌 니어링의 소박한 밥상
헬렌 니어링 | 디자인하우스

저자 헬렌 니어링은 조리법을 참조하지 않고 화려한 식탁을 차리지 않는 소박한 여성이다. 이 책은 '뭘 해 먹을까' 하는 걱정이나 호사스러운 요리 준비가 아니라, 다른 생각을 마음에 가득 담고 소박한 삶을 즐기는 사람들을 위한 책이다. 육신에 영양을 공급하기 위해 식사할 뿐, 미식에 빠지지 않는 검소하고 절제하는 사람들을 위해 쓰였다. 우리는 생존하기 위해 먹는다. 그러므로 덜 민감한 생명체를 취해야 한다. 우리가 섭취하는 먹을거리는 어떤 것이든 본래 생명을 갖고 태어나기 때문이다. 저자는 말한다.

"사과든 토마토든 풀 한 포기든, 먹으려면 그것을 죽여야 한다. 우리가 무슨 권리로 자연의 경이를 소비할까? 식물은 땅에서 중요한 존재이다. 나는 나무를 자를 때면 나무에게 인사를 보낸다. 데이지나 팬지 꽃을 뽑을 때나 사과를 깨물 때면 내 마음은 오그라든다. 내가 뭐길래 그들의 생명을 빼앗는단 말인가? 우리는 지상의 모든 것에 연민을 갖고, 최대한 많은 것에 유익을 주고, 최소한의 것에 해를 끼치도록 노력해야 한다."

저자는 자연이 차려 준 식탁을 추천하면서 샐러드 예찬론을 편친다. 루이스 옹테르메이어는 "상추와 푸른 잎채소는 시원하게 정신이 들게 한다. 그것을 먹으면 마음이 차분하고 깨끗해진다"라고 말했다. 알렉시스 소이어는 "식욕이 떨어졌을 때, 심지어 배불리 먹은 후에도 샐러드처럼 신선한 게 어디 있으랴. 맛있고 싱싱하고 푸르고 아삭아삭하며, 생명력과 건강이 넘치며, 입맛을 돋우고, 더 오래오래 씹게 하는 음식이여"라고 찬미했다.

저자는 서양 요리라고 하기엔 우리의 고정 관념을 무참히 배반하는 요리법을 이야기하고 있다. 소박한 밥상에 오르는 음식은 주로 생식, 샐러드, 허브 종류로 거의 조리를 하지 않는다. 그의 주장을 간추리면 덜 먹을수록 좋다, 신선한 식품을 날것으로 먹을

수록 좋다. 채식만으로도 충분히 무병장수할 수 있다는 것이다.

저자는 허브와 양념을 지혜롭게 사용하라고 권한다. 미각은 단맛, 신맛, 쓴맛, 짠맛으로 구성된다. 아무것도 섞지 않은 자연 그대로의 먹을거리는 모든 맛이 하나로 어울린다. 입맛을 자극하기 위해 이것저것 많이 섞으면 좋지 않다. 양념을 많이 진하게 해야 먹을 만하게 되는 음식이라면 아예 먹지 않는 편이 좋다. 소금과 후추를 넣지 않으면 심심한 조리 음식이라면 재료나 조리법에 문제가 있다.

저자에 의하면, 배가 고플 때만 먹어야 하고, 목이 마를 때만 마셔야 한다. 음료는 반드시 물과 허브 차, 생과일이나 야채 주스여야 한다. 오염된 강물에다 당밀로 단맛을 낸 콜라나, 설탕물로 맛을 낸 밍밍한 탄산음료를 마시면 안 된다. 목을 짜릿하게 태우고 취하게 하는 알코올 음료를 마실 필요도 없다. 더불어 저자는 절약 정신을 강조한다.

"나는 록펠러처럼 돈이 많았다 해도 아껴서 경제적으로 살 것이다. 불을 끄고, 노끈이나 종이 봉지, 포장지를 모아 두었다 재활용할 것이다. 재료가 풍부하게 있다는 이유만으로 좋은 먹을거리를 버리지 않을 것이다. 남은 재료를 분별 있게 모아서 재빨리 만든다면 얼마든지 훌륭한 요리가 된다."

나는 기도한다. 하나님의 창조 작업이 나의 식물들뿐 아니라 내 안에서도

계속되기를. 내 영혼이 그분의 정원이 되기를.

누가
삶을 낭비하는가?

삶의 영구불변하는 기준은

예수 그리스도이시다

삶을 낭비하지 마라

존 파이퍼 | 성서유니온선교회

"다만 한 번뿐인 삶, 곧 지나가리."

저자의 어린 시절에 깊은 영향을 끼친 글귀이다. 부엌 싱크대
위에 걸려 있던 액자에 쓰인 글이었다. 저자는 12년 동안 거의 매
일 액자에 있는 글을 보았다. 뒷면이 검게 칠해진 단순한 유리 액
자로, 흰 바탕에 영어 고어체로 쓰여 있었다.

다만 한 번뿐인 삶,

곧 지나가리.

다만 남는 것,

그리스도를 위한 일이라.

액자는 지금도 저자의 현관 벽에 걸려 있다. 그는 집을 나설 때마다 매번 액자를 쳐다본다. 그는 최소한의 삶을 원하지 않았다. 현실의 변두리에 살기를 원치 않았다. 그는 삶에 대한 중요한 사실을 깨닫고 추구하기를 원했다.

"낭비하는 삶의 반대는 하나님을 높이고 영혼을 만족케 하려는 유일한 열정으로 이끌리는 살아 있는 삶이다. 삶을 잘 살았다고 하는 것은 하나님을 높이고 영혼을 만족케 하는 것이어야 한다. 왜냐하면 하나님께서 우리를 창조하신 이유이기 때문이다."

저자에 따르면, 십자가 중심의 삶이 하나님을 영화롭게 하는 유일한 삶이다. 이러한 삶에는 희생이 따른다. 그리스도는 십자가에 못 박히셨다. 극악한 사람처럼 취급당하셨다. 그래도 그분은 자신을 쫓아오라고 우리를 부르신다.

"아무든지 나를 따라 오려거든 자기를 부인하고 자기 십자가를 지고 나를 좇을 것이니라."(막 8:34)

저자는 학생 시절 디트리히 본회퍼의 책《제자도의 대가》를 읽었다. 당대의 수많은 사람들의 믿음에 불을 붙인 책이었다. 저자는 대학 4학년 성탄절 때 읽었다. 그의 삶에 영향을 미친 문장은 다음과 같다.

"십자가는 달리 하나님을 경외하는 행복한 삶을 위한 터무니없는 종착점이 아니라, 우리가 그리스도와 교통하는 시발점에서 우리와 마주친다. 그리스도께서 한 사람을 부르실 때, 그분은 그에게 죽으라고 명하신다."

본회퍼의 책은 현대 교회에서 그가 본 '값싼 은혜'에 대한 강력한 고발이었다. 그는 이렇게 말했다.

"자기가 은혜로만 의롭게 된다고 말할 수 있는 유일한 사람은 그리스도를 좇기 위해 모든 것을 버린 사람이다."

그리스도를 소중히 여기는 데 헌신된 삶은 회생이 따른다. 희생은 그분을 소중히 여기는 과정이자 수단이다. 만일 힘든 사랑의 길을 택하지 않는다면 우리는 삶을 낭비하게 될 것이다. 우리가 그리스도를 좇는 희생을 기쁨으로 받아들이면 그분의 진가가 세상에서 밝게 빛날 것이다. 희생 자체는 그리스도를 위대한 분으로 드러내는 수단이 될 것이다.

희생과 헌신은 모든 사람이 선교사나 목회자가 되어야 한다는 의미가 아니다. 보내는 자와 떠나는 자 사이에는 동역이 있어야 한다. 바꾸어 말하면 모든 사람이 바울과 더불어 사역에 나서서는 안 된다. 누군가는 뒤에 남아 일을 하고, 떠나는 사람들의 필요를 채워 주어야 한다.

오늘날 세계 속에서 우리의 상황은 어떠한가? 세계 복음화의 도전은 여전히 매우 중대하다. 우리는 이전 어느 때보다도 선교 사업의 범위와 특성을 잘 알 수 있다. 패트릭 존스톤은 다음과 같이 말한다.

"역사상 처음으로 우리는 세계의 종족들과 그들이 복음화된 정도에 대해 상당히 완벽한 목록을 가지고 있다."

저자에 의하면, 삶을 낭비하지 않는 길은 모든 일 가운데 하나님을 으뜸 되게 하려는 유일한 열정으로 사는 것이다.

다만 한 번뿐인 삶, 곧 지나가리. 다만 남는 것, 그리스도를 위한 일이라.

성숙한 인격의 자질은 무엇인가?

영적 자기 통제력이

답이다

아무도 보는 이 없을 때 당신은 누구인가

빌 하이벨스 | IVP

저자는 자기 통제력이 '사람이 가질 수 있는 지극히 중요한 인격적 자질' 가운데 하나라고 말한다. 자기 통제력은 삶의 모든 영역을 개발하는 핵심적인 역할을 한다. 아쉽게도 삶의 모든 영역에서 고도의 자기 통제력을 발휘하는 사람은 많지 않다.

자기 통제력이란 대체 무엇일까? 저자는 이해하기 쉽지 않은

이 인격적 자질을 간단하게 설명한다. 바로 '즐거움의 유보'이다. M. 스캇 펙은《아직도 가야 할 길》에서 말하기를, "즐거움을 유보하는 것은 삶의 고통과 기쁨을 적절히 배열하는 과정이다. 곧 삶의 고통을 먼저 접하고 극복함으로써 나중에 기쁨이 배가되도록 하는 것이다. …… 이것이야말로 삶을 제대로 살아가는 유일한 방법이다"라고 했다.

자기 통제력이 '즐거움의 유보'라는 점을 설명하기 위해 저자는 쉬운 예를 든다.

"아이는 케이크 둘레의 크림 부분을 조심스레 걷어 내고 먼저 빵을 먹습니다. 빵을 다 먹고 나면 눈을 더 크게 뜨고 크림으로 덤벼듭니다. 이것이 어린아이가 케이크를 제대로 먹는 유일한 방법입니다. 아니면 누가 아이스크림을 먹는 것을 본 적이 있습니까? 그는 보통 바닐라를 먼저 먹고 그다음에 딸기, 그다음에 초콜릿을 먹습니다. 케이크나 아이스크림을 제대로 먹을 줄 아는 사람은 이렇게 즐거움을 유보하는 원리를 적용함으로써 만족감을 더 크게 늘릴 줄 압니다."

저자는 영적 성숙을 위한 조언도 한다. 매우 단순하고 실천 가능한 조언들이다. 영적인 생명이 활발히 자라나려면 세 가지를 해야 한다는 것이다.

첫째, 교회 예배에 정기적으로 참여해야 한다.

둘째, 매일 주님과 따로 만나는 시간이 있어야 한다.

셋째, 봉사 활동을 한다든지 해서 다른 성도들과 교제해야 한다. 세 가지 일에 적극적으로 참여하지 않는다면 영적인 생명이 시들고 만다는 것이 저자의 생각이다. 즉, 영적으로 건강하게 생활하려면 규칙적으로 실천해야 하는 습관이 있어야 한다. 바로 이 지점에서 통제력이 필요하다!

자기 통제력은 적용되는 삶의 모든 영역에서 보상을 가져다준다. 영적인 자기 통제력의 보상은 성숙함, 유용성, 즐거움, 자족감을 갖는 흔들림 없는 그리스도인의 삶이다. 인간관계에서 자기 통제력의 보상은 결혼과 가정생활이 윤택해지는 것이다. 육체적인 자기 통제력의 보상은 건강한 신체, 강화된 힘, 질병에 대한 저항력, 높은 집중력과 높아진 자신감이다. 금전적인 자기 통제력의 보상은 빚지고 살지 않는 것과 저축이 점점 늘어나는 즐거움이다.

자기 통제력의 보상은 크지만, 당장 보상이 오는 경우는 거의 없다. 세상이 즉각적인 즐거움과 손쉬운 해결책을 구하려고 아우성치고 있는 와중에 자기 통제력을 발휘하는 길을 선택하는 것은 쉽지 않다. 즉각적인 즐거움이라는 세상의 법칙을 따른다면 하나님과의 동행도, 결혼 생활도, 건강이나 은행 구좌도 결코 뜻대로 되지 않을 것이다. 저자에 의하면, 지금 고통을 견디며 쉬지 않고 열심히 노력한다면 적당한 때에 보상이 찾아올 것이다.

인격이란 아무도 보는 사람이 없을 때 우리가 하는 행동이다.

기독교인이라면
반드시 읽어야 할 책 100
31

더 깊은 삶의 단계로
나아가기

나는 어떻게

나이 들고 싶은가?

중년 리모델링
임경수 | CUP

목회 상담학 사전은 중년기를 다음과 같이 정의하고 있다.

"육체의 노화, 죽음에 대한 실질적인 자각과 결혼의 불만족, 과거의 꿈과 희망이 실현되지 못함으로써 느끼는 좌절, 그리고 부모의 질병이나 사망, 혹은 자녀들의 독립 등으로 중년들이 자기 정체성의 혼란을 경험하게 되는 시기."

중년기는 여러 가지 면에서 감정의 혼돈을 겪게 되는 시기이다. 그래서 마치 청소년기처럼 차분한 이성적 판단보다 감정에 많이 좌우되는 단계이다. 중년기는 자기 성취를 남들과 비교하면서 심한 열등감 또는 실존적 불행 속으로 빠져 들어가는 시기이기도 하다. 이때는 가치관의 혼돈 속에서 '도대체 신이란 존재는 있는 것일까?' 하는 깊은 회의에 '신은 죽었다'고 외치며 좌절과 방황을 경험하는 시기이기도 하다. 짐 컨케이는 "중년의 그리스도인들이 가장 큰 장애로 느끼는 요소 세 가지는 배우자, 가족, 신앙의 대상인 하나님"이라고 했다.

그럼에도 중년은 책임 있는 사람, 믿을 수 있는 사람, 삶의 안내자가 될 수 있는 사람이 되어야 한다. 인생의 중년에 이르면 자신과 자신이 속해 있는 기관에 책임이 있고, 중년기라는 자체만으로 신뢰성을 줄 수 있어야 하며, 고민하는 문제를 상의하러 온 청소년과 청년 들에게 도움을 줄 수 있는 사람이 되어야 하는 것이다.

같은 의미에서 이 책은 중년의 부정적인 면을 언급하기보다는, 인생의 나머지 절반을 시작하면서 가정과 사회에서 책임 있고 신뢰할 만하며, 인생의 안내자가 되어야 할 모델로서의 중년에 대한 이해에 초점을 맞추고 있다.

인생 후반의 고개를 넘어 내려가는 중년들이 생각하고 돌이켜 보아야 할 것은 무엇일까? 그것은 '인간이 필연적으로 밟아야 하는 죽음의 길에 나는 무엇을 남겨야 하는가?'라는 문제이다. 죽음에 대한 이해를 분명히 가지고 있지 않으면 우리의 삶은 무절제하고, 우리는 본능을 따라가는 사람이 되고 만다.

공자는 50세의 나이를 지천명(知天命)이라고 불렀다. 하늘의 뜻을 아는 나이라는 의미이다. 인생의 후반기에 중년은 이타성을 중심으로 한 전혀 다른 삶의 원칙으로 살아가야 한다. 인생의 가을에 접어들어 이제는 이기심을 벗어나야 한다. 나는 너로 인해 살 수 있음을 알고, 그 관계 속에서 살아야 하는 가치와 의미, 삶의 아름다움을 느끼는 중년의 길을 걸어야 한다. 중년기 전까지는 긍정적이고 생산적이며, 때로는 인간의 한계성에 대한 자각도 없이, 자신의 능력과 아집 가운데 살아온 젊음이라는 기간이다. 이제는 한계성을 인지하고 언젠가는 인간의 수명을 다해 이 땅을 떠나야 하는 순례자라는 인식을 철저히 할 필요가 있다.

중년기에 주어진 가장 큰 임무는 무엇일까? 다음 세대를 위해 가치관이 뚜렷한 윤리적인 모델로 사는 것이다. 죽음 앞에 서 있는 중년으로서 사회와 후손들에게 올바른 가치들이 전수되기를 바라는 것은 인간이 가지는 불멸성에 대한 간접적인 표현이 된다.

이 책은 중년의 심리와 중년이 맞이하는 위기를 심도 있게 분석하고, 해결책을 설득력 있게 제시함으로써 성숙하고 아름다운 중년의 상을 정립하도록 도와준다.

중년기에 주어진 가장 큰 임무는 이 세대적인 임무를 잘 수행하여 가치와

삶이 뚜렷한 윤리적인 모델로 사는 것이다.

Chapter 3

예수님, 당신은 내게
누구십니까?

다원주의 사회의 도전에
어떻게 반응하는가?

사람들은 우리의 사랑을 통해

우리를 알게 된다

문화 전쟁

칩 잉그램 | 생명의말씀사

저자에 의하면, 그리스도와의 관계와 그분의 말씀, 그리고 '마음
을 다하고 목숨을 다하고 뜻을 다하여 주 너의 하나님을 사랑하
고 이웃을 네 자신같이 사랑하라'는 명령을 진지하게 받아들이
는 사람들을 위한 책이다.

우선 저자는 우리가 처한 현실에 눈을 돌린다. 우리는 전 세계

에 퍼져 있는 불의와 기아, 노예 상태, 어느 때보다 늘고 있는 폭력, 윤리의 쇠락, 가족 해체를 겪고 있다. 윤리적 혼란은 우리의 학교와 거리, 가정에까지 침투해 들어왔다. 실제로 미국에서는 24시간 동안 미혼인 10대 1,000명이 임신을 하고, 청소년 300명이 마약을 복용하고, 또 다른 청소년 6명은 자살을 한다. 매일 미국에서 일어나는 일이다.

"심야 뉴스는 유명 정치인과 스포츠 선수, 사업가, 심지어는 종교인까지도 불륜과 마약 불법 성관계, 가정 폭력 문제에 연루되었다는 부도덕한 이야기들로 가득하다."

매우 민감한 사안도 다룬다. 바로 동성애 문제다. 저자에 따르면, 인구의 10퍼센트가 동성애자라는 수치가 널리 인용되고 있다. 이런 수치는 1948년 출판된 유명한《킨제이 보고서》에서 나왔다. 대중 매체가 동성애적 행동을 옹호하려고 애쓰던 시절인 1990년대 초에는 이 수치가 검증된 사실이라며 자주 인용되었다. 교육 시스템도 아무런 의심 없이 받아들였다.

《킨제이 보고서》가 반세기 이상 지난 책이고, 결정적으로 오류가 있다는 사실은 잘 알려지지 않았다. 10퍼센트라는 결론은 허구로 증명되었다.《킨제이 보고서》의 연구 대상자들은 교도소 수감자 중 자원자들이었다. 표본이 인구 전체를 대표하지 못할 뿐 아니라, 역기능적 배경을 가진 사람이 훨씬 높은 비율로 포함되었다. 이와 반대로 1990년 미국 인구조사국은 전 인구의 1퍼센트 이

하만이 동성애자라고 밝혔다. 1991년 시카고 대학에서 실시한 방대한 전국 조사에서는 인구의 1.7퍼센트 정도가 동성애자라고 보고하였다. 사람들의 성적 지향을 주제로 행한 연구 가운데 미국에서 역대 최고로 방대했던 '미국인의 성 조사'는 1994년에 행해졌다. 여기서는 남성의 2.7퍼센트, 여성의 1.3퍼센트가 동성애자라고 보고되었다.

"우리는 성 정체성과 씨름하는 사람들에게 그들이 여태까지 대중문화에 속아 왔다는 것을 동정을 담아 나누어야 한다."

저자는 "불행하게도 교회는 장악당하였고, 강단은 좌파와 우파가 그들의 주장을 홍보하는 데 쓰이고 있다. 하나님의 교회는 각종 쟁점과 후보, 주장을 두고 토론하는 장소가 되었다"고 말한다. 물론 우리는 주어진 정부 체제에 참여할 소명이 있다.

그리스도인은 자신의 정치적 견해와 완전히 대치되는 사람들에게도 자신의 삶과 사랑을 보여야 한다. 하나님은 예수님을 헌신적으로 따르는 사람들을 통해 역사해 오셨고, 앞으로도 그러실 것이다. 역사적으로 그리스도인들은 노예제 폐지와 여성 투표권, 1960년대의 인권 운동을 이끌어 왔으며, 이제는 오늘날의 성적 인신매매를 물리치는 데 힘쓰고 있다.

하나님은 타락한 세상을 변화시킬 명확한 계획을 가지고 계신다. 교회는 진리를 가르치고 본을 보여야 한다. 정부는 악을 억제하기 위한 법을 세우고 집행해야 한다. 개인 신자는 문화 속에서 삶과 말과 자원으로 그리스도를 본보기이며, 정부가 허락하는 최대한으로 정치 과정에 참여해야 한다.

저자의 마지막 당부는 이것이다.

"그리스도인은 인간의 성, 동성애, 낙태, 환경, 교회와 정치에 대한 진리가 절박하게 필요한 교회와 세상에 그 진리를 전달하는 하나님의 대사들이다."

당신의 정치적 견해와 완전히 대치되는 사람들에게도 당신의 삶과 사랑을 보이라.

왜 십자가가 기독교 신앙의 중심에 놓여 있는가?

십자가는 기독교 신앙의

보물 상자다

십자가란 무엇인가
알리스터 맥그래스 | IVP

십자가는 기독교 신앙의 중심이다. 기독교는 예수 그리스도가 실제로 죽었다가 부활했다고 단언한다. 그 사건이 일어나지 않았다면 기독교의 신뢰성은 무너지고 만다. 그렇지만 복음은 단순히 역사적 사실을 선포하는 것 이상이다. 복음은 십자가 죽음과 부활이라는 사건 자체라기보다는, 기독교 신앙의 중심에 놓인 해당 사건의 의미다.

"예수가 죽은 것은 역사이지만, 예수가 우리 죄를 위해 죽은 것은 복음이다."

저자에 따르면, 신약은 기본적으로 다음 일곱 가지를 보여 준다.

첫째, 예수 그리스도의 십자가와 부활을 통해 무언가 새로운 것이 발생했다고 진술한다.

둘째, 십자가를 통해 어떤 객관적인 일이 일어났다고 선언한다.

셋째, 하나님이 우리와 관계 맺는 방식이 극적으로 바뀌었다.

넷째, 십자가가 우리를 완전히 변화시킬 수 있다고 확언한다.

다섯째, 십자가를 통해 맺게 되는 하나님과의 새로운 관계에 대해 도움이 될 만한 생각들을 제시한다.

여섯째, 우리가 십자가를 통해 변화되려면 무엇을 해야 하는지 말해 준다.

일곱째, 우리가 변화되었을 때 도래하는 새로운 생활 방식을 안내한다.

십자가는 거대한 건축물과 같다. 십자가에는 언제나 우리의 상상 이상이 있다. 그것은 무궁무진하다. 우리는 십자가의 의미에 대해 대대로 이어져 온 교회 공동의 증언을 고려해야 한다. 우리보다 앞서 같은 질문과 씨름해 온 다른 사람들의 대화에 귀 기울여야 한다. 우리가 그들에게서 배울 것이 많기 때문이다.

십자가는 자유를 가져오며, 하나님에 대한 거짓된 이해들로부

터의 해방을 가져온다. 십자가는 하나의 전환점이 된다. 하나님
과의 반목이 십자가로 인해 끝난다. 하나님과 우리 사이에 존재
하던 장벽은 그리스도에 의해 무너진다.

예루살렘의 성전 휘장은 대개 평범한 사람들이 하나님의 임재
가운데로 들어갈 수 없음을 상징했다. 그리스도가 죽으면서 이
휘장이 찢어졌다. 그리스도의 죽음이 죄의 장벽을 무너뜨린 방
식을 보이는 강력한 상징이다. 십자가의 구속을 통해 우리가 하
나님께로 돌아갈 길이 열렸다. 하나님이 죄를 알지도 못하신 이
를 우리를 대신하여 죄로 삼으셨다(고후 5:21).

"십자가는 죄의 심각성뿐 아니라, 그것과 싸워 결국 파괴하실
하나님의 능력과 의도를 절실히 느끼게 한다."

십자가에서 우리는 실재하는 우리의 죄에 대한 실제적인 용서
를 본다. 저자에 의하면, 하나님이 시작하신 이 일에 우리는 응답
해야만 한다. 이제 우리는 어떻게 살아야 하는가? 바울이 쓴 것처
럼 우리는 "나를 사랑하사 나를 위하여 자기 자신을 버리신 하나
님의 아들을 믿는 믿음 안에서(갈 2:20)" 살아야 한다.

"믿음은 우리를 그리스도와 연합시키며, 그리스도가 우리 안에
인격적으로 현존할 수 있도록 하는 유대다. 동시에 그것은 우리
를, 그가 우리를 위해 십자가에서 얻은 모든 자원 및 특권과 결합
시킨다. 믿음은 경로와 같은데, 그 경로를 통해 그리스도의 의가
우리의 것이 되어 우리는 하나님이 보시기에 의롭게 된다. 믿음

은 손과 같은데, 그 손을 뻗어 용서, 기쁨, 희망과 같이 그리스도가 우리에게 제공하는 보배들을 붙잡을 수 있다. 믿음은 벌어진 입과 같은데, 그 입은 해방, 구원, 영생과 같이 그리스도가 우리에게 베푸는 모든 것을 먹는다."

저자의 마지막 선언은 이것이다.

"십자가는 죽음과 고통의 세상 한가운데 있는 희망의 상징이다."

이 책은 십자가에 대한 이해의 지평을 넓혀 주는 입문서다.

십자가는 죄의 심각성뿐 아니라 그것과 싸워 결국 파괴하실 하나님의 능력과 의도를 절실히 느끼게 한다.

예수님을 따른다는 것은 정말로 무엇을 의미할까?

그리스도인의 삶은
예수 그리스도를 따르는 삶이다

원.라이프
스캇 맥나이트 | 성서유니온선교회

예수님을 따른다는 것은 정말로 무엇을 의미할까? 30여 년 동안
복음서를 공부한 신학자 스캇 맥나이트는 그리스도인의 삶은 그
분을 '따르는' 삶이라고 정의한다. 그에 따르면, 예수님을 따르는
삶은 그리스도를 영접하는 한순간의 행동과 개인적인 경건 훈련
계획보다 광범위하다.

이 책에서 저자는 하나님이 계획하신 바가 바로 하나님의 꿈이라고 말한다. 하나님은 우리의 삶을 하나님의 꿈에 바치게 하기 위해 우리를 만드셨다. 예수님은 그 꿈을 하나님 나라라고 부르셨다(막 1:15).

제자는 예수님을 따르는 사람이다. 예수님을 따른다는 것은 한 가지를 뜻한다. 우리의 온 삶을 그분과 그분의 꿈에 바치는 것이다. 그분을 '따르는' 삶은 급진적이다.

주님이 가르쳐 주신 소위 '주기도문'도 급진적이다. "그 나라, 하나님 나라가 임하소서!"라고 기도한다. 저자는 우리가 예수님의 꿈에 초점을 맞추기 위해 매일 주기도문을 외우고 묵상하라고 권한다.

이 책에 따르면, 성경을 읽거나 기도를 하거나 예배당에 가지만 더 사랑하는 사람이 되지 않는다면 무언가 잘못된 것이다. 우리는 하나님을 사랑하고 다른 사람들을 사랑하는 사람이 되기 위해 성경을 읽고, 경건 훈련을 해야 한다.

그리스도인은 정의에 눈을 감지 않는다. 2001년 기준으로 11억 명이 하루 1달러 미만의 돈으로 살아가고, 27억 명이 하루 2달러 미만의 돈으로 살아간다. 예수님은 가난한 사람들을 위해, 주린 사람들을 위해, 우는 사람들을 위해, 핍박받는 사람들을 위해 오셨다.

다른 사람들을 사랑함으로써 내가 누구인지, 어떤 존재인지 깨달을 수 있다고 저자는 역설한다. 다른 사람들과 관계를 맺을 때 자신을 발견하지만, 자신을 다른 사람들에게 숨길 때는 자신마저 잃어버린다는 것이다.

예수님은 갈릴리에서 친구들을 모으심으로 거룩한 혁명을 시작하셨다. 이 혁명은 작은 것에서 큰 것으로 자라났다. 예수님은 작은 일을 잘하는 것의 중요성을 아셨다. 때문에 어떻게 작은 씨앗이 잎이 무성한 나무로 자라는가에 관한 이야기인 겨자씨 비유를 말씀하셨다.

예수님은 매일 마주치는 사람들과 이웃이 되셨다. 만나는 모든 사람을 사랑하셨다. 주님은 먼저 우리를 원하신다. 주님은 우리에게서 무언가를 원하시지 않고 우리 자신을 원하신다. 주님은 우리의 온 삶을 원하신다. 저자의 메시지는 이것이다. 사랑을 삶으로 증거하며 사는 사람은 지금 여기서 시작해야 한다!

일독의 가치가 있는 책이다. 눈을 열어 주고 마음을 뜨겁게 한다.

밑줄 긋기

그리스도를 영접하는 한순간의 행동이 관문이 아니라 목적이 될 때 우리는 피상적인 그리스도인이 된다.

예수님, 사랑할 수 있는 힘을 제게 주세요!

사랑하는 법을
예수님께 배우고 싶다면

우리 사이를 거닐던 사랑
폴 밀러 | CUP

예수님은 어떤 분이신가? 저자는 예수님에 관해 이미 알고 있거나, 알고 있다고 생각하는 것들을 모두 제쳐 놓고 새로운 시각으로 예수님을 공부해 보기로 한다. 알베르트 아인슈타인이 복음서를 읽으면서 경험한 것들을 저자도 경험해 보고 싶었던 것이다. 아인슈타인은 이렇게 말했다.

"나는 유대인이다. 그러나 나사렛 예수의 빛나는 모습에 내 마음이 끌린다. 예수님은 미사여구를 늘어놓는 사람들도 다 묘사할 수 없을 만큼 너무 엄청난 분이시다."

아인슈타인은 그리스도의 제자는 아니었지만, 많은 사람들이 볼 수 없었던 참사람을 보고 경이로움을 느꼈다. 저자 역시 성경을 읽고 공부하면서 아인슈타인이 경험했던 경이로움을 느끼기 시작한다.

인도의 국가 지도자였던 간디는 사랑하라고 말씀하신 예수님의 명령을 진지하게 따르지 않는 그리스도인들을 책망하곤 했다. 그러나 사랑보다 배우기 어려운 것이 또 어디 있겠는가? 어떻게 하면 사랑을 되돌려 주지 않는 배은망덕한 사람들도 사랑할 수 있겠는가? 어떻게 하면 다른 사람들에게 이용당하거나 계책에 말려들지 않고 사랑할 수 있겠는가?

우리에게 사랑의 모범을 보여 주는 사람들은 거의 없다. 사실 우리는 어떤 것이 정상인지조차 잘 모르고 있다. 예수님은 이런 우리의 삶을 정돈하는 데 필요한 다림줄이 되신다. 이 세상을 변화시킬 훌륭하고 강력한 영웅을 찾고 싶어 하는 우리의 목마름을 해갈해 주신다.

이 책은 예수님께서 사람들을 어떻게 대하셨는지를 살펴보면서 주님이 보여 주신 사랑을 탐구한다. 우리들 대부분은 가족이나 친구들과 함께 보내는 '평범한 시간들' 속에서 우리의 진정한 모습을 드러낸다. 예수님도 예외는 아니셨다.

제1부는 '동정심을 나타내 보이는 사랑'이다. 저자에 의하면, 동정심은 예수님의 성품 중 가장 자주 언급되는 감정이다. 분노나 두려움에 비해 동정심은 상당히 미묘하다. 동정심에 대해 사람들에게 물어보면, 동정심은 사람의 눈을 통해 전해진다고 말한다. 그 눈길은 부드럽고, 온화하고, 친절하며, 근심 어린 빛을 띠고 있다. 그런 눈길로 모든 일을 멈추고 상대방의 감정에 주목하고 귀를 기울인다.

저자는 예수님께서 어떻게 사랑했는지 공부하면서 사람들을 바라보신 횟수에 놀라지 않을 수 없었다. 복음서에는 예수님께서 사람들을 바라보셨다는 기록이 모두 40번 가량 나온다. 동정심을 갖기 전에 먼저 사람들을 바라보셨다는 사실이 특히 인상적이다. 동정심을 깊은 연민으로 표현해도 좋을 것 같다.

제2부의 제목은 '진리를 말하는 사랑'이다. 복음서를 읽는 동안 예수님은 저자를 놀라게 한다. 가차 없는 정직함과 솔직함이 거의 무례하게 보일 정도였기 때문이다. 그리도 동정심이 많은 분이 어떻게 사람들을 그런 식으로 대했까? 동정심을 가지고 솔직하게 사람들을 대해야 할 필요가 우리에게 있다는 것을 예수님은 알고 계신다. 그럼에도 예수님이 사람들과 맺은 모든 관계 속에는 진실함이 특징적으로 나타난다. 솔직하지 못한 관계는 투명하지 못하고 의미를 찾을 수도 없다는 사실을 예수님은 우리

에게 보여 주신다.

사랑할 수 있는 힘을 어디서 찾을 것인가? 저자에 의하면, 믿음이 사랑할 수 있는 힘을 준다. 사랑하기는 어렵다. 사랑하는 것은 고통받는 것이다. 사랑을 통과하는 길은 슬픔을 통과하는 길이다.

예수님은 우리 자녀들뿐 아니라 두들겨 맞고 길에 누워 있는 사람, 심지어는 원수까지도 사랑하라고 말씀하셨다! 어떻게 그렇게 할 수 있겠는가? "빈손으로 하나님께 나아가 당신의 필요를, 사랑할 수 있는 힘이 필요하다는 사실을 말씀드리라"고 저자는 말한다. 저자에 따르면, 주님은 우리에게 어떻게 사랑해야 하는지를 보여 주셨을 뿐 아니라, 사랑할 수 있는 힘을 어떻게 얻을 수 있는지도 보여 주셨다.

친절한 사람은 강하지 못하고, 강한 사람은 그리 친절하지 못하다. 예수님은 능력과 친절을 함께 보여 주셨다.

주님의 사랑이 있다면
어디든 나는 두렵지 않네

낮은 데로 나아가게 하시는

하나님의 깊은 사랑을 느끼고 싶다면

낮은 데로 임하소서, 그 이후

안요한 | 홍성사

나는 저자 안요한 목사와 새빛맹인교회의 사역을 가까이에서, 때로는 멀리서 바라볼 기회가 있었다. 초창기에는 안 목사가 세운 진흥야학에서 영어를 가르친 적도 있다. 그래서 안 목사의 구술에 기초한 이 책은 내게 각별한 의미가 있다.

무엇보다 이 책은 우리의 가슴 깊이 울림과 감동을 준다. 머리에서 나온 것은 머리에 이르고, 마음에서 나온 것은 마음에 이른 다는 말이 있다. 이 책은 우리에게 감동으로 다가온다. 그 감동은 고난과 역경을 헤쳐 온 한 신앙인의 간증이 주는 감동 이상의 것 이다. 이 책을 읽으며 영화 〈낮은 데로 임하소서〉의 주제가를 다 시 떠올리게 된다.

"주는 나를 만졌네, 내 영혼을. 나는 그를 느꼈네, 그 숨결을. 주 의 사랑 있으면 나 외롭지 않네. 주의 사랑 있으면 나 두려움 없네."

감동은 안 목사를 낮은 데로 인도하신 하나님을 만나는 것에 서 오는 감동이다. 주님의 사랑이 있으면 우리는 결코 외롭지 않 다는 격려의 감동이다. 또한 주님의 사랑 안에서라면 우리에게 두려워하지 않을 용기를 주는 감동이기도 하다. 영적으로 무력 해지고 신앙적으로 탈진한 독자라면 이 책을 통해 큰 위로와 힘 을 얻을 것이다.

사람은 고난 속에서 성장한다는, 평범하지만 소중한 진리를 이 책은 다시 깨우쳐 준다. 더 나은 차원의 삶으로 향하는 길은 언제 나 오르막이라는 말이 있다. 저자 안 목사는 시력을 잃었으나 새 빛 식구들에게 비전을 갖게 했다. 그는 영혼의 눈으로 세상을 바 라보는 법을 가르쳐 주었다.

많은 사람들이 고난을 피하고 편안함과 안일만을 구하는 시대 에 이 책의 메시지는 고난의 의미를 깊이 깨닫게 해준다. 나아가 고난 가운데 하나님의 뜻을 찾는 지혜가 참으로 소중함을 깨우쳐 준다. 미국 야구 선수 베이브 루스는 말했다.

"삼진 아웃에 대한 두려움이 결코 당신의 앞길을 방해하지 못하게 하라."

안 목사의 삶과 사역은 우리가 어떤 역경 속에서도 낙심하지 않고 꿋꿋하게 살아가야 할 이유를 웅변적으로 말하고 있다.

이 책은 행동하는 믿음을 보여 주는 자서전이다. 안 목사님의 생애가 그 믿음을 증거한다. 더불어 알게 모르게 새빛 사역을 돕고 기도로 후원한 이들의 믿음과 신앙의 실천을 증거한다. 오늘 우리에게 필요한 것은 지식이 있는 믿음이요, 믿음의 힘으로 실천하는 삶이다. 이 책은 믿음을 행함으로 입증하도록 강력히 촉구하고 있다.

끝으로 이 책은 하나님의 놀라우신 사랑과 섭리를 증거한다. 안 목사의 생애는 주님 사랑과 섭리를 증거한다. 하나님의 살아 계심을 증거하고, 하나님의 놀라우신 사랑을 증거한다. 독자는 새빛 사역과 이 책의 이야기 배후에 하나님의 섭리가 있었다는 것을 확인하게 된다. 낮은 데로 임하시는 하나님, 우리로 하여금 낮은 데로 향하여 나아가게 하시는 하나님을 만나게 된다.

이 책은 안 목사의 삶과 새빛 사역을 인도하신 하나님이 한국 교회에 주시는 도전이다. 이 책을 통해 모든 독자들이 하나님을 더 깊이 알아 가게 될 것이다. 나는 이 책을 통해 우리들의 영안도 밝아지기를 소원한다. 안 목사의 사역이 이후에도 많은 감동을 한국 교회와 이 사회에 전해 주기를 기대한다.

진실로 고백건대, 앞을 볼 때보다 아무것도 보지 못하며 살아온 기간이 저

는 더 행복했고, 유익했습니다. 지금도 그렇고 앞으로도 그럴 것입니다.

감사란
무엇인가?

조건 없는 주님의 사랑을 늘 경험하며 감사하는

삶의 비결을 배우고 싶다면

맥스 루케이도 감사

맥스 루케이도 | 가치창조

"가장 깊은 의미에서 감사란 삶을 고맙게 받아야 할 선물로 산다
는 뜻이다. 진정한 감사는 좋은 것과 나쁜 것, 기쁜 일과 아픈 일,
거룩한 부분과 거룩하지 않은 부분을 가리지 않고 삶 전체를 끌
어안는다. 우리가 삶 전체를 끌어안는 까닭은 모든 사건 한복판에
서 하나님의 생명과 하나님의 임재를 맛보기 때문이다"

헨리 나우웬은 이렇게 말했다.

"감사하는 삶에는 연습이 필요하다. 자신의 삶 전체를 하나님이 이 순간까지 인도해 오신 구체적인 길로 보려는 지속적인 노력이 필요하다."

감사란 무엇인가? '인생을 긍정적이고 올바른 방향으로 이끄는 힘', 또는 '행복의 문을 여는 열쇠'라고 말하기도 한다. 어떤 저자는 감사의 힘을 '0.3초의 기적'이라고 표현했다. 감사는 삶에 대한 태도다. 세상을 감사하는 마음으로 바라보고 받아들이는 태도는 저절로 습득되지 않는다. 그것은 마음의 문제요, 더 나아가서는 세계관에 닿아 있는 태도이기 때문이다.

저자 맥스 루케이도는 우리가 순간순간 하나님의 은혜를 누리고 있다는 사실을 깨닫게 한다. 그는 우리가 영적 관찰력을 통해서 일상 가운데 임재하시는 주님의 은총을 바라보도록 안내한다. 저자에 따르면, 하나님은 놀라운 기적으로 세상을 충격으로 몰아넣는 대신 매일 그분의 힘을 보여 주는 편을 택하셨다. 사실 매일의 삶이 기적이요, 우리는 기적에 싸여 있다. 우리는 하나님의 창조 박물관 안에 살면서도 겨우 카펫만 쳐다보며 만족스런 미소를 짓는다.

이 책에는 저자 특유의 살아 있는 상상력이 곳곳에 넘쳐난다. 예를 들면, 그는 예수님이 보여 주신 깊은 아이러니를 특유의 위트와 상상력으로 펼쳐 보인다. 예수님은 자신의 희생을 계획하셨다. 예수님은 십자가를 만들 나무를 예비하셨다. 예수님은 못을 주조할 철광석을 기꺼이 지구 심장부에 넣으셨다. 예수님은 정치 판도를 움직여 빌라도를 예루살렘으로 보내셨다. 예수님은 한 시골 아낙네의 손을 빌어 목욕을 하신 분, 배꼽 달리신 세상의 창조주, 율법을 배우며 자라신 율법의 저자, 하늘의 인간이시다. 그분은 하나님이자 사람이셨다.

저자는 진정한 쉼이 하나님 안에 있다는 것을 거듭 상기한다. 하나님은 변함이 없으신 분이시요, 우리를 자주 놀라게 하시는 분이시다.

"대가를 원하는 사랑은 조건을 단다. 그리스도의 사랑은 이와는 전혀 딴판이다. 조건이 없다. 기대도 없다. 숨은 의도나 비밀이 없다. 우리를 향한 그분의 사랑은 예나 지금이나 간단명료하다. 그리스도의 용서와 사랑은 그분의 기대보다 한 발짝 먼저 우리에게 도착한다."

이 책은 총 3부로 이루어져 있는데 '하나님과 씨름하다', '하나님의 목적에 고개를 끄덕여라', '하나님은 당신에게 관심이 있으시다', '하나님의 사랑 속으로 잠수하라', '하나님은 잊어버리신다', '예수님은 당신을 소중히 여기신다' 등의 인상적인 소제목들로 짜여 있다.

독자는 이 책에서 조건 없는 그리스도의 사랑을 늘 경험하며 감사하는 삶의 비결을 하나씩 배워 나갈 수 있을 것이다. 감사하

며 사는 사람들만이 인생의 힘들고 비통한 기억 속에서도 기뻐
하는 법을 배울 수 있다.

넘어지지 않은 척하지 마라. 일상 속으로 다시 뛰어들려고 하지 마라. 먼저
하나님께 가라. 넘어진 후의 첫발은 십자가 쪽으로 디뎌야 한다.

기독교인이라면
반드시 읽어야 할 책 100
38

당신은 성경을
공부하고 있습니까?

왜 성경을 공부해야 하는지
확실한 동기를 가지고 싶다면

성경을 아는 지식
R. C. 스프라울 | 좋은씨앗

"내가 만일 마귀라면(이것은 단지 가정일 뿐이다) 사람들이 성경을 탐구하지 못하게 만드는 것을 첫째 목표 가운데 하나로 삼을 것이다. 어떻게 하느냐고? 우선 모든 목회자들이 성경을 설교하고 가르치는 것에서 마음을 딴 데로 돌리게 할 것이다. 그리고 이 고대의 책을 직접 공부하는 것을 현대의 그리스도인들이 하지 않아

173

도 손해볼 것이 없는 번거로운 일이라는 생각을 널리 확산시킬 것이다. 그래도 여전히 성경 읽기를 고집하는 사람이 있으면, 성경 읽기의 유익은 성경이 실제로 말하는 것에 주의를 기울이는 데 있는 것이 아니라, 성경을 읽음으로써 고상하고 평온한 느낌을 얻는 데 있다고 생각하도록 유혹할 것이다."

J. I. 패커가 이 책을 추천하면서 쓴 글 중 한 대목이다.

저자에 따르면, 많은 사람들에게 성경은 매우 상이하게 해석될 수 있는 수수께끼와 같다. 어떤 이들은 스스로 성경의 의미를 이해하는 능력을 포기한다. 또 어떤 이들에게 성경은 독자의 생각에 따라 마음대로 만들어지는 일종의 밀랍 코와 같다. 그런 사람들은 빈번하게 결론을 내린다.

"당신은 성경을 인용하여 무엇이든 입증할 수 있습니다."

과연 혼란에서 벗어나는 길이 있을까? 사방에서 들려오는 서로 일치하지 않는 관점들 사이에서 진지한 독자를 안내해 줄 원리들을 발견할 수 있을까? 바로 이런 문제들을 이 책은 다루고자 한다. 저자는 진지한 독자들이 거룩한 성경을 연구하여 유익을 얻을 수 있는 기본적인 지침들을 우선적으로 제공하고자 한다.

저자는 묻는다. "왜 성경을 공부하는가?" 저자에 의하면, 성경 공부와 관련하여 두 가지 신화가 있다. 그것들은 일종의 변명이라고 할 수 있다.

신화 1은 '성경은 이해하기 너무 어려워 전문적인 훈련을 받은 능숙한 사람들만 다룰 수 있다'는 것이다. "하지만 고등학교 교육 이상을 받은 성인이라면 누구나 성경의 기본 메시지를 이해할 수 있다. 신문을 읽을 수 있다면 누구나 성경도 읽을 수 있"다는 것이 저자의 주장이다.

신화 2는 '성경은 지루하다'는 것이다. 이러한 반응은 읽는 내용을 이해할 수 없다기보다는 재미있고 흥미로운 것에 대한 취향과 선호도의 차이를 드러낸다. 저자는 강력하게 문제 제기를 한다. "나는 성경이 지루하다고 말하는 사람들이 왜 그렇게 생각하는지 모르겠다. 성경의 인물들은 활력이 넘치고 독특한 열정이 있다. 그들의 삶은 드라마, 비애, 욕망, 범죄, 헌신 그리고 인간 존재의 갖가지 가능성 있는 측면들을 보여 준다. 또 성경에는 책망, 양심의 가책, 회개, 위로, 현실적인 지혜, 철학적 성찰이 있고, 무엇보다도 진리가 있다."

이 책은 성경을 읽는 방법이 아니라 성경을 공부하는 방법에 관한 것이다. 공부하는 것에는 진지하고 부지런한 수고의 노동이 요구된다. 성경 공부의 성경적 근거는 무엇인가? 성경 자체가 성경 공부의 중요성에 관해 많은 것을 말하고 있다. "너는 배우고 확신한 일에 거하라(딤후 3:14)." 이 권면에서는 연속성을 강조한다. 우리의 성경 공부는 한 번 하고 끝나는 일이 되어서는 안 된다. 성경 공부에는 '대충 한 번'이라는 말이 결코 통하지 않는다. 지속성은 건전한 성경 공부에 필수적이다.

최상의 의미에서 지혜는 구원과 관련해 지혜롭게 되는 것이다. 따라서 지혜는 신학적 개념이다. 사도 바울도 인간의 궁극적인 완성(fulfillment)과 운명에 관한 지혜는 오직 성경을 통해서만 얻을 수 있다고 말한다.

저자는 이 책을 통해 성경 공부를 위한 동기를 부여할 뿐만 아니라, 성경 공부를 위한 도구들, 성경 연구 지침 등도 제시하고 있다. 성경 연구에 관심 있는 초신자 외에도 신학도와 목회자에게도 유익한 정보가 가득한 책이다. R. C. 스프라울의 다른 저서와 마찬가지로 이 책 또한 독자에게 실망을 주지 않을 것이다.

나는 성경을 자기 편견에 따라 해석하려는 매우 일반화된 경향을 저지하고 균형을 잡아 줄 해석의 규칙들을 제시하고자 노력했다.

우리 영혼의 여정에는
믿음의 길동무가 필요하다

앞서 걸어간 영적인 순례자들에게서
조언을 듣고 싶을 때

내 평생에 가는 길
알리스터 맥그래스 | 복있는사람

이 책은 1부 '길 떠날 준비'와 2부 '광야'로 이루어져 있다. 머리
말에서 저자는 "좋든 싫든 우리는 다 여행 중이다. …… 하나님
을 아는 이들의 여정은 좀 더 복잡하다"라고 말한다. 그래서 여행
자인 우리들은 이미 앞서간 자들에게서 끊임없는 격려와 확신을
얻어야 한다. 저자는 10년의 시간을 바쳐 진지한 독서와 묵상을

하는 가운데 기독교의 '값진 진주'가 지닌 부요함을 누리는 법을 탐구하였다. 그런 의미에서 이 책은 '깊이 파는 책'이다. 기독교 신앙에 너무 쉽게 접근하는 방식에 질린 자들을 위해 쓴 책이다.

이 책의 특징을 몇 가지로 정리해 본다.

첫째, 저자는 '영성'이란 주제에 관해 간략히 정리하고 있다. 그에 따르면, 영성이란 우리가 하나님을 만나고 경험하는 방식, 그리고 만남과 경험의 결과로 우리 의식과 삶이 변화하는 것을 말한다. 영성이란 믿음의 내면화라 할 수 있다. 믿음이 삶의 모든 영역에 스며들어 생각과 감정과 생활을 물들이고 영향을 미치는 것이다. 영성이란 사고와 상상과 감정을 조화시켜 신앙의 부요함과 깊이를 온전히 깨우치는 것이다.

둘째, 저자는 '영적 여행 지도'의 중요성을 말하고 있다. 지도를 들고 여행에 나선다는 것은 '과거의 지혜'에 의존하는 일이다. 선인들이 어렵게 얻어 낸 지식의 덕을 보는 것이다. 지도의 선과 부호 뒤에는 무수한 개인의 사연이 숨어 있다.

영적인 의미에서도 앞서 개척자가 된 이들이 있다. 많은 이들이 위험을 무릅쓰고 미지의 땅을 탐험했다. 이 책의 틀은 출애굽이다. 출애굽은 오늘 우리에게도 길잡이와 격려가 될 수 있다. 저자는 이 여정을 네 구간으로 나눈다. 각 구간은 세 가지 중심 주제(이정표, 광야, 오아시스)에 대한 묵상으로 이루어진다.

물론 우리 각자의 일정은 다르다. 하나님의 피조물로서 나만의 독특한 정체성이 있고, 하나님과 나만의 특수한 관계가 반영되기 때문이다. 우리가 천상 길을 가는 개별적 나그네라는 사실은 인간의 필요가 저마다 독특하다는 뜻이다. 모든 사람의 필요가 다 같은 것은 아니다. 이 책에 소개된 일반적 접근을 나만의 독특한 상황에 맞춰 심화, 발전시키는 것이 중요하다.

저자는 지면상 책에 소개하지 못했지만 토마스 아 켐피스, 장 칼뱅, 존 웨슬리, 코리 텐 붐 등의 다른 길동무도 언급하고 있다. 저자에 의하면, 나와 '파장이 같거나' '통하는 데가 있는' 작가를 찾을 필요가 있다.

셋째, 우리는 과거의 위대한 영성 작가와 사상가들로부터 교훈과 힘을 얻을 수 있다. 그들의 가르침은 일종의 '영적 항해 일지'로부터 얻을 수 있는 통찰과 교훈이다. 영적 항해 일지는 우리에게 신앙 노정에서 부딪힐 굵직한 난관들을 일러 주며, 선인들이 터득한 전략들을 잘 활용하게 해준다. 우리로 하여금 영적 새 힘과 안전을 얻게 해주며, 목적지에 최종 도달하는 비전을 품게 해준다.

이 책은 우리들이 '믿음의 길동무'와 함께 영혼의 순례 여정을 떠나는 법을 자근자근한 목소리로 가르쳐 주고 있다. 기독교 신앙을 생각하는 '하나의 틀'도 소개한다. 유일한 틀은 아니지만, 잠시 멈추어 서서 묵상하고, 우리의 신앙을 살피고, '대책을 세우는 데' 도움을 줄 것이다.

J. I. 패커는 이 책을 가리켜 "여기 고단한 믿음의 순례길에 우리

를 고무하고 격려함으로써 묵묵히 그 길을 걷도록 이끄는, 그리스도인의 삶을 위한 보석처럼 빛나는 책이 있다"라고 극찬했다. 저자가 자신의 영적 순례길에서 깨달은 통찰이 담긴 이 책은 모든 그리스도인들을 위한 탁월한 안내자가 될 것이다.

복음은 우리의 사고방식에만 영향을 미치는 것이 아니라, 우리가 세상을 경험하는 방식을 바꿔 준다.

당신은 무엇을 위해
실력을 기르는가?

글로벌한 인재로 성장하고 싶은

당신에게

도전과 기회 – 3C 혁명
강영우 | 생명의말씀사

미국의 백악관 국가장애위원회 정책차관보를 역임한 강영우 박사는 불빛도 구별할 수 없는 완전 맹인으로 살아왔다. 그럼에도 그는 자신이 이 세상에서 가장 축복받은 사람 중 하나라고 고백한다. 비록 소년 시절에 뜻하지 아니한 사고로 실명했지만, 실명을 통해 오늘의 놀라운 축복을 누리게 되었다는 것이다.

신혼부부로 임신 초기의 아내와 함께 미국 땅에 도착했을 때 그에게는 두 가지 질문이 있었다. 하나는 '이곳 대학원에서 석사와 박사 학위를 받은 후 남은 인생을 어떻게 행복하고 보람 있게 살 것인가'였고, 다른 하나는 '아내의 배 속에서 자라고 있는 아이가 세상에 태어나면 어떻게 교육할 것인가'였다. 그때 그는 연세대를 졸업한 지 6개월밖에 안 된 28세의 청년이었다. 강 박사는 위의 두 가지 질문에 답하기 위해 책을 썼다. 특히 한 세대를 먼저 살아온 부모 세대로서, 역시 부모가 된 아들 세대에게 두 번째 질문에 대한 답을 제시해야 한다고 느낀 것이다.

이 책은 한마디로 '글로벌 인재 교육론'이다. 그는 3C, 즉 실력(Competence), 인격(Character), 헌신(Commitment)을 가진 사람이 진정한 실력자라고 주장한다. 강 박사에 의하면, 실력은 기본이다. "미국에서 최고 공직자 선정 기준은 최고의 능력, 최고의 도덕성, 최고의 전문성이다."

이것은 실력, 인격, 헌신으로 표현될 수도 있다. 세 가지 기준 모두가 중요하고 서로 연결되어 있지만, 그중에서도 실력은 가장 기본이다. 실력은 꿈을 실현하는 도구이기 때문이다.

강 박사는 '무엇을 위해 실력을 기르는가'가 중요한 질문이라고 말한다. 분명하고 장기적인 목표와 비전이 있어야 하고, 이를 위해 실력을 키우는 것이다. 인생의 선명한 비전과 목적이 있으면 성취 동기가 유발되어 최고의 실력을 갖출 수 있다. 헬렌 켈러는 가장 불쌍한 사람은 장애인이 아니라 '시력은 있으되 비전이 없는 사람'이라고 말했다.

강 박사는 '배움에 대한 열정을 유지하라'고 말한다. 열정 없이 성취되는 것은 아무것도 없다. 반세기 전에 하버드대 교수였던 제롬 브루너 박사는 "배움에 대한 지적 흥분이 있어야 학업 성취가 제대로 이루어질 수 있다"고 했다.

강 박사에 따르면, 지적 교육보다 중요한 것은 태도와 가치 교육이다. 지능, 적성, 창의력을 통칭하여 '기본 능력'이라고 하는데, 이러한 기본 능력은 주로 유전에 의해 결정되기 때문에 개발 범위가 상대적으로 좁다. 그러나 태도나 가치관은 유전으로 결정되는 것이 아니라 100퍼센트 학습된다. 무한한 개발 가능성이 있는 것이다. 인생 역정에서 생각과 가치관을 바꾸면 전혀 다른 새로운 세상과 미래를 볼 수 있다.

강 박사에 따르면, "인격은 지적 교육이 아닌 감성과 의지에 관련된 가치 교육으로 형성된다." 바람직한 인격을 형성하는 고귀한 가치 중에는 '자존감, 성실, 정직, 친절, 끈기'가 포함된다. 이 다섯 가지 가치가 보통 미국인들이 중시하는 가치이며, 정부 고위 공직자 선정이나 입학, 승진 시 인격과 도덕성 판단의 기준이 되는 수가 많다.

가치 교육의 성과는 장기적이다. 그것은 인격의 일부를 형성한다. 강 박사에 따르면, "가치 교육 형성에 있어서 책 읽기는 매우 중요한 방법이다." 자녀들이 바람직한 습관을 형성하고, 긍정적인 태도를 지니며, 고귀한 인간의 가치를 품도록 가르치기 위한 가장 효과적인 방법은 발달 연령에 맞게 제작된 성경 이야기나 동화책을 읽어 주는 것이다.

시간 관리 능력을 기르는 것도 매우 중요하다. 많은 한국 가정에서는 부모들이 자녀들의 시간을 대신 관리해 준다. 자녀 스스로 우선순위에 따라 시간을 배정하고 관리할 기회가 별로 없다. 미국의 경우 명문 고교나 대학, 대학원에서 학생을 선출하는 기준은 크게 세 가지이다. 첫째는 기본 능력이요, 둘째는 성취 수준이요, 셋째는 집중력과 시간 관리 능력이다.

이 책에는 '3C'로 성공한 미국 지도자들의 자녀 교육 방식과 장애를 딛고 고위직에 오른 자신의 역정 등이 담겨 있다. 의학 박사인 큰아들과 미국 의회의 정책담당관이자 변호사인 둘째 아들이 아버지의 교육 방식에 감사하며 쓴 글도 함께 실려 있다.

바람직한 인격을 형성하는 고귀한 가치 중에는 자존감, 성실, 정직, 친절, 끈기가 포함된다.

기독교인이라면 반드시 읽어야 할 책 100

41

참된 회심의 증거는 무엇인가?

회심은 복음의 부름에 대한 참된 반응이다

회심
폴 워셔 | 생명의말씀사

원서 제목은 '복음의 부름과 참된 회심'이다. 저자 폴 워셔는 "예수 그리스도의 복음은 교회와 그리스도인에게 허락된 가장 귀한 보물이다"라고 말한다. 각 세대의 그리스도인은 복음의 청지기들이다. 저자는 이런 청지기 정신으로 책을 썼다.

그에 따르면, 오늘날 그리스도인들이 저지르는 가장 큰 죄 가운데 하나는 복음을 소홀히 하는 것이다.

"이렇게 복음을 소홀히 하는 데서 온갖 병폐가 비롯된다. 타락한 세상은 복음에 무관심하기보다 복음에 무지하다. 복음을 전하는 사람들이 그 근본 진리에 무지하기 때문이다."

저자는 많은 설교자들이 하나님의 공의, 인간의 철저한 타락, 속죄의 피, 참된 회심의 본질 같은 복음의 핵심 주제를 다루지 않는다는 사실을 지적한다. 저자는 '복음 축소'가 가져온 많은 폐해를 열거한다.

첫째, 회개하지 않은 사람들의 마음이 더욱 강퍅해졌다. 둘째, 교회가 입으로는 하나님을 안다고 말하지만 행위로는 부인하는 세속적인 사람들의 집합체가 되었다. 셋째, 축소된 복음은 최근의 문화적 흐름에 관한 연구를 바탕으로 마케팅 전략을 세운다. 넷째, 축소된 복음은 하나님의 이름을 욕되게 한다.

온전하지 못한 복음을 전하면 회개하지 않은 세속적인 사람들이 교회 안에 들어오게 된다. 그로 인해 교회는 순결함을 잃고, 하나님의 이름이 비그리스도인들 가운데서 모독을 받는다는 것이다.

저자는 성경에 근거해 참된 회심의 특징 8가지를 열거한다. '생각이 변화된다. 죄를 슬퍼한다. 죄를 인정하고 고백한다. 죄에서 돌이킨다. 자기 의와 행위를 부인한다. 하나님께로 돌아선다. 복종한다. 회심이 지속적으로 더욱 깊어진다.'

186

저자는 에스겔서 36:24~25 말씀을 통해 참된 회심의 근본 속성(또는 참된 본질)을 살펴본다. 첫째, 참된 회심에는 '세상과의 분리'가 있다. 하나님은 그의 백성을 도덕적 부패에서 이끌어 내신다. 둘째, 참된 회심에는 정화의 사역이 있다. 하나님은 그의 백성을 모든 더러움과 우상 숭배에서 깨끗하게 하시겠다고 약속하신다. 이것은 우리의 삶에서 이루어지는 성화의 사역이다. 셋째, 참된 회심의 증거 가운데 하나는 우리를 거룩하게 만드시는 '하나님의 징계'다. 하나님은 그의 자녀를 자신의 거룩하심에 참여하게 하시려고 그들을 권고하고, 훈계하고, 징계하신다(히 12:10).

저자에 따르면, 복음은 말씀을 듣는 사람의 반응을 강력하게 촉구한다. 개인적으로나 집회에서 복음 설교를 듣고 난 다음, 전도지 뒤에 적힌 기도를 드리는 것만으로는 적절한 반응이 이루어졌다고 말할 수 없다. 성경은 그리스도의 구원 사역과 주권적 통치에 삶을 온전히 맡겨야 한다고 강조한다. 또한 죄인들에게 죄를 회개하고, 삶을 스스로 주도하려는 태도를 버리며, 예수님을 주님으로 고백하라고 요구한다(롬 10:9-10).

때때로 그리스도인은 앞으로 세 걸음 걸어 나갔다가 뒤로 두 걸음 물러서는 신앙생활을 한다. 언덕을 걸어 올라갔다가 다시 내려오는 듯한 과정이 반복된다. 저자에 따르면, "이처럼 좋은 경험과 나쁜 경험이 반복되는 것이 회심의 증거다."

저자는 회심을 옳게 이해하는 일이 매우 시급하다고 언급했다.

그는 "참된 회심의 가장 큰 증거는 삶에서 지속적으로 이루어지는 성화의 사역"이라고 말한다. 이 책은 '쉬운 믿음'이 만연한 시대에 참된 회심의 의미를 알려 준다.

구원의 가장 큰 증거는 성장을 거듭하면서 믿음과 고백이 더욱 온전해지는 데 있다.

진정 남자다운 남자는
어디에 있는가?

진정한 남자로 거듭나서

이 세대의 멘토가 되고자 하는 당신에게

아담의 침묵
래리 크랩 외 | IVP

남자들에게는 남자만의 세계가 있다? 하나님이 의도하신 '진짜 남자'가 되는 길이 있다?

《아담의 침묵》의 원제는 '혼돈의 세계에서 용기 있는 남자 되기(Becoming men of courage in a world of chaos)'이다. 저자에 따르면, 하나님은 남자들에게 독특한 사명을 주셨다. 남자들이 진짜 남자가 되면 세상이 달라진다. 오늘날의 남자들은 아담처럼 하나님을 잊은 채 침묵만 지키고 있다.

첫째로, '아담은 말해야 할 때 침묵했다'라며 아담을 역사의 법정에 세운다. 하와는 사탄의 꼬임을 받았다. 금지된 과일을 따서 먹고 '자기와 함께한' 아담에게도 주었다(창 3:6). 그런데 아담은 처음부터 쭉 거기에 있었을까? 그는 모든 말을 들으며 거기 있었을까? 아담은 자신의 첫 번째 영적 싸움에서 하나님을 대변하지 못했다. 그는 그저 침묵했다. 그는 남자로서 실패했다!

"아담의 침묵은 모든 남자의 실패의 시발점이 되었다. 아담 이후로 모든 남자에게는 말해야 할 때 침묵하는 본능적인 성향이 생겼다. 사태가 혼란스럽거나 두려워지면 남자는 내면이 긴장되면서 뒤로 물러난다."

모두가 아담의 발언 거부로 시작되었다.

둘째로, 저자는 '남자답지 못한 남자'와 '남자다운 남자'에 대해 설명한다. 남자답지 못한 남자는 대화를 통제한다. 그는 가족과 친구들을 조종한다. 그는 자신이 감당할 자신이 없는 상황이면 무조건 피하는 쪽으로 자기 삶을 수습한다. 그는 아무도 깊이 신뢰하지 않는다. 그는 남의 말을 들을 줄 모른다. 우정이 자기에게 유리하게 작용할 경우를 빼놓고는 아무에게도 깊은 관심을 보이지 않는다.

반면 남자다운 남자는 아주 다르다. 남자다운 남자는 자신이 무력하지 않고 강하다는 것을 안다. 강한 남자들은 설령 어찌할 바를 모를 때에도 주도권을 행사한다. 그들을 움직이는 것은 자신이 대인관계를 맺는 가운데 하나님을 드러내야 한다는 소명이다. 남자다운 남자는 공격적인 남자가 아니라 '능동적인 남자'다.

남자다운 남자는 자신의 경험에 정직하게 직면할 용기가 있다. 그는 타락한 세상을 사는 슬픔, 불완전한 공동체 안에 사는 외로움을 느낀다. 남자다운 남자는 폭력적이지 않고 '친절한 남자'다. 약한 남자가 아니라 선한 목적을 위해 '힘을 통제하는 남자'다.

셋째로, '옛길'로 돌아가자고 호소한다. 그리스도 안에서 자신을 잃음으로써 자신을 찾는다는, 보다 확실한 구심점으로 돌아가자는 것이다. 이것이 무슨 뜻인가? 저자는 우리가 우리의 문제를 해결하고, 우리의 고통을 치유하고, 우리의 자존감을 회복하려는 노력을 이제 그만했으면 좋겠다고 말한다. 그리스도께서 스포트라이트를 받으시도록 무대를 치우자고 말한다.

이전 세대의 믿음의 남자들은 긴 세월 지속되는 치열하고 개인적인 '영적 전투'를 끝까지 맹렬히 싸웠다. 바울, 어거스틴, 조나단 에드워즈, 존 낙스 같은 남자들은 성숙한 남성성을 보여 주는 모델이다. 그들은 상한 심령으로 무릎을 꿇었고, 일어나서는 남을 섬겼다.

저자는 "우리 시대의 남자들은 하나님을 구하는 것보다 남성성을 찾는 일에 더 골몰한다"라고 말한다. 즉, 하나님과의 관계에 충분히 관심을 기울이지 않은 채 남성성을 공부하고, 자신이 공부하고 배운 바를 실천하려 애쓰는 과오를 범하는 남자들이 너무 많다는 것이다. '옛길'은 단순한 진리를 가르친다. 남자다운 남자가 되는 유일한 길은 먼저 경건해지는 것이다!

남자다운 남자가 되고 아버지가 되는 일은 결코 쉽지 않다. 이 책은 남성성 또는 남자다운 남자의 문제를 다룬다. 남성성이 왜곡된 근원을 파헤치고, 그 결과로 빚어진 비극을 드러내며, 성경적 남성성에 관하여 방향을 제시한다. 진정한 남자로 거듭나길 원하는 남자들과 아버지들, 이 세대의 영적 멘토가 되고자 하는 모든 이들이 꼭 읽어 보아야 할 책이다.

세상 도처의 남자들이 제 목소리를 되찾고, 힘을 발휘하고, 진정한 남자가 되라는 하나님의 부름에 순종하는 기쁨을 회복할 때, 기독교 공동체는 그 본질부터 달라질 것이다.

살며, 사랑하며,
가르치며, 배우며

공동체 안에서 서로 배움을 주고받는
영적인 교육을 실현하고 싶다면

가르침과 배움의 영성
파커 팔머 | IVP

파커 팔머는 미국 고등 교육계에서 가장 영향력 있는 인물로, '교사의 교사(master teacher)'로 불린다. 한국어판 서문에서 저자는 교사를 이렇게 정의하고 있다. "위대한 교사는 학생, 주제 그리고 그들 자신 사이에 관계의 망을 엮어 내는 사람들"이다. 교사는 학생이 스스로 의미 있는 삶을 엮어 낼 수 있도록, 그래서 그들의 삶을 통해 갈가리 찢어진 세계를 다시 엮어 낼 수 있도록 해야 한다.

저자에 따르면, 앎과 가르침과 배움은 단순한 학문 활동을 훨씬 넘어서는 의미를 가진다. 앎과 가르침과 배움은 깊은 인간적 의미를 가진 활동, 위대한 인간적 목적을 가진 활동, 우리 자신과 이 세계의 변화에 기여하는 활동이다.

지난 세기에 우리들은 인간 지성과 첨단 과학의 발전을 경축했다. 이제 우리는 이 모든 지식이 대체 우리를 어디로 데려가고 있는지 자문하기 시작했다. 우리는 기술이 생태계에 미치는 영향에 대해, 인간의 행동을 조작할 수 있는 응용 사회과학의 힘에 대해, 유전공학의 무서운 잠재력에 대해, 무엇보다도 핵물리학의 파괴력이 점차 망각되어 가는 것에 대해 염려하고 있다.

저자에 의하면, 지식은 우리 영혼 안에서 기원하는 지점에서부터 이미 일정한 궤도와 목표점을 갖는다. 그러기에 일단 출발점을 떠난 다음에는 윤리에 의해 쉽사리 방향 수정이 되지 않는다. 역사를 돌아보면 지식에는 두 가지 주된 원천이 있다. 하나는 호기심이며, 다른 하나는 지배욕이다. 전자는 지식 자체가 목적인 지식에 해당하고, 후자는 응용과학 같은 실용적 목적을 위한 수단으로서의 지식에 해당한다. 만일 우리 앎의 주된 동기가 이러한 호기심과 지배욕이라면, 결국 우리는 우리를 삶이 아니라 죽음으로 이끄는 지식을 낳고 말 것이다.

지성의 참된 역할은 전에는 도달하지 못했던 것들과 우리를 연결시켜 주는 것, 삶의 위대한 공동체를 다시 엮어 주는 것이다. 저자는 수도원 전통에서 세 가지 영성 훈련을 배웠는데, 신성한 문헌들에 대한 연구, 기도와 관상 훈련, 공동체의 공동생활이 바로 그것이었다. 영성 공동체의 공동생활을 통해서 저자는 연구와 기도의 고독을 벗어나 친교와 관계의 훈련으로 인도된다. 공동체는 주관적 왜곡을 막아 주는 제어 장치다. 공동체 생활은 삶 속의 사랑의 열매들을 지속적으로 시험하고 제련하는 과정이기도 하다.

물론 지금의 학교가 수도원의 흔적을 완전히 잃어버린 것은 아니다. 세 가지 훈련 각각의 자취가 여전히 남아 있다. 저자는 이런 의미에서 세속 교육도 숨은 형태의 영성 형성이라고 볼 수 있다고 주장하면서, 서구 교육이 지금 행하고 있는 정규 훈련의 잊혀진 뿌리와 의미를 상기시킨다.

좋은 교사는 다양한 방법들을 통해 가르치는 주제와 살아 있는 관계로 학생들을 인도한다. 좋은 교사는 또한 학생들로 하여금 자신은 물론, 서로서로 공동체를 맺도록 한다. 그런데 저자가 들었던 모든 수업은 거의 예외 없이 교사 한 사람의 활동과 권위를 중심으로 진행되었다. 수업 시간에 학생이 할 수 있는 최고 수준의 개인적 참여는 교사에게 강의 내용이나 읽은 책에 대해 질문하고 대답을 암기하는 것이 전부였다. 교실은 독창적 탐구를 위한 장소가 아니라 권위자를 모방하는 자리였고, 협동의 장소가 아니라 학습자들 간의 경쟁의 장소였다.

저자에 의하면, 진리는 인격적이며, 인격적인 관계 안에서 알려진다. 진리의 말을 추구하는 것은 다른 사람과의, 그리고 모든 창조 세계와의 공동체를 추구하는 것이다. 진리의 말을 함은 우리의 삶을 사는 것이다. 배운다 함은 변화와 대면한다는 것이다. 진리를 배운다 함은 주도할 뿐 아니라 반응하고, 얻을 뿐 아니라 주기도 하라고 우리에게 요구하는 관계로 들어간다는 것이다. 저자는 진리의 공동체성과 진리의 상호성을 강조한다. 우리의 인격은 오직 공동체 안에서만 인격일 수 있다는 것이다.

이 책은 공동체, 사랑, 실천을 회복하는 교육으로 이끄는 책이다. 저자는 지식이 소외되어 버린 시대를 향해 교육의 영성을 주장하고 있다. 메마른 이 시대에 새로운 교육을 모색하는 그리스도인 교사들의 열정을 회복시켜 주는 위로와 자극이 되는 책이다.

밑줄 긋기

진리는 인격적이며, 모든 진리는 인격적인 관계를 통해 알려진다.

196

복음에 숨겨진 비범하면서도
급진적인 메시지를 아는가?

성경적 세계관에 뿌리박은

그리스도인의 비전

세상을 뒤집는 기독교
브라이언 왈쉬 | 새물결플러스

저자는 먼저 현대 문화가 들려주는 '진보'에 대한 신화를 지적한
다. 진보 신화는 현대 문화, 특별히 서구 문화에 내재하는 '종교'
라고 말한다.

"이 진보라는 신화는 교과서에 은밀히 녹아 있고, 광고 속에 묘
사되고 있으며, 도심의 고층 빌딩에 우뚝 솟아 있으며, 대학 강단

에서 전파되며, 정당의 공약으로 선전되고 있으며, 드라마와 뉴스에 의해 친절하게 연출되고 있다."

진보라는 신화는 하나의 세계관이다. 우리의 직장 생활은 과학 지상주의, 기술 지상주의, 경제 지상주의라는 세 가지 신을 섬긴다. 가능한 한 지고의 경제적 선에 도달하기 위한 가장 좋으면서 빠른 기술들을 활용하려고 한다. 뿐만 아니라 목표와 과제를 완수하기 위한 가장 효율적인 방식을 결정하고자 최고의 전문 기술자들과 전문 컨설턴트들의 분석에 의존하고 있다.

기독교 사상가 오스 기니스는 지적한다.

"문화적 위기가 다가오는데 교회는 경계를 강화하기보다는 점점 더 깊은 잠에 빠져들고 있다."

교회는 지금 사실상 혼수상태에 빠져 있고, 문화의 덫에 걸려 있다는 사실조차 모르고 있다. 저자에 따르면, 그리스도인의 문화적 분별은 다양한 형태로 나타나는 우상 숭배에 초점을 맞춰야 한다. 그러한 분별은 우상들을 찾아내어 인간 생명을 사악하게 왜곡하는 것을 폭로한다. 나아가 영적, 문화적 진단에 관여하려면 영적, 문화적 건강함 혹은 온전함이 어떤 모습인지를 파악해야 한다. 여기에는 지혜가 필요하다.

우리는 하나님의 지혜를 깊이 알아야 한다. 우리의 문화적 삶을 위한 하나님의 사랑의 통치, 치유의 규범과 방향을 속속들이, 깊이 알도록 노력해야 한다. 우리가 현재 앓고 있는 질병을 진단하고 치유 방식을 제대로 처방하고자 한다면 말이다. 우리의 진단은 '성경적 비전'에 뿌리박고 있어야 한다.

저자는 그리스도인이 열정적인 사람이 되어야 한다고 말한다. 그리스도인은 기독교 제자도를 실천하려는 자신의 분투를 가감 없이 드러내는 사람, 즉 타인의 고통과 우리 문화의 고통을 외면하려고 하지 않는 사람이어야 한다.

"나는 우리가 억압당할 때 울부짖는 사람, 거짓말, 특히 우리 자신에게 하는 거짓말을 폭로하는 사람이 되기를 촉구한다. 그러한 울부짖음은 우리의 울부짖음을 듣는 사람, 언약 백성의 울부짖음에 대해 반응하도록 되어 있는 사람들을 위한 것이기 때문에 힘이 있다."

저자에 따르면, 그리스도인은 낙관주의자도 비관주의자도 아니다. 그리스도인이 낙관주의자가 아닌 까닭은 개인적, 문화적, 역사적 소망의 궁극적 원천을 알고 있는 사람이기 때문이다. 그리스도인이 비관주의자도 아닌 이유는 하나님에 대한 애정과 언약에 기초한 순종을 방해하는 우상 숭배가 우리 삶에서, 문화에서, 역사에서 나쁜 열매를 맺는다는 것을 아는 사람이기 때문이다.

그리스도인은 문화 추종자가 아닌 문화 형성자가 되라는 부름을 받았다. 아모스의 말을 빌리자면, 우리가 "정의를 물같이, 공의를 마르지 않는 강같이 흐르게(암 5:24)" 해야 한다는 뜻이다. 또한 사도 요한의 표현대로 "우리 자신을 지켜 우상에게서 멀리해

199

야(요일 5:21)"한다는 뜻이다.

저자는 복음 안에 비범하면서도 급진적인 메시지가 숨겨져 있다고 강조한다. 그리스도인은 성경에 바탕을 둔 이 비전을 공유해야 한다. 그는 이렇게 비전을 제시한다.

"우리는 일터에서 침실에 이르기까지, 회의실에서 교실에 이르기까지, 극장에서 식당에 이르기까지 우리 삶의 모든 국면에서 하나님의 샬롬, 하나님의 구속적 임재를 체험할 방법들을 찾아내야 한다. 우리 삶에는 수많은 영역들이 있는데, 장차 완전한 형태로 다가올 창조적으로 회복시키는 나라를 미리 맛보기 위해 우리가 공동체 안에서 그리고 성령의 치유하시는 임재와 더불어 투쟁해야 할 것이 바로 이 삶의 모든 공간에서다."

누구나 다 믿음과 삶, 믿음과 학문, 믿음과 정치, 믿음과 직업이 통합되어야 한다.

당신은 구원의 확신을 누리는 그리스도인인가?

구원의 확신은

기쁨과 평안을 가져다 준다

지상에서 누리는 천국
토마스 브룩스 | 지평서원

그리스도인이 누려야 할 '구원의 확신'이라는 문제를 다룬다. 저자 토마스 브룩스는 17세기 잉글랜드의 유명한 청교도 목사이다. 그는 끊임없이 복음을 설교하였고, 그리스도의 종으로서 사명을 다했다. 그가 출판한 설교집은 많은 사람들로부터 사랑을 받았으며, 수많은 영혼들을 그리스도께로 인도했다. 오늘날까지 그의 설

201

교와 저술이 책으로 출판되어 큰 유익을 끼치고 있다.

머리말에서 토마스 브룩스는 이렇게 말한다.

"어떤 사람이 지금 은혜 상태 가운데 있다면, 그 사람은 죽은 후에 천국에 들어가게 되어 있습니다. 그러나 자기 자신이 현재 이런 은혜의 상태 가운데 있다는 것을 깨닫는다면, 그 사람은 죽은 이후뿐만 아니라 이 땅에 사는 동안에도 천국을 소유하게 되어 있습니다. …… 확신은 이 세상에서 그리스도인이 누리는 영광의 아름다움과 극치입니다. 대개 확신이 있으면 아주 강력한 기쁨을 누리고 가장 감미로운 위안을 느끼며 가장 큰 평안을 얻게 됩니다."

그에 따르면, 참된 은혜의 상태 가운데 있다는 것은 더 이상 비참함 가운데 있지 않다는 것이며, 영원토록 행복을 누린다는 것이다. 이런 상태에 있는 영혼은 하나님께 가까이 있는 영혼이요, 하나님께서 소중히 여기시는 영혼이다.

"이런 영혼은 하나님 안에 거하는 영혼이다. 이런 영혼은 하나님의 영원하신 팔에 안겨 있는 안전한 영혼이다. 이런 영혼은 가장 고결하고 가장 고상한 모든 특권들을 완전하고 탁월하게 소유하고 있는 영혼이다."

확신은 하나님의 은혜를 받은 영혼의 반사적 행위이다. 확신은 어떤 사람이 은혜의 상태에 있다는 현저한 느낌이요, 체험적인 인식이다. 또한 그 사람이 영광의 면류관을 쓰게 될 사람이라는 현저한 느낌이요, 체험적인 인식이다.

확신은 그리스도의 영으로부터 오는 조명과 하나님의 성령으로부터 받는 증거와 보고를 통하여 자기 자신 안에 그리스도의 특별하고도 구체적이며 탁월한 은혜가 있다는 사실을 확인하게 된다. "성령이 친히 우리의 영과 더불어 우리가 하나님의 자녀인 것을 증언하시나니 자녀이면 또한 상속자 곧 하나님의 상속자요 그리스도와 함께 한 상속자니(롬 8:16-17)."

은혜를 받는 것과 내가 받은 바 은혜를 스스로 아는 것은 완전히 별개의 일이다. 믿는다는 것과 내가 진실로 믿고 있다는 사실을 확신하는 것은 완전히 별개의 일이다. 확신은 내가 하나님의 은혜를 받았고, 내가 진실로 믿고 있다는 사실을 확실하고 명확하게 앎으로써 생겨난다.

"자기 자신이 은혜의 상태 가운데 있다는 것을 깨닫는 사람은 천국에서도 복을 받게 되어 있고 스스로의 양심 안에서도 복을 받게 되어 있습니다. 그러므로 이런 사람은 갑절의 복을 받게 되는 것입니다."

저자에 의하면, 확신이라는 것은 그리스도인이 누리는 영광의 아름다움과 극치이다. 대개 확신이 있으면 아주 강력한 기쁨을 누리게 되고, 가장 감미로운 위안을 느끼며, 가장 큰 평안을 얻는다.

확신은 그리스도인의 행복, 곧 그리스도인이 안락하고 기쁨에 찬 존재로 살아가는 데 필요한 것이다. 하나님의 은혜를 소유하는 것, 더 나아가 우리에게 그런 은혜가 있음을 확신하는 것은 영광의 왕좌에 올라앉음과 같다. 그것은 이 세상에서 누리는 천국이다. 구원의 확신에 관하여 성경적으로 이해하기 원하는 모든 독자에게 추천한다.

어떤 사람이 은혜의 상태에 있다면, 그 사람의 처지는 행복하고 안전하며 확실합니다.

복음과 문화가 충돌할 때
어떻게 해야 하는가?

복음으로
시대정신에 맞서라
- - - - - - - - - - - -

카운터 컬처

데이비드 플랫 | 두란노

저자에 의하면, 많은 크리스천들이 특정한 사회 문제에 열정을 드러내지만, 또 다른 이슈에 대해선 무관심으로 일관한다. 이를 보면 상당히 걱정된다. 빈곤과 성 노예 문제처럼 크리스천들의 활동이 박수를 받는 사안에 대해서는 벌떡 일어나 목소리를 높이지만, 크리스천들의 입장이 비판을 받고 있는 동성애나 낙태 같은 이슈들을 두고는 자리에 앉아 입을 다물어 버린다는 것이다. "마치 어떤 사회 문제에는 맞서고 또 다른 문제는 덮어 두는 선별적이고 선택적인 자세를 취하기로 입을 맞춘 듯하다. 그리고 그 선별과 선택은 대개 현대 문화와 부대끼는가 그렇지 않은가를 기준으로 돌아간다."

실제로 공개적인 자리에서 명망 높은 크리스천 지도자에게 빈곤, 인신매매, 고아 문제에 관해 이야기해 달라고 요청하면 분명하게 자신의 생각을 밝힐 것이다. 하지만 동성애나 낙태에 대한 입장을 밝혀 주기를 부탁한다면 안절부절 머뭇거릴 공산이 크다. 기껏해야 '깊이 생각해 본 적이 없다'든지, '관심 분야가 달라서 제가 이러니저러니 말할 사안이 아니다'라고 얼버무린다.

저자에 따르면, 그리스도인이 '별개의 사회 문제'로 여기는 사안들은 하나님이 어떤 분이시며 세상에서 무슨 일을 하고 계시느냐에 대한 인식과 긴밀하게 연관되어 있다. 성 매매와 맞서 싸우는 전쟁에 우리를 내보내시는 바로 그 하나님이 모든 성적인 부도덕과 맞서는 싸움에도 나가게 하신다. 가난과 전투를 벌이게 하시는 바로 그 하나님이 결혼을 지키는 씨름에도 참여하게 하신다.

복음은 기독교 신앙의 생명선인 동시에 대항 문화(카운터 컬쳐)의 원천이기도 하다. 믿음의 첫걸음을 내딛는 순간부터 복음은 저마다 속한 문화 속에서 벌어지는 사회적인 이슈들에 맞서도록 크리스천들을 몰아간다. 뿐만 아니라, 안팎을 둘러싼 문화와 실제로 충돌하는 상황을 빚어내기도 한다.

오늘날 사회적인 이슈에 대한 성경적인 입장이 갈수록 멸시와 배척의 대상이 되고 있다. 크리스천들은 낙태나 동성애 등과 관련한 논의가 벌어질 때마다 충돌을 빚고 싶지는 않지만 어찌 반응해야 할지 모르는 궁색한 처지에 몰릴 공산이 크다. 저자는 우리가 유념해야 할 게 있다고 말한다.

"동성애에 관한 성경적인 입장은 기독교 신앙이 갖는 가장 강력한 공격적인 포인트가 아니라는 점이다. 그쯤은 순위가 밀려도 한참 밀린다. 오히려 공격성이 가장 뜨겁게 드러나는 지점은 복음, 그 자체다. 그러므로 복음이 무엇인지 탐색하고 정말 복음을 믿는지 스스로 묻고 답하는 데서 이야기를 시작할 필요가 있다. 거기에 대한 답변은 현대 문화 속에서 살아가는 크리스천의 삶을 밑바닥부터 바꿔 놓을 것이다."

저자는 세계적 '빈부'의 문제를 지적한다. 극심한 빈곤을 겪고 있는 제3세계 수십 억 인구에 비하자면 평범하고 일반적이며 중산층에 해당하는 미국 직장인은 어마어마하게 부유한 귀족이나 다름없다고 말한다. 주변 세계의 상황에 눈을 떴다면 하나님 말씀이 던지는 질문에도 귀를 열어야 한다.

"누가 이 세상의 재물을 가지고 형제의 궁핍함을 보고도 도와줄 마음을 닫으면 하나님의 사랑이 어찌 그 속에 거하겠느냐(요일 3:17)."

이 말씀은 그리스도를 따르는 이들이 이웃의 궁핍한 그리스도 인들을 보살펴야 한다는 구체적인 지적이다.

저자에 의하면, 오늘날 우리 주변에는 수입이 늘수록 생활 수준도 높아져야 한다는 거짓말이 난무하고 있다. 돈이 많아지면 자신에게 더 많이 쏟아붓는 행동이 당연시되었다. 더 많은 물건들, 더 근사한 소지품, 더 대단한 사치품을 사들일 권리가 있다고 믿는다. 대다수가 그렇게 생각한다는 것이다. 그리스도를 따르노라고 자부하는 이들도 크게 다르지 않다.

그리스도인들은 '돈만 있으면 귀신도 부린다'는 식의 사고방식에 끊임없이 맞서야 한다. 그런 인생관은 위험할뿐더러 악마적이다. 하나님이야말로 가장 크고 귀한 보물이며, 인간이 지상에서 누리는 삶은 하나님 나라에 영원한 것들을 쌓는 데 투자될 때만 의미를 찾을 수 있다고 저자는 역설한다.

저자는 그리스도의 복음이 두려움에 굴복해 문화적으로 타협하라고 가르치지 않는다고 말한다. 오히려 반문화의 십자가를 지라는 부르심이다. 영원한 상급을 바라보고 자신을 죽여 가며 세상의 조류를 거스르라는 뜻이다.

그리스도의 복음은 두려움에 굴복해 문화적으로 타협하라고 가르치지 않

는다.

인간관계가
어렵다고 느껴질 때

나의 마음과 당신의 마음이
이어질 수 있다면

사람 사이의 친밀함,
하나님과의 친밀함을 갈망하는 당신에게

마음과 마음이 이어질 때

고든 맥도날드 | IVP

이 책은 결혼과 가족, 우정에 있어서 친밀함을 증진시키는 일에
관한 안내서이다. 저자에 따르면, 사람들의 마음이 서로 이어지
고 영혼이 독특하고도 강한 우정 속으로 함께 녹아들 때, 그때 나
타나는 결과가 친밀함이다. 인간에게는 다른 사람의 말을 들어
주고 이해해 주고 싶은 욕구와 아울러, 다른 사람이 자신의 말을

들어 주고 이해해 주기를 원하는 욕구가 있다. 친밀함은 바로 이 절실한 욕구에 초점을 맞추고 있다.

친밀함은 결코 값싼 단어가 아니다. 진정한 친밀함이란 엄청 난 값을 치러야만 얻을 수 있기 때문이다. 다른 사람을 알아 가 는 법과 자신을 알리는 법을 배우는 데는 많은 고된 노력이 뒤따 르기 마련이다.

"친밀함의 열매를 맺고 싶어 하는 것은 본능에 가깝지만, 친밀 함을 줄 수 있는 능력은 학습을 통해서만 가능하다."

두 사람의 마음이 서로 통하려면 주는 것과 받는 것이 함께 있 어야 하고, 말하는 것과 듣는 것이 함께 있어야 하며, 나를 나누 는 것과 상대를 살피는 것이 함께 있어야 한다. 투명함이 없이는 마음과 마음이 이어질 수 없다. 투명함이 없이 다른 사람의 영혼 속에 진정 무엇이 들어 있는지 알기 위해서는 어쩌면 평생이 걸 릴지도 모른다.

투명함이란 실수와 약점과 장점과 꿈과 아픔과 기쁨은 물론, 그 이상의 어떤 것도 의식적으로 숨기지 않고 자신을 남에게 알 릴 수 있는, 즉 누구나 쉽게 알 수 있는 사람이 되는 용기이다. 어 떤 관계에서 한쪽 사람은 상대방에게 투명함을 자청하고 나서는 데, 상대편에서는 자신을 표현하려 하지 않거나 표현할 줄 모르 는 경우가 더러 있다.

자신의 삶을 열어 보인다는 것은 간단한 일이 아니지만, 그렇지 않고는 결코 가치 있는 관계를 유지할 수 없다. 투명한 사람이 되려는 마음 없이는 친밀한 관계를 누리기가 거의 불가능하다. 관계에 마음을 쏟고, 관계를 발전시키며, 설사 받는 것보다 주는 게 많을지라도 기꺼이 주려는 자세가 중요하다.

헌신 없이는 마음과 마음이 이어질 수 없다. 사랑을 나누는 일이란 한 가지 구체적인 일이 선행되지 않고는 불가능하다. 그것은 바로 헌신이다. 모든 것은 헌신에서 시작된다. 진정한 친밀함은 그런 헌신, 한계를 뛰어넘어 연합으로 이끄는 행위에서 시작된다. 이 책에 의하면, '자기의 권리를 포기하는 것이 헌신의 시작'이다.

어떤 관계에 헌신한다는 것은 그 관계를 최우선 순위로 정한다는 것이다. 관계가 성공보다 우선이고, 관계가 직장보다 우선이며, 관계가 논쟁에서 바른 견해를 펴는 것보다 우선이 되는 것이다. 헌신이란 한 사람과의 관계를 선택한 다음, 그 관계의 목표를 이루기 위해 요구되는 모든 대가를 지불하는 것이다.

헌신이란 순탄한 시절에는 말하기 쉽지만, 역경이 닥칠 때는 지키기 어려운 도전이다. 따라서 훌륭한 가정이란 순탄한 시간을 함께 보냄으로써 입증되는 것이 아니다. 필경 최대의 적이 우리의 가정에 손을 뻗쳐 올 것이다. 가정이 필요한 것은 역경을 만났을 때이다. 살기가 어려울 때에도 함께 헤쳐 나갈 수 있다는 희망과 확신, 이것이 우리가 자녀에게 줄 수 있는 최상의 선물이다.

건설적인 갈등은 마음과 마음이 이어지는 중요한 부분이라고 저자는 말한다. 마음과 마음이 이어지지 않는 곳에는 함께 누리는 기쁨도 존재하지 않는다. 마음속에 있는 감정들을 조금씩 털어놓는 모험을 감행하면서, 다행히도 상대방이 나의 노출을 매우 소중하게 여기며 민감한 마음으로 대하는 것을 보면서 우리는 친밀함을 얻는다. 또한 대화를 나누는 가운데 우리가 서로에 대해 언제나 적극적이며 항상 진실하고 격려해 주려 하는, 본능적인 헌신의 자세를 갖추고 있음을 깨달으면서 친밀함이 생겨난다.

무엇보다도 저자가 강조하는 것은 하나님과의 관계에서 친밀함을 쌓아 가는 것이다. 왜냐하면 분명한 것은 친밀함에 대한 우리의 절실한 갈망은 하나님 안에서만 채워질 수 있기 때문이다. "이 사실을 제대로 모르는 사람은 인간이 채워 줄 수 없는 것을 인간에게서 찾고, 때로는 그것을 요구하기까지 한다."

이 책은 사람과 사람 사이에 마음이 이어지는 친밀함에 대해 이야기하는 것에서 멈추지 않는다. 궁극적으로 우리와 하나님 사이에 마음이 이어지는 친밀함을 이야기하는 데까지 나아간다. 그 친밀함은 우리 영혼이 진정으로 갈망하는 것이다.

우정도 수준이나 정도가 다르고, 투명함의 깊이도 그 수준에 따라 다르지만, 그래도 자신의 삶을 내보일 열린 창문이 있어야 한다. 그런 창이 없을 때 우정은 어려움을 겪게 된다.

우리는 과연 아무런 방어 없이
사람을 대할 수 있을까?

이 세상에서
- - - - - - - - - - - -
진정한 안식처를 찾는 이들에게
- - - - - - - - - - - - - - - - - - -

친밀함

헨리 나우웬 | 두란노

이 책에서 나우웬은 일상적인 이야기와 경험을 통해서 영적 지혜를 선물하고 있다. 그는 균형 있는 태도로 하나님과의 친밀함과 동료 인간과의 친밀함을 이야기한다. 그가 말하는 기독교 공동체 안에서의 친밀함의 목표는 무엇인가? 그것은 공동체 안에서 누구나 두려움 없이 진리를 추구하고, 수치심을 느끼지 않고

의문을 표시하는 것이다. 나우웬에 따르면, 신앙과 불신앙, 의심과 믿음, 소망과 절망이 함께 존재하는 곳에서 영적 성숙이 이루어지기 때문이다.

나우웬은 "사랑의 기초는 한쪽에서 상대편의 문제를 듣고 이해하며 품어 주려는 마음에 있는 것이 아니다"라고 말한다. 사랑의 기초는 피차 간에 자신의 자아를 온전히 고백하는 데 있다는 것이다. 그럴 때 '나의 힘이 곧 너의 힘'일 뿐 아니라, '너의 아픔이 곧 나의 아픔이고, 너의 약함이 곧 나의 약함이며, 너의 죄가 곧 나의 죄'라고 말할 힘이 생긴다. 이렇게 연약함을 서로 나눌 때 인간은 폭력을 극복할 수 있다.

사랑은 무엇보다도 '진실'하다. 인간의 상황에 항상 솔직할 때에만 우리는 서로에게 충실할 수 있고, 거짓과 피상적 꾸밈과 위선을 벗어날 수 있다. 사랑의 또 다른 특징은 '부드러움'이다.

"사랑이 탈취 행태를 초월한다는 사실을 가장 확실히 보여 주는 것은 부드러움일 것이다. 사랑할 때 손은 탈취하거나 빼앗거나 움켜쥐지 않는다. 어루만진다. 어루만지는 행위는 인간의 손이 부드러워질 수 있다는 가능성을 보여 준다. 자상한 손길은 성장하게 한다. 정원사가 자상한 손길로 꽃에 빛이 비치게 하고 자라게 하는 것처럼 사랑하는 사람의 손은 상대로 하여금 온전한 자기표현을 가능하게 한다. 사랑은 완전한 '무장 해제'를 요구한다."

사랑의 만남은 '무기 없는 만남'이라고 나우웬은 말한다. 나우웬은 묻는다.

"우리는 과연 아무런 방어 없이 동료 인간을 대할 수 있을까? 자신의 취약한 모습을 온전히 드러낼 수 있을까?"

그에 따르면, 사랑은 제약이 없다. 서로 온전히 헌신할 때에만, 즉 평생에 걸쳐 자신의 전 인격을 내줄 때에만 남녀의 만남은 온전한 결실에 이를 수 있다. 사랑이란 마음을 열고 자신의 약점까지 내보이며, 모든 것을 내주고 고백하는 것이라고 그는 말한다.

나우웬에 따르면 우는 것, 자신에 대해 말하는 것, 사랑과 미움의 감정을 숨김없이 표현하는 것은 인간의 정신 건강에 매우 중요하다. 하지만 이것은 다 진보가 뒤따라야만 의미를 지닐 수 있는 일시적인 퇴행이다. 어디까지나 이상은 자아에 집착하고 울고 내 감정을 다 표현하는 것이 아니라, 내 문제를 잊고 내 관심과 주의를 요구하는 일을 수행하는 것이다.

이 책은 사역자의 정신 건강 문제도 언급하고 있다. 낮과 밤, 일과 쉼, 의무와 취미의 구분이 흐려지면 삶은 리듬과 방향을 잃는다. 이런 '건강치 못한 삶'은 사람을 시간의 주인이 아닌 피해자가 되게 함으로써 결국엔 영성과 창의력을 말살시킬 수 있다. 이런 사역자는 항상 바삐 뛰고 있을 뿐, 걸음을 멈추고 바쁜 삶의 의미와 효율을 돌아보는 일이 거의 없다.

걸음을 멈추고 생각에 잠기는 것이 두려울 때도 있다. 바쁘고 피곤한 삶과 유용하게 쓰임을 받는 삶은 엄연히 다르다는 사실이 밝혀질까 겁나는 것이다. "건강한 시간 사용은 사역자의 신체적, 정신적, 영적 건강을 유지하거나, 사역자로서 인생의 장기적 성공을 위해서만이 아니라, 하루하루 삶의 창의력과 영성을 위해 꼭 필요하다"고 그는 말한다.

저자에 의하면, 사역자가 말씀 공부를 통해 통찰이 깊어지고 말씀의 증인으로서 자신의 사명을 바로 이해할 때, 자신의 편협한 견해로 말미암는 피해자가 되지 않을 수 있다. 사역자에게는 인생의 가장 민감한 영역을 만질 능력이 필요하다. 다른 사람들의 지극히 개인적인 필요뿐 아니라, 자기 자신의 여러 복잡한 반응도 이해해야 하는 것이 바로 사역자다.

아름다운 문체로 빛나는 이 책은 세상에서 진정한 안식처를 찾는 이를 위한 글로 가득하다. 개인적으로 삶에 적용할 만한 가르침이 많고, 가정과 학교와 사회생활 전반에 걸쳐서 적용할 통찰이 풍부하다. 시간을 들여 읽을 가치가 있는 작품이다.

밑줄 긋기

사랑은 완전한 '무장 해제'를 요구한다. 사랑의 만남은 무기 없는 만남이다.

당신의 사랑의 언어는 무엇입니까?

사랑을 느낄 수 있게 그 사람의 언어로
소통하는 법을 배우고 싶다면

하나님이 쓰시는 사랑의 언어

게리 채프먼 | 예영커뮤니케이션

저자는 인정하는 말, 친밀한 시간, 선물, 봉사, 신체적 접촉과 같은 사랑의 '새로운 언어'에 대해 말한다. 서로 사랑하는 관계를 맺는 것은 하나님의 성품을 반영하는 것이다. 그런데 사람마다 서로 다른 '사랑의 언어'가 있다. 어떤 사람은 인정하는 말을 들으면 사랑을 느낀다. 반면에 어떤 사람은 친밀한 시간을 함께 보내야 사랑을 받고 있다고 느낀다.

부부 간의 경우도 마찬가지이다. 두 사람의 주된 사랑의 언어가 다를 때 문제가 생기곤 한다. 아내가 쓰는 사랑의 언어를 남편이 사용하지 않는다면, 아내는 사랑받고 있다는 느낌을 받지 못하고 사랑에 대한 욕구를 채울 수 없다.

인간관계 속에서의 문제는 서로 사랑의 언어를 이해하지 못하는 데서 생겨난다. 상대방이 사용하는 사랑의 언어로 말하는 것을 배우면 우리의 인간관계는 훨씬 더 풍요로워진다. 배우자나 자녀나 부모나 그 누구에게든, 우리 주변에 있는 사람들에게 사랑받는다는 느낌을 주는 열쇠는 주된 사랑의 언어를 찾아내어 지속적으로 사용하는 것이다.

'하나님이 쓰시는 사랑의 언어' 가운데 우리는 먼저 '인정하는 말'을 볼 수 있다. 성경을 보면 인간을 격려하시는 하나님의 말씀이 있다.

'하나님이 쓰시는 사랑의 언어' 가운데 두 번째는 '친밀한 시간'이다. 구약의 아브라함은 '하나님의 친구'라고 불렸다. 시편에는 피조물인 인간과 친밀한 시간을 나누고 싶어 하시는 하나님의 마음이 잘 드러나 있다. 예수님도 사도가 될 제자들과 친밀한 시간을 함께 나누셨다고 저자는 말한다.

'하나님이 쓰시는 사랑의 언어' 가운데 세 번째는 '선물'이다. 하나님은 선물을 주시는 일에 능숙하신 분이시다. 성경은 하나님을

'주시는 분'으로 묘사한다. 신약은 자신이 사랑하는 자들에게 선물을 후히 주시는 사랑의 하나님을 계속 그리고 있다. 성경 전체의 메시지는 요한복음 3장 16절의 말씀으로 요약된다.

"하나님이 세상을 이처럼 사랑하사 독생자를 주셨으니, 이는 저를 믿는 자마다 멸망치 않고 영생을 얻게 하려 하심이니라."

야고보는 하나님을 선물을 주시는 분으로 보았다(약 1:17). 어떤 사람은 매주 20개 정도의 빵을 구워 하나님께서 만나게 하시는 사람들에게 나눠 준다. 이런 사람은 하나님에 대한 사랑도 선물을 통해 표현하곤 한다. 하나님께 우리의 사랑을 표현하는 한 가지 방법은 도움을 필요로 하는 사람들에게 선물을 주는 것이다. 주는 것이 삶을 살아가는 한 방식인 사람들이 있다. 그들은 사람들의 필요를 돌봐 주고 채워 주면서 하나님을 가장 가까이 느낀다. 우리는 다른 사람에게 무언가를 주는 것을 통해 하나님의 사랑을 드러낼 수 있다.

'하나님이 쓰시는 사랑의 언어' 가운데 네 번째는 '봉사'다. 저자에 의하면, 마더 테레사는 20세기를 대표하는 사랑의 선지자였다. 테레사의 주된 사랑의 언어는 '봉사'였다. 거리에서 숨져 가는 여인을 발견한 테레사는 그녀를 집으로 데려갔다. 그 후 죽어 가는 사람들을 위한 집을 마련하여 편안하게 마지막을 보내도록 해주었다. 테레사는 고아원과 나환자와 에이즈 환자와 미혼모를 위한 집도 열었다. 그녀에게는 다른 사람을 섬기는 것이 하나님을 사랑하는 것과 다름없었다. 그녀는 "그들에게 도움을 베풀 때마다 그것은 실제로 그리스도를 돕는 것이다"라고 말했다.

'하나님이 쓰시는 사랑의 언어' 가운데 다섯 번째는 '신체적 접촉'이다. 저자에 의하면, 하나님께서는 신체적 접촉을 사랑의 언어로 사용하신다. 예수님의 생애를 살펴보면, 종종 신체적 접촉을 사랑의 언어로 사용하셨다. 예수님은 기적을 행하시면서 종종 사람들을 만지셨다.

저자 게리 채프만은 '사랑의 언어'라는 개념을 통해 어긋난 인간관계에 기적을 선사하고 있다. 뿐만 아니라 하나님과의 관계에서도 풍성하고 다양한 '사랑의 언어'가 존재한다는 사실을 설득력 있게 제시한다.

인간관계 속에서의 문제는 대부분 상대방이 내 사랑의 언어를 이해하지 못하는 것에 대해 불편을 느끼기 때문에 생겨난다.

어떻게 하면 좋은 사람을
사귈 수 있을까?

좋은 관계를 쌓아 가는
영적인 비밀을 알고 싶다면

나는 안전한 사람인가
헨리 클라우드, 존 타운센드 | 토기장이

사람은 서로를 필요로 한다. 그런데도 종종 해로운 사람을 가까이하고 의지한다. 여러 가지 이유로 많은 사람들이 자신을 배신하고 해를 입히고 무시하는 사람에게 손을 내민다. 이것이 문제이다. 어떻게 하면 좋은 사람을 사귈 수 있을까? 도대체 왜 내가 이런 사람들과 사귀게 되었을까? 왜 해로운 사람들만 주위에 모여들까? 왜 나는 독한 상사 밑에 있을까? 만약 이런 질문을 자신에게 해보았다면 이 책은 바로 당신을 위한 책이다.

이 책은 1부에서 해로운 사람에 대해 다루고 있다. 저자에 따르면, 해로운 사람은 다음과 같은 특징을 가지고 있다.

1. 해로운 사람은 자신의 약점과 잘못을 시인하기보다는 스스로 완벽하다고 생각한다.
2. 해로운 사람은 영적이기보다 종교적이다.
3. 해로운 사람은 다른 사람의 권면을 듣기보다는 방어적이다.
4. 해로운 사람은 겸손하지 않고 혼자 의로운 체한다.
5. 해로운 사람은 말로 용서를 구할 뿐 변하지 않는다.
6. 해로운 사람은 자신의 문제를 고치지 않는다.
7. 해로운 사람은 신뢰를 쌓기보다는 요구한다.
8. 해로운 사람은 책임을 전가한다.
9. 해로운 사람은 진실을 말하지 않고 거짓말을 한다.
10. 해로운 사람은 성장하지 않고 정체되어 있다.

물론 어느 누구도 완벽하지 않다. 안전한 사람도 때때로 넘어질 때가 있다. 누구나 때때로 거짓말을 한다. 그렇다고 해서 누구나 만성적인 거짓말쟁이는 아니다. 불완전함의 정도가 문제인 것이다.

해로운 사람은 친밀함보다는 그저 가까이 있기를 원한다. 그의 관심은 '우리'가 아니라 '나'에 있다. 그는 당신에게 직접 말하기보다는 다른 사람에게 험담을 늘어놓는다. 용서하기보다는 정죄

하고, 대등적 관계보다는 수직적인 관계를 선호한다.

2부에서는 왜 내가 해로운 인간관계를 선택하는지, 왜 스스로를 외톨이로 만드는지를 심층 분석한다. 저자는 우리가 해로운 사람과 인간관계를 맺는 데는 여러 가지 이유가 있고, 그 이유를 살펴보는 것이 중요하다고 말한다. 안전한 인간관계를 쉽게 찾지 못하는 이유는 무엇인가? 무엇보다도 다른 사람의 성격을 잘 파악하지 못하기 때문이다. 외로움과 버림받을 것에 대한 두려움, 문제를 대면하는 것에 대한 두려움 때문에 상대를 객관적으로 파악하지 못하는 것이다.

끝으로 3부에서는 안전한 사람에 대해 다루면서 안전한 교회의 특징도 언급한다. 사람들에게 '안전한 사람'에 대해 아는 대로 말하라고 했더니 다음과 같이 말했다.

- 내 모습 그대로를 받아들이는 사람
- 내가 무엇을 하든지, 어떠하든지 개의치 않고 날 사랑하는 사람
- 내가 사랑하고 믿을 만한 사람이 되도록 도와주는 사람
- 내 안에 사랑과 선한 일을 창조하는 사람
- 내가 성장할 수 있는 기회를 주는 사람
- 내 안에 사랑을 만드는 사람
- 나 스스로를 일깨우는 사람
- 나의 한계를 넘게 해주는 사람

227

• 이웃과 하나님을 위해서 나를 희생하게 하는 사람

저자에 따르면, 교회 안에도 거듭나지 않은 사람이 있다. 교회
에는 안전한 사람도 있지만, 해로운 사람도 있다. 지상에서 천
국을 이루는 교회는 없다. 동시에 악마들로 가득한 완벽한 지옥
도 없다. 그러므로 성경은 분별력을 기르라고 명확히 가르친다.

이 책은 그리스도인의 인간관계를 위한 성경적이고 실용적이
며 탁월한 관계 지침서다. '해로운 사람'과 '안전한 사람'을 분별
하는 영적 능력을 키우는 일은 중요하다. 독자는 이 책에서 아름
다운 인간관계를 만드는 성경적인 지혜를 배울 수 있다.

해로운 사람과 관계를 맺으면 창조적인 사고를 할 수 없고 정신을 집중하
지 못한다. 또한 동기가 충분하지 않고 목적을 이루지 못하며 체력의 손실
이 심하다.

따뜻한 우정과 뛰어난 통찰이 빛나는
54통의 편지

영적 선배가 들려주는

깊이 있는 조언이 필요하다면

교회에 첫발을 디딘 내 친구에게

유진 피터슨 | 홍성사

이메일과 핸드폰 문자 보내기에 익숙해진 나는 개인적인 편지를
마지막으로 보낸 때가 언제인지 기억나지 않는다. 저자 유진 피
터슨은 편지 쓰기의 추억을 떠올리게 하고, 다시 그 멋진 작업을
시도하라고 권한다(물론 편지 쓰기에 관한 책은 아니다).

저자는 40년간 교회를 떠났다가 다시 돌아온 친구를 돕기 위

해 편지를 쓴다. 54통의 편지에서 그는 깊이 있는 가르침을 친구에게 나누어 주고 있다. 무거운 느낌의 가르침이 아니라 우정이 깃든 조언이 녹아들어 친밀하고 따뜻한 편지이다. 개인적으로도 이 편지들을 읽으면서 '아!' 하는 느낌과 '이크!' 하는 놀람을 여러 곳에서 느꼈다.

우선 저자는 '영적'이라는 말을 조심한다. 그는 가능하면 그 말을 사용하지 않는다.

"그리스도인들은 자신이 사용하는 말과 그 말을 사용하는 방법에 매우 주의해야 한다네."

저자는 오늘날 '종교 소비자'를 불러들이는 이상한(?) 교회를 경계한다. 그는 친구에게 '제일 작고 가까운 교회'에 계속 다니는 게 훨씬 낫다고 충고하면서, '좋은 교회'를 찾는 난리는 도대체 어떻게 시작된 것인지 묻는다. 각각의 취향에 맞는 교회를 찾으려 드는 '교회 쇼핑 심리'는 영적으로 파괴적이라고 일침을 가한다.

"우리의 예배 취향에 맞추려 드는 교회의 예배는 좋을 것이 없다네."

어떤 책을 읽어야 할지 고민하는 친구에게 저자는 칼뱅부터 시작하라고 말한다. 두 권으로 나와 있는 《기독교 강요》를 사되, 존 맥닐이 번역한 것을 구입하라는 조언을 덧붙인다.

"이 책을 읽으면 무엇보다 기도하면서 지혜롭게 하나님께 나아갈 수 있을 거야. 그분에 대해 올바르게 생각하고, 그분께 진심으로 반응하면서 말일세. 칼뱅은 성경적으로 훈련된 지성과 성령으로 조율된 가슴을 가지고 글을 썼다네."

저자는 칼 융을 경계한다. 이 부분에서 나는 눈을 크게 뜨고 읽어야 했다. 칼 융은 그리스도인이 아니다. 융은 기독교적인 방식을 완강하게 거부했고, 도덕에 무관심했다(저자는 융의 부도덕을 구체적으로 언급하고 있다). 융은 '신성'에 관한 말은 많이 했지만, 예수 그리스도 안에 계시된 하나님과는 전혀 교제하지 않았고, 자신의 절대적인 욕망들을 스스로 조절하고 있는 것처럼 행동했다. 저자에 따르면, 융의 매혹적인 언어의 마약에 취하기보다 재미는 없지만 독실한 신자인 농부 친구들 중 한 사람과 커피를 마시는 편이 훨씬 더 안전하다.

내가 다시 한 번 놀란 부분은 청소년과 청년 사역에 관한 저자의 편지이다.

"자네가 교회를 떠나 있는 동안 북미의 교회에서는 또 하나의 현저한 변화가 일어났지. 젊은이 사역에 전문적으로 집중하는 현상이 나타난 거야. 북미의 젊은이 문화 전반이 주요 사역지로 선정되었고, 그 분야에서 일해 온 많은 이들이 가장 성실하고 희생적인 예수님의 종으로 꼽히게 되었다네."

젊은이 사역은 좋은 결과를 많이 낳았다. 문제는 젊은이들에게 집중하고 그 사역을 전문화하는 행위 속에서, 청소년기에 나타나는 최악의 특징 두 가지가 어느 정도 공인되었다는 점이다.

그것은 바로 자기도취와 컬트적 양상이다. 결론적으로 미국 교회에 남은 것은 성인이 되고 싶어 하지 않는 피터 팬들로 이루어진 청소년 교회다.

끝으로 내가 공감하며 고개를 끄덕인 부분은 기도에 관한 조언이다. 저자는 '단순하게 집중하는 것이 가장 좋은 방법'이라고 말한다. 기도는 인격과 관련되므로 관계적이다. 하나님은 우리보다 적극적으로 우리의 기도 속에서 활동하신다고 저자는 말한다. 주기도문을 날마다 묵상하고 기도하라는 조언이 나의 마음에 특별히 남아 있다. 시편이 폭넓고 다양한 기도를 하게 해준다면, 주기도문은 간결하고 집중된 기도를 하게 해준다. 저자는 기계적인 반복을 두려워하지 말라고 하면서, 우리가 주기도문을 자주 반복해서 기도하면 자연스럽게 우리의 피와 살이 된다고 조언한다.

이 책은 여러 가지 면에서 기대 이상의 놀라운 통찰이 번득이는 책이다. 저자 유지 피터슨의 지혜로운 조언에 귀 기울여 보라.

우리를 비우지 않고서야 어찌 성령 충만을 받을 준비가 되었다고 하겠나?

최고의 전도 지침서,
아니 그 이상

관계 속에서 사람들을 하나님께로 이끄는
다섯 단계를 배우고 싶다면

포스트모던 보이 교회로 돌아오다

돈 에버츠, 더그 샤우프 | 포이에마

이 책은 최고의 전도 지침서다. 아니, 그 이상이다. 《포스트모던
보이 교회로 돌아오다》는 그리스도인이 삶의 현장에서 증인으로
서 어떻게 생각하고 말하고 행동해야 하는지에 대해 안내해 준
다. 한마디로 감동적이고 도전적이다. 흔히 단숨에 끝까지 읽었
다는 책들이 있는데, 이 책은 그런 종류의 책이다. 저자의 통찰력

233

과 신선한 가르침이 책의 곳곳에서 번득인다. 세계적인 기독교 미래학자인 레너드 스윗은 '21세기에 출판된 가장 중요한 전도 책'이라고 추천했다.

미국 IVF 캠퍼스 사역자 돈 에버츠와 더그 샤우프에 따르면, 회심자가 거치는 영적 여정은 일반적으로 다섯 단계이다(물론 예외가 있지만).

첫 번째 문턱 : 그리스도인을 신뢰하다.

두 번째 문턱 : 호기심을 품다.

세 번째 문턱 : 삶의 변화에 마음을 열다.

네 번째 문턱 : 하나님을 찾다.

다섯 번째 문턱 : 하나님 나라에 들어서다.

첫 번째 문턱은 '그리스도인에 대한 불신에서 신뢰로' 나아가는 것이다. 저자에 따르면, 회심한 사람들은 "그리스도인을 신뢰하게 된 자신들의 경험이 믿음을 향한 길에서 견인차와 같았다고 증언한다." 그러므로 진실한 우정은 중요한 자원이다. 비그리스도인을 회피하지 않기 위한 최고의 방법은 그들과 함께 시간을 보내는 것이다.

"친구들이 첫 번째 문턱을 넘도록 돕기 원한다면, 우리는 그들을 위해 우리의 시간을 비워야 한다. 그리고 그들을 바쁜 우리 삶의 우선순위로 삼아야 한다."

신뢰를 쌓기 위해 다른 사람들의 세계로 들어가기를 망설이지 말라는 것이다.

두 번째 문턱은 '예수님에 대한 무관심에서 호기심으로' 나아가는 것이다. 영적 문제에 대해 무관심에서 호기심으로 옮겨 가는 자연스런 과정이다. 여기에는 적절한 질문과 그들의 호기심을 자극할 만한 삶이 뒷받침되어야 한다. 물론 "하룻밤에 영적 무관심에서 호기심으로 옮겨 가는 경우는 거의 없다. 호기심은 시간을 두고 피어난다."

세 번째 문턱은 '삶의 변화에 마음을 여는' 것이다. 저자에 따르면, 변화는 아름답지만 동시에 두려운 것이다. 변화에 마음을 여는 이 문턱은 진실로 넘기가 힘들다. 세 번째 문턱에 놓인 사람을 쥐고 흔드는 대적을 이기시는 분은 성령뿐이시다.

네 번째 문턱은 예수님에 대한 방황을 넘어 구도자가 되는 것이다. 참된 구도자는 탐구한다. 그들은 이해하고 결론에 다다르기를 원한다.

"그들은 질문을 얼버무리지 않고 표면적인 질문을 던지지도 않는다. 진실로 명확한 해답을 찾는다."

다섯 번째 문턱은 길을 찾는 구도자에서 하나님 나라 백성으로 나아가는 단계이다. 참된 구도자의 경우 영원히 구도자로 남을 수 없다. 회개하고 하나님 나라로 들어서는 이 문턱은 굉장히 긴 과정의 일부이다.

"누군가 다섯 번째 문턱을 넘었다면 그들은 더 이상 길을 잃고 헤매는 사람이 아니다. 하나님이 그들을 찾으셨으니 그들의 영혼은 변화되었고, 그들의 영적 세계 또한 새로운 실재로 접어들었다."

참된 구도자의 경우 영원히 구도자로 남을 수 없다. 구도에 익숙해져 구도가 구도에서 끝나면 큰 문제이다.

믿음으로 향하는 과정은 신비하다. 예상하지 못했던 변화에 저자는 늘 놀랐다. 반면 그토록 믿음에 가까이 다가갔는데도 결국은 그 턱을 넘지 못하는 사람들을 보고는 당황해하며 고개를 내젓기도 했다. 어떤 복음의 씨앗은 저자의 부족한 노력에도 불구하고 잘 자라나지만, 어떤 씨앗은 열심을 다해도 뿌리를 내리지 못하니 이상한 일이라고 저자는 말한다.

이 책이 우리에게 전하는 메시지는 신선하고 도전적이다. 단순히 전도 전략이나 전도 기술만을 소개한 책이 아니다. 주님의 마음을 품고 이웃에게 나아가고, 그들을 품고 기도하도록 격려한다. 또한 열정과 용기에 지혜를 더한 전도를 가르치고 있다.

포스트모던 시대의 믿음을 향한 길은 궁극적으로 신비한 길이다.

세일즈 같은 전도가 아닌 영적인 친구를 사귀라

영적인 친구를 사귀면서
예수님을 전하는 법을 알고 싶다면

나는 준비된 전도자
브라이언 맥라렌 | 미션월드라이브러리

책의 표지에 다음과 같은 말이 실려 있다.

"사랑은 제자를 낳는다. 사랑 없는 이벤트성 전도는 종교인을
낳을 뿐이다."

전도에 관한 뼈 있는 한마디라고 생각된다.

우리나라에 번역 소개된 전도 관련 신앙 서적은 다양하다. 개

인 전도를 위한 안내서부터 교회 단위의 전도 훈련 교재, 생활 전도를 소개하는 책은 물론이고, 전도자의 체험담 중심의 '전도 간증서'도 여러 권 나와 있다.

생활 전도를 본격적으로 처음 다룬 책은 오스카 톰슨의《관계 중심 전도》일 것이다(오스카는 '사랑'보다 중요한 단어는 '관계'라고 말한다. 사랑이 기차라면 관계는 레일이기 때문이다). 그 후 레베카 피펏의《빛으로 소금으로》가 널리 알려졌고, '생활 전도'라는 말도 뿌리를 내렸다. 이 책은 생활 전도와 맥을 같이하는 부분이 있지만, 차원이 다른 접근법을 소개하고 있다.

'접근법'이라고 표현했지만, 저자 브라이언 맥라렌 목사가 보여 주는 전도법은 하나의 기술이 아니다. '영적인 친구 사귀기'라고 이름 붙인 '예수 전하기'이다. 이 책이 거부하는 전도는 세일즈 같은 전도, 투쟁 같은 전도, 최후통첩 같은 전도, 협박성 전도, 말다툼이 되어 버리는 전도, 보여 주기 위한 전도 등이다.

저자의 정의에 의하면, 좋은 전도자란 신앙이나 소망과 같은 가치나 의미, 목적이나 선, 아름다움이나 진리, 죽기 전의 삶과 같은 중요하고 심오한 주제에 대하여 좋은 대화를 나눌 수 있는 사람이다. 그들은 세상을 바꾸고 싶어 한다. 따라서 좋은 전도 방법이란 선한 행실과 유익한 대화를 통하여 더 나은 삶을 추구하는 것이다. 사람들을 차별하지 않고, 설득하려고 애쓰지 않으면서도 우정을 유지시킨다. 이런 크리스천들은 전도를 예수 그리스도의 정신과 그분께서 보여 주신 모범을 따라 사람들과 대화하는 것으로 생각한다.

그러면 저자가 말하는 '영적인 친구'는 무엇을 의미하는가? 영적인 친구란 편안하게 영적인 이야기를 나누면서 유익을 얻고 유익을 주는 친구를 의미한다. 영적인 친구는 세일즈맨이 아니다. 진정한 영적인 친구가 되기 원한다면 사람들을 관찰하고, 좋아하고, 가까이하고, 섬겨야 한다. 영적인 친구를 사귀는 것은 다른 사람이 크리스천이 되도록 도움을 주는 역할일 뿐만 아니라, 그들이 더 훌륭하고 멋진 크리스천이 되도록 도움을 준다. 자기 자신도 하나님을 이전보다 더욱 사랑하게 해준다. 저자에 따르면, 영적인 친구의 가장 신나는 역할 중 하나는 '격려하고, 도전하게 하고, 방향을 제시해 주는 하나님의 사자가 되는 것, 그리고 때때로 책망하거나 바로잡아 주는 역할'을 하는 것이다.

이 책의 특징 중 하나를 더 언급한다면, 독특한 구성에 의한 집필 방식이다. 저자는 출판 기념회에서 알게 된 학생(하프 연주자)을 '영적인 친구'로 사귀게 되었고, 그 후 서로 많은 이메일을 주고받았다. 저자는 자신이 주고받은 많은 메일들을 거의 그대로 소개하면서, 영적인 친구로서 그들 사이의 영적 대화와 진리 찾기의 여정을 보여 주고 있다. 저자는 새로운 형식의 전도를 본인이 직접 실천하였고, 그 경험에서 얻은 통찰과 지혜를 우리에게 전수해 준다. 모든 그리스도인 독자는 이 책에서 영적인 친구로서의 전도자가 될 수 있는 지혜와 용기, 신선한 도전과 통찰을 얻을 것이다.

전도자란 하나님으로부터 주어진 임무와 이웃을 사랑하고 섬기는 열정을

소유하고 있는 사람들이다.

부드러움으로
사람을 끌어당기고 이끌라

사람의 마음을 사로잡는

열 가지 비법을 배우고 싶다면

따뜻한 카리스마

이종선 | 랜덤하우스코리아

우리 사회에서 성공한 사람들의 매력과 경쟁력은 무엇일까? 저
자는 그 답을 '따뜻한 카리스마'라는 키워드로 풀어내고 있다. 이
책의 부제는 '싸우지 않고 이기는 힘'인데, 바꾸어 말하면 '사람
의 마음을 사로잡는 열 가지 비법'이다.

첫 번째 비법은 '자기 표현력'이다. 서로에게 전달되는 이미지

는 보이지 않는 내면을 읽게 한다. 나라는 존재가 실제로 어떤 사람인가 하는 것은 상대방을 어떻게 대하고, 상대방에게 어떻게 보이는가에 달렸다고 해도 지나치지 않다. 저자에 의하면, 나를 알아주지 않는 세상 사람들을 원망할 것이 아니라, 자신의 이미지를 어떻게 표현할지부터 고민해야 한다.

두 번째 비법은 '공감 능력'이다. 성공한 사람들에게는 원만한 인간관계와 공감 능력이 있다. 공감 능력은 감성지수(EQ)와 공존지수(NQ, Network Quotient)라고 부를 수 있는 능력으로, 다른 사람들과 더불어 잘 사는 능력이다. 타인에 대한 공감 능력은 이제 비즈니스 리더들에게 요구되는 필수 덕목이 되었다.

세 번째 비법은 '신뢰'이다. 신뢰는 관계와 시간 속에서 쌓인다. 신뢰는 목숨을 걸 만한 최대의 자산이다. 시간과 노력, 경비의 손실을 줄이려면 애초에 신뢰 관리를 잘해야 한다.

네 번째 비법은 '설득력'이다. 저자에 의하면, 설득의 열쇠는 상대에게 유용한 결과를 만들 유·무형의 조건을 제공하되, 상대방을 강요나 논리에 의해 승복시킬 것이 아니라, 심정적으로 동의하게끔 만드는 데 있다.

다섯 번째 비법은 '겸손'이다. 키스 해럴은《태도의 경쟁력》이란 책에서 "우리는 살아가면서 다른 사람들을 필요로 한다. 그들의 관점과 지혜, 지원이 필요하다"라고 했다. 우리는 자신의 신념과 관심사를 공유하는 사람들과 친밀한 관계를 유지할 필요가 있는

데, 이들을 '지원팀'이라고 부른다. 지원팀을 만들려면 자신의 이기심을 버리고 겸허한 마음을 가져야 한다. 겸손해야 사람을 얻을 수 있다. 상대방을 마음으로 존중하고, 성숙한 모습으로 표현하는 것이 겸손이다.

여섯 번째 비법은 '거절의 기술'이다. 전 영화배우 아놀드 슈왈제네거의 아내인 마리아 슈라이버는 인기 앵커였는데, 어렵게 성사된 쿠바 대통령과의 인터뷰 날에 하필 딸의 유치원 입학식이 있었다고 한다. 그녀는 쿠바 대통령의 인터뷰를 거절했다. 앵커로서의 경력에 나쁜 영향을 끼칠 상황이기에 아마 보통 사람이라면 쉽사리 내릴 수 없는 결정이었다. 그러나 그녀는 가족이 더 중요하다는 판단을 내렸다. 그녀는 쿠바 대통령에게 "그날은 곤란해요. 딸의 유치원 입학식이 있는 날이거든요"라고 당당히 말했다. 그녀의 당당함은 노여움을 사기는커녕 오히려 충분한 이해와 공감을 구하는 지름길이 되었다.

일곱 번째 비법은 '자기 극복'이다. 안철수는 《영혼이 있는 승부》에서 "어떤 문제에 부딪치면 나는 미리 남보다 시간을 두세 곱절 더 투자할 각오를 한다"라고 말했다. 우리는 누구나 열등감을 가지고 있다. 자신의 열등감을 건강하게 어루만지지 못해서 생기는 것이 콤플렉스다. 약점이 있다면 고치려고 노력해야 한다. 열등감의 노예가 되어서는 안 된다.

여덟 번째 비법은 '유머'이다. 백악관에서는 연설문에 삽입할 몇 줄의 유머에 몇 천 달러를 쓰기도 한다. 미국의 정치인들은 재치 있는 농담을 시시때때로 던지는 것이 몸에 배어 있다. 유머는 그만큼 사람들의 마음을 여는 강력한 힘이 있기 때문이다.

아홉 번째 비법은 '인연'이다. 저자는 인연을 맺는 것이 "소중한 재산이고 보물"이라고 말한다. 곁에 있는 소중한 인연을 소홀히 지나치고 있는 것은 아닌지 돌아보라고 충고한다.

열 번째 비법은 '비전'이다. 비전은 개인과 기업의 존재 가치이자 카리스마의 핵이다. 비전이 없는 사람은 갈팡질팡한다. 목적이 있지만 목표가 없는 경우 성공의 가장자리만 맴도는 격이라고 저자는 말한다. 비전을 가진 사람은 가는 길이 다르다. 신중하게 집중하여 선택한 후 목표로 나아갈 방향을 분명히 설정한다.

이 책의 2부는 손석희, 안성기, 조수미 등 성공적으로 자기의 장단점을 이해하고 자기 관리를 효과적으로 한 사람들을 소개하고 있다. 3부에서는 따뜻한 카리스마를 소유하는 법을 소개한다. 진정한 카리스마는 진실과 솔선, 봉사의 인격에서 나온다는 점을 명심하면서 읽는다면, 기업과 사회에서 역량 있는 리더가 되고자 하는 이에게 좋은 길잡이가 될 것이다.

카리스마란 신으로부터 특수한 능력을 부여받아 기적을 베푸는 능력을 의

미한다. 성공한 사람은 카리스마가 있어 사람들을 끌어당기는데, 힘이나

권력으로 잡아당기지 않고 부드러움으로 이끈다는 것이다.

존경받는
리더가 되는 길

존경과 사랑에 바탕을 둔

리더십을 기르고 싶다면

지도력의 원칙
블레인 리 | 김영사

리더는 어떤 사람인가? 지도력은 어떤 힘인가? 그 힘의 원천은 무엇인가? 이러한 질문에 답하기 위해 수많은 연구가 이루어졌고, 셀 수 없을 정도로 많은 저서들이 출간되었다. 그중에서도 이 책의 특징은 다양한 리더십 유형의 '근원 분석'에 초점을 맞추고 있다는 점이다. 이 책은 리더십의 원천을 찾고, 각각의 근원에 따

246

른 리더십이 갖는 효과와 한계를 점검하여, 바람직한 유형의 리더십을 모색하고 있다.

저자 블레인 리 박사는 지도력에는 전형적인 세 가지 유형이 있다고 말한다.

첫째는 강압적인 지도력이다. 두려움을 이용해서 통제하는 형태로, 위협이나 물리적 강제를 사용해 사람들이 두려움을 느끼게 함으로써 순응을 이끌어 낸다. 이런 방식은 순간적이고 즉흥적인 결과만 얻을 따름이다.

둘째는 실리적 지도력이다. 협상을 통한 통제 양상으로, 서로 원하는 것을 주고받는 형태다. 고용주와 직원이 노력에 상응하는 정당한 대우를 전제로 맺는 관계가 대표적인 사례이다. 실리적 지도력 또한 한정적인데, 우리는 남편이나 아내, 친구들처럼 사적인 관계에서는 거래를 하고 싶어 하지 않기 때문이다.

셋째는 원칙 중심의 지도력이다. 저자가 강조하는 가장 바람직한 유형의 지도력으로, '존경심'을 기초로 생성된다. 원칙 중심의 지도력은 사람들이 자신에 대해 갖는 존경심, 혹은 다른 사람들에 대해 느끼는 존경심에 바탕을 둔다. 이런 지도력은 장기적인 영향을 발휘하며, 상호 의존과 깊은 존경심, 나아가 시너지 효과로 이어진다. 저자는 존경심을 바탕으로 한 지도력은 실제로 막강한 힘을 지니고 있다고 강조한다.

책을 읽다 보면 저자가 펼치는 주장과 관련하여 다음과 같은 문제들을 진지하게 숙고하지 않을 수 없다.

첫째, 지도력에 관한 통념을 깨고 새로운 패러다임에 대해 열린 마음이 있어야 한다. 이미 언급한 대로 저자의 '원칙 중심의 지도력'은 사람들이 나에게 보내는 존경심, 또는 내가 사람들에게 느끼는 존경심에 바탕을 둔 것이다. 저자는 권력과 가장 거리가 먼 듯한 원칙 중심의 지도력이야말로 세상을 바꾸는 새로운 힘이라고 강조한다.

둘째, 남을 바꾸고 남에게 강요하기에 앞서 나를 바꾸고 내가 먼저 상대를 진심으로 존경해야 한다. 스티븐 코비도 독자에게 주는 글에서 "존경을 받으면서 지도력과 영향력을 행사하기 위해서는 긴 시간 꾸준한 노력이 필요하다. 뿌리는 자라지 않았는데 꽃을 끄집어낼 수 없는 것이다"라고 말했다.

존경받는 사람들은 다음과 같은 열 가지 기본 원칙을 따르고 생활화함으로써 영향을 미치고 존경을 받는다. 설득력, 친절함, 인내심, 지식, 상냥함, 자제력, 학습력, 일관성, 수용력, 성실함이 그것이다. 빌 밀리켄의 말대로 "프로그램이 사람을 변화시키지 않는다. 좋은 관계가 사람을 변화시킨다."

셋째, 이 책은 변화를 위한 관심과 노력이 중요함을 다시 상기시켜 준다. 개인적인 변화에는 시간이 필요하다. 개인적인 변화는 아름다운 꽃을 가꾸는 것과 같다. 한순간에 꽃을 피울 수는 없다. 이 변화로의 여정에서 결코 우리는 '도착'할 수 없다. 우리는 항상 배우고, 변화하고, 성장하고, 구체화되어야 하고, 수정하고, 발전하며, 마지막으로 완성해야 하기 때문이다.

끝으로 독자는 책의 곳곳에서 적절한 경구와 잠언적 가르침을 접할 수 있다. 이 모든 것은 크고 작은 도전으로 독자를 자극할 것이다. 예를 들면 다음과 같은 문장들이다.

"지도력은 군림하는 것이 아니라 같은 위치에 있음으로 해서 생겨난다."_앤 L. 비스토우

"행동으로 옮겨지지 않은 신념은 쓸모없는 것이다."_토마스 칼라일

"성공은 남들이 대단하다고 여기는 것을 하는 데 있는 것이 아니라, 우리가 옳다고 생각하는 것을 하는 데 있다."_존 그레이

원칙 중심의 지도력은 존경과 명예, 더 나아가서는 사랑을 원천으로 삼는다.

Chapter 5

지적 성장과 영적 성숙을 위한
책 읽기

인간 내면의 선과 악의 갈등을 그린 기독교 고전

마음이라는 영적인 전쟁터에서

승리하려면

거룩한 전쟁

존 버니언 | 평단

존 버니언은 1628년 가난한 땜장이의 맏아들로 태어났다. 어린
시절 그는 세상에 대한 부정과 반항으로 가득 찼고 방탕한 생활
을 했다. 그가 정신 차리게 해준 사람은 신앙심 깊은 아내였다.
아내가 읽는 신앙 서적을 통해 버니언은 하나님을 알게 되었고,
교회에 출석하게 되었다.

오랜 영적 방황 후에 버니언은 구원의 확신을 갖게 되었다. 그는 전도자와 설교자로서 활동하다가 감옥에 갇히기도 했다. 감옥에 있는 동안 그는 죄수들에게 설교하고 여러 권의 책을 썼다. 1678년 출판된 《천로역정》은 《성경》 다음으로 사랑을 받는 작품이 되었다.

버니언은 설교를 위해 여러 지역을 방문하다가 1688년 열병에 걸려 런던에서 죽었다. 그는 비국교도들의 전통적인 묘지로 알려진 번힐 필즈에 묻혔으며, 동상은 베드퍼드의 성 베드로 스트리트에 서 있다.

버니언의 다른 작품인 《거룩한 전쟁》은 《천로역정》처럼 옥중에서 쓴 풍유적 소설이다. 소설의 부제는 '천국을 향해 가는 영적 싸움'으로, 인간 내면의 선과 악의 갈등을 그려 낸 작품이다. 비록 《천로역정》보다는 덜 알려져 있지만, 내용과 호소력에 있어 결코 뒤지지 않는다. 영국의 역사가 매콜리 경은 "《천로역정》이 존재하지 않았다면 《거룩한 전쟁》이 가장 뛰어난 우화 작품이 되었을 것"이라고 극찬하기도 했다. 이 책을 쓴 목적은 거듭난 그리스도인에게 그리스도인의 싸움이 무엇인지 알리기 위해서이다.

오래전에 맨소울 성의 주민들은 그들의 통치자 샤다이를 거부했다. 새로운 통치자 디아볼루스는 그들에게 큰 해를 끼쳤다. 샤다이가 주민들을 구하려고 아들 '왕자 임마누엘'을 보내면서 큰 전쟁이 일어났다.

버니언은 먼저 사람의 영혼을 '맨소울 성'이라고 부르고, 성의 원래 상태를 묘사한다. 성은 벽돌과 역청으로 든든하게 둘러싸여 있다. 영혼의 내부에는 마음이 살고, 마음은 여러 가지 특징을 나타낸다. 버니언은 선한 특징들을 맨소울 성 사람과 장군 들로 부른다. 그 후 마귀를 상징하는 디아볼루스라는 거인을 등장시킨다. 거인은 많은 부하를 거느리고 있다. 하늘에서 쫓겨난 디아볼루스는 순진한 맨소울 사람들을 거짓말로 속이고 마침내 성을 차지한다. 맨소울 사람들은 거인 디아볼루스를 왕으로 모시고 비참하게 살게 된다.

하늘에서는 임마누엘 왕자가 샤다이 왕에게 맨소울 성을 다시 찾아올 것을 언약한다. 왕자는 뜻을 수행하기 위해 믿음 장군, 확신 장군, 심판 장군으로 상징되는 복음과 성령의 역사를 동반하여 폭군 디아볼루스의 손아귀에서 맨소울 성을 탈환한다. 디아볼로스의 졸개들 중에는 맨소울 성에 숨어서 지내는 자들도 있었다. 이를 버니언은 인간의 영혼 안에 내재한 죄성들로 본다.

샤다이 왕과 임마누엘 왕자의 백성이 된 맨소울 성 사람들은 거인 디아볼루스로부터 자유롭게 되지만, 외부의 적인 디아볼루스의 유혹과 내부의 적인 여러 죄성으로 인해 어려움을 당한다. 바로 이 어려움이《거룩한 전쟁》이 다루는 주제이다.

버니언은 인간의 마음과 영혼 안에서 벌어지는 전투에 관하여 역동적인 알레고리(풍유) 소설을 썼다. 사람의 영혼은 악의 세력이 감행하는 공격을 받고 있다. 이 전투에서 어떻게 효과적인 전술과 전략을 세우고 사탄과 악의 세력에 맞서서 승리를 거둘지를 《거룩한 전쟁》은 설득력 있게 보여 준다. 버니언은 크롬웰의 군대에서 겪은 경험을 소설에서 적절하게 사용하였다.

소설의 메시지는 네 가지로 요약된다. 첫째, 당신의 의지가 그리스도와 함께하면 모든 것을 성취할 수 있다. 둘째, 영적 공격은 지속적이며 또한 치명적이다. 셋째, 원수는 당신의 영혼을 노리는 일에 있어서 결코 지치지 않는다. 넷째, 승리자이신 그리스도는 당신 편에 계시기에 당신은 아무것도 두려워할 필요가 없다.

버니언은 사람이 어떻게 선과 악의 갈등을 이겨 내고 승리할지, 어떻게 말씀으로 믿음을 지켜 나갈지에 대해 자신이 깨달은 진리를 소개하고 있다. 독자는 이 책을 읽으면서 거룩한 삶을 향해 나아갈 격려와 동기 부여를 받게 된다. 영적 전쟁을 묘사한 걸작임에 틀림없다.

죄를 제외한 그 어떤 것도 너희를 해치지 못할 것이며, 죄를 제외한 그 어떤 것도 나를 슬프게 하지 못할 것이며, 죄를 제외한 그 어떤 것도 너희의 원수 앞에서 너희를 비굴하게 할 수 없을 것이다. 죄를 주의하라. 나의 인간 영혼이여!

기독교인이라면
이렇게 책을 읽으라

기독교인다운 삶을 가능케 하는

독서법을 배우고 싶다면

영적 성장으로 가는 즐거운 책 읽기

데이비드 매케너 | 생명의말씀사

우리는 기독교 서적을 읽는 것이 영적 훈련이라는 사실을 알아
야 한다. 저자는 양질의 책을 고르는 방법을 안내해 주고, 책을 읽
어 나가는 가운데 멋진 개인 서재도 보유할 수 있다고 격려한다.

왜 책을 읽어야 하는가? 저자에 의하면, 독서는 기독교인에게
매우 자연스러운 일이다. 물론 가장 먼저 읽어야 할 책은 하나님

의 말씀인 성경이다. 하나님의 말씀인 성경을 이해하고 적용하도록 도와주는 책도 당연히 독서에 포함되어야 한다. 특히 우리는 성령의 인도 아래 책을 읽어야 한다. 그래야만 기독교 신앙을 올바로 이해해 영적으로 성장한다.

성경은 '하나님의 감동으로 된 것'이다. 그렇기에 기독교인이라면 하나님의 말씀을 탐독해야 하는 것은 필연적이며 당연하다. 우리는 성경을 펼칠 때마다 성령의 감동을 받아 기록된 생명의 말씀과 인격적인 만남을 가져야 한다. 이것이 최고의 독서다.

성경을 읽고 공부하려면 성경 사전, 주석, 성구 사전 등과 같은 보조 자료가 있어야 한다. 성경 연구를 위한 서적에 이어 반드시 읽어야 할 책은 영적 성장에 도움이 되는 경건 서적이다. 그렇다면 기독교 서적을 읽어야 하는 이유는 무엇인가?

기독교 서적은 성령의 인도 아래 분별력을 가지고 읽을 때 기독교 신앙을 이해하고 영적으로 성장하는 데 무한한 도움을 준다. 우리는 책을 읽음으로써 하나님의 말씀을 더 잘 이해할 수 있다. 모든 진리는 하나님의 진리이며, 예수 그리스도는 모든 것을 하나로 묶는 중심이시다. 우리는 책을 통해 진리를 찾고 참 지식을 넓혀 갈 수 있다.

책을 읽지 않는 기독교인은 그 자체가 모순이다. 우리는 진리의 가장 우선되는 원천인 성경을 읽고, 동시에 보조 역할을 하는 여타의 책을 읽어야 한다. 그렇게 해야 비로소 선한 일을 하기에 온전케 된 하나님의 사람이 될 수 있다.

그러면 어떤 책을 읽을 것인가? 저자는 양서를 찾기 위해 좀 더 조직적인 방법을 사용하라고 충고한다. 우선 '듣는 자가 되라'고 말한다. 다른 사람의 말을 잘 듣는 것은 책을 찾는 데 많은 도움이 된다. 좋은 책이나 저자를 소개받을 수 있기 때문이다. 저자는 사람들이 소개해 준 책의 제목을 적어 놓는 습관이 있다고 한다. 좋은 책을 발견하려는 사람은 언제나 메모할 준비가 되어 있어야 한다.

주변 사람들에게 지금 무슨 책을 읽고 있는지도 물어보아야 한다. 저자는 대학 학장으로 있는 동안 학교 직원이나 교수를 뽑기 위해 여러 번 면접을 했다. 많은 사람들이 "성경 외에 지금 읽고 있거나 최근 읽은 책 가운데 제게 추천할 만한 책이 있습니까?"라는 저자의 질문에 당황했다고 한다. 물론 눈빛을 반짝이며 열심히 책을 소개하고 추천까지 하는 사람도 있었다.

좋은 책을 발견하려면 '살피는 자'가 되어야 한다. 남의 집을 방문하면 어떤 책을 읽고 있는지 살펴보아야 한다. 인터넷을 뒤지고, 서점을 훑어보고, 책을 소개하는 정보에도 관심을 기울여야 한다.

책의 내용을 살펴보는 일도 중요한다. 관심이 가는 책의 내용을 알고 싶으면 먼저 목차를 보라. 목차에는 책의 내용을 구성하는 각 장의 제목이 있다. 독자는 목차에 실린 제목들을 보면서 저자가 어떤 논리로 주제를 펼쳐 나가려는지 짐작할 수 있어야 한다.

독자로서 우리는 책을 분별하는 지혜를 가져야 한다. 좋은 책은 정직한 태도로 사실을 다루고, 명쾌한 논리와 확신에 찬 결론을 제시하는 책이다. 기독교 서적의 경우에는 더 엄격한 기준이 적용된다. 기독교 서적은 문학적 수준이 높아야 하며, 하나님의 말씀인 성경에도 부합해야 한다. 우리가 책을 분별할 때 필요한 질문이 있다. '계시된 하나님의 말씀에 부합하는가?', '기독교 교육에 유익한가?', '영적 성장에 기여하는 책인가?'

끝으로 저자는 질문을 던진다.

"기독교인다운 생각과 정신으로 살기를 원하는가?"

저자는 확신 있게 답한다. 독서는 그런 삶을 가능케 해준다고.

책을 읽는 우리는 숨겨진 보물을 찾는 모험가와도 같다.

좋은 책 속에 담긴
좋은 생각을 유통시키라

성경을 읽는 훈련이
필요하다고 느끼는 당신에게

책 읽기의 즐거운 혁명

장경철 | 두란노

저자에 의하면, 책은 사상을 유통하는 매체다. 책이란 글자가 된 인생이며, 문자가 된 역사이다. 독서는 책 속에 담긴 사상을 우리 존재 속에 담으면서 인생을 열어 가는 방법이다. 이런 관점에서 저자는 독서란 책 안에 담긴 사상과 사건을 운반하여 우리의 정신에 와 닿게 만드는 예술이며 기술이라고 정의한다.

이 책은 모두 5장으로 구성되어 있다.

1장 '책 읽는 사람에 대한 이해'에서 저자는 먼저 인간이 어떤 존재인지 고찰한다. 인간은 받아들이는 존재이다. 인간은 감각과 생각을 통하여 세계를 받아들인다. 인간은 온몸으로 부딪치면서 세계를 알아 간다. 특히 생각의 기능이 중요하다. 생각은 인간이 자신의 창고에 훨씬 더 많은 것을 유입할 수 있는 원동력이 된다. 저자에 따르면, "인간은 생각의 공장이다." 생각을 훈련하는 것은 인간의 삶을 발전시키는 데 대단히 중요하다.

인간은 보관하고 모으는 존재이기도 하다. 사람은 자신이 담고 있는 지식이나 행동에 따라 존재가 변하게 되어 있다. 인생에서 열매를 잘 맺는 사람은 일상적인 감각과 생각의 자료를 잘 모아 두는 사람이다.

인간은 자신 안에 들어오는 감각과 생각의 자료들을 가공하는 존재이다. 더 나아가 인간은 표현하고 유통하는 존재이다. 인간은 유통하는 존재, 즉 지식이나 덕을 유통하는 존재이다. 우리가 만든 생각, 말, 표정, 행동 들은 끊임없이 바깥으로 드러나면서 유통된다. 인생의 목적은 인생의 아름다움을 펼쳐 나가는 데 있다고 저자는 말한다.

저자에 의하면, 읽는 것은 보는 것을 포함하지만, 동시에 보는 것을 넘어선다. 읽는 것은 보기와 생각하기의 결합이다. 읽기를 잘하려면 보기 훈련과 생각하기 훈련이 필요하다. 3장의 제목은

'어떻게 읽기 훈련을 할까?'이다. 저자는 "질문 중심의 독서를 하라"라고 말한다. 책이 어떤 쟁점을 다루고 있는지 미리 질문하고 읽는 것이다. 좋은 독서법은 저자의 의중과 책의 흐름을 따라가면서 책의 관점과 기초를 파악하는 것이다. 비판적 독서를 하기 위해서는 먼저 저자의 관점을 파악할 수 있어야 한다.

우리는 한번 읽은 것은 잊지 않도록 노력해야 한다. 꼭 필요한 책은 반드시 여러 번 읽어야 한다. 책의 내용을 잘 기억하는 비결은 자신이 적은 내용을 자주 읽는 것이다. 자주 메모하고 정리하면서 자신의 착상을 적어 두는 것이 중요하다.

저자는 성경 읽기의 훈련을 설명하고 있다. '암송'이 매우 중요한데, 잘 이해되지 않는 구절일수록 먼저 암송하라고 말하며 낭독의 중요성을 강조한다. '묵상'은 말씀을 내재적으로 유통하면서 내면화하는 것이다. 저자는 말씀 속에서 존재의 진동을 경험하라고 말한다. 이어서 '말씀에 순종'하는 것이 뒤따라야 한다. 저자에 의하면, 순종할 때 우리는 온몸으로 말씀을 읽게 된다.

끝으로 '미래 비전'을 가지라고 말한다. 비전이란 하나님의 말씀이 내 삶의 자리 가운데 구체적으로 드러난 모습이다. 따라서 '상상력의 성경 읽기'가 필요하다. 상상력의 성경 읽기는 형통하게 될 미래를 그려 주는 성경 읽기다.

5장 '읽기 훈련의 축복'에서 저자는 네 가지 축복을 열거하고 있다.

1. 독서의 축복은 만남의 범위를 확장한다. 독서는 만남의 축복을 통하여 삶을 풍성하게 만든다.

2. 독서의 축복은 관점과 사고의 확장을 통한 성장과 성숙이다. 우리는 거인의 목말을 탄 난쟁이처럼 될 수 있다.

3. 독서의 축복은 언어의 확장을 통한 삶의 변화이다. 우리는 좋은 언어를 유통하면서 좋은 사람이 된다.

4. 독서의 축복은 인간다운 방식으로 하나님의 영광에 참여하는 축복이다. 독서 속에서도 인간의 본분은 하나님을 영화롭게 하는 것이다.

이 책의 독특한 아이디어는 '유통'이다. 저자의 다른 저서에서도 같은 개념이 소개된 적 있다. 독서를 '지식과 사상의 유통'이라는 독특한 관점에서 풀어 나간 이 책은 신선한 자극과 도전을 준다. 특히 성경 읽기와 관련된 내용은 매우 유익한 통찰을 담고 있다.

독서란 글자 속에 담긴 사상과 사건과 원리를 끄집어내서 나의 정신과 삶에 담는 행위이다.

인격 성숙을 위해서는
어떻게 책을 읽어야 할까?

구체적으로

독서법을 배우고 싶다면

책 읽는 방법을 바꾸면 인생이 바뀐다

백금산 | 부흥과개혁사

디트리히 슈바니츠는 교양을 '사람이 알아야 할 모든 것'이라고
정의했다. 교양인은 역사와 문학, 미술과 음악, 위대한 철학자와
사상을 알아야 하고, 언어 능력과 독서 능력이 있어야 한다. 슈바
니츠는 그의 명저《교양》에서 이렇게 말한다.

"책을 잘 안 읽는 사람은 수많은 책 앞에 서면, 마치 일제히 치닫

는 얼룩말 떼 사이에 끼어 있는 술 취한 사람처럼 정신이 혼미해지기도 한다. 눈앞의 모든 것이 가물거리고 정신적으로 위축된다."

시대가 변했지만 교양 교육은 아직도 책에 의존하고 있다. 그렇다면 책을 가까이하고 싶은 사람은 먼저 무엇을 해야 할까? 슈바니츠는 책과 친근하게 사귀기 위해서 '집처럼 편안하게 머물 수 있는 단골 서점'을 정하라고 조언한다. 독서는 완전히 몸에 배기까지는 조깅처럼 매일 약간의 시간을 투자해야 한다는 것이다. 모든 운동이 그렇듯 독서도 기본이 중요하다.

이 책은 책 읽기의 기본을 안내해 주는 백금산 목사의 독서법 특강이다. 기회가 있을 때마다 독서법을 강의해 온 저자는 이제 이론과 적용을 조화시킨 독서법을 펼치고 있다. 1장에서는 모티머 애들러의 독서 기술을 중심으로 단계별 독서법을 소개한 후, 2장에서 인격 성숙을 위한 독서법을 제시한다.

인격 성숙, 혹은 신앙 성숙을 위한 독서를 하려면 한 권의 책을 철저하게 정복해야 하고, 한 사람의 스승을 마스터해야 하며, 책의 종류에 균형을 맞추어야 한다. 한 권의 책을 철저하게 정복하기 위해서 저자는 분석 독서의 중요성을 이야기한다. 책을 분석 독서로 철저히 읽지 않으면 아무리 많은 책을 읽는다 할지라도 자신의 지식 세계가 넓어지지는 않는다는 것이다.

저자는 전문 지식과 정보를 얻기 위한 다독과 속독도 필요하지만, 좋은 책을 반복해서 읽으라고 권한다. 정독과 재독은 인격 성숙과 신앙 성숙을 위한 가장 중요한 방법이라는 것이다. 아더 핑크도 "한두 명의 저자에게 보내는 시간을 다른 20~30명의 저자보다 50~60배 더 많이 하라"고 말했다.

그렇다면 "어떤 사람을 나의 영적 스승으로 삼을 것인가?"라고 저자는 묻는다. 저자는 영적 스승 여섯 명을 소개한다. 초대 교회 교부(敎父)들 중의 교부라고 불리는 어거스틴, 종교 개혁가 장 칼뱅, 17세기 청교도 신학자 존 오웬, 미국 교회의 영적 아버지 조나단 에드워 즈, 찰스 스펄전, 마틴 로이드 존스 등이다. 그 밖에도 저자는 제임스 패커, 존 스토트, C. S. 루이스, 자끄 엘룰, 에이든 토저를 추천하고 있다.

독서의 균형과 관련하여 저자는 경건 독서와 신학 독서의 균형, 고전 읽기와 신간 읽기의 균형, 신앙 서적 독서와 일반 서적 독서의 균형을 말하고 있다. C. S. 루이스 경우, 고전 읽기의 중요성을 역설하는 글에서 고전과 신간을 번갈아 읽기를 권하였다.

3장에서는 전문 지식을 얻기 위한 독서법을 소개하고 있다. 전문가가 되려면 한 주제에 대해 많은 책을 읽어야 한다. 앨빈 토플러는 한 권의 책을 쓰기 위해 세계를 누비며 현장을 살피기도 했지만, 동시에 수백 권의 책을 읽었다. 톨스토이가 소설《전쟁과 평화》를 쓰기 위해 모은 자료는 작은 도서관 하나 정도의 분량이었다고 한다. 현재 일본 최고의 저널리스트인 다치바나 다카시는 한 주제의 글을 쓸 때 큰 주제는 약 500여 권, 작은 주제는 약 100

여 권의 책을 읽는다고 한다. 두뇌와 관련된 책을 쓰기 위해서는 대형 책꽂이 1개 반 정도의 책을 읽었다고 한다.

무엇보다 지도자가 되려면 다양한 주제에 대해 폭넓은 독서를 해야 한다. 저자는 폭넓은 독서로 신학을 마스터한 영적 거인들의 예를 들고 있다.

전체적으로 이 책은 전문적 책 읽기를 위한 좋은 안내서이지만, 동시에 일반인에게도 책 읽기를 위한 유익한 지침을 준다. 이 책을 모티머 애들러의 책과 함께 읽으면 세밀한 부분까지 도움을 얻을 것이다.

가장 좋은 식사 도구란 음식의 종류에 가장 잘 맞는 식사 도구이듯, 가장 좋은 독서법이란 독서의 목적에 가장 잘 맞는 독서법이다.

미처 몰랐던
공부하는 즐거움

시켜서 하는 공부가 아니라

스스로 즐거워서 하는 공부를 위해

공부의 즐거움

김열규 외 | 위즈덤하우스

'우리 시대 공부 달인 30인이 공부의 즐거움을 말'한 책이다. 김용석 교수는 서문에서 "어떤 경우든, 삶의 성실함과 자기반성 그리고 타인들을 위한 배려가 공부 속에 녹아 들어가는 경험을 한 사람들의 이야기"라고 소개하고 있다.

고 장영희 교수는 1남 5녀 중 셋째 딸로 태어났다. "한 살 때 소아마비에 걸렸지만, 부모님의 극진한 보살핌으로 장애는 그저 불편한 것일 뿐 남다를 것이 없다는 자세로 평생을 살아 왔다"라고 한다. 그녀는 이렇게 말한다.

"내가 공부하는 이유는 단 하나, 내가 잘할 수 있는 것이 공부밖에 없기 때문이다. …… 나는 아주 어렸을 때부터 손끝이 무디어 무엇이든 만들기를 싫어했고, 어머니가 노래를 불러 줘도 무반응, 그림을 가르쳐 줘도 무관심했다. 결국 어머니의 재능 찾기는 수포로 돌아갔다. 그런데 내가 다섯 살이 되던 어느 날, 일부러 가르치지도 않았는데 어느새 한글을 깨치고, 순정 만화를 읽는 오빠 옆에서 눈물을 뚝뚝 흘리는 것을 보신 어머니는 그날로 결정하셨다고 한다. '쟤는 천상 공부밖에 잘할 게 없는 팔자'라고."

정옥자 교수는 서울대 국사학과를 나온 뒤 가정주부로 살다가 뒤늦게 대학원에 진학하여 박사 학위를 받았다. 1999년부터 4년간 여성으로는 처음으로 규장각 관장을 지냈으며, 한국의 문예 부흥기로 일컬어지는 정조 시대를 깊이 연구하였다. 정 교수는 어릴 때부터 옛날이야기를 무척 좋아했다. 집안 어른들은 물론 이웃 어른들에게도 옛날이야기를 해 달라고 졸라대기 일쑤였다.

"6.25 전쟁으로 암흑 같던 시절, 책이야말로 나의 유일한 안식처였다. 나는 손에 닿는 것은 닥치는 대로 읽어 치우는 잡식성 남독으로 책에 몰두했다. …… 결국 책 읽기가 나를 공부하는 사람으로 이끈 것이다."

고전 평론가 고미숙은 '공부는 원초적 본능이자 삶의 모든 과정'이라고 말한다. 그녀에 따르면, 세상에는 두 가지 선택만이 있을 뿐이다. '공부하거나 존재하지 않거나!'

이재호 성균관대 명예 교수는 책 한 권의 뜻을 바르게 파악하기 위해 수십 종의 사전을 찾는다. 그에 따르면, 가장 좋은 공부 방법은 메모해 두는 것이다. 매 순간 배운다는 마음으로 탐구한다고 한다.

국문학자인 조동일 서울대 명예 교수에 따르면, 좋은 책을 읽는 기분은 목마를 때 시원한 물을 마시는 것과 같다. 그는 좋은 책을 찾아 도서관을 뒤지고 서점으로 간다. 아직 읽지 않은 책들로 가득 찬 서점에 들어서면 가슴이 두근거린다. 서점에 많은 시간 머물면서 꼭 읽어야 할 책들을 한 아름 찾아내는 순간의 자랑스러움을 다른 무엇과 바꿀 수 없다고 말한다. 조동일 교수는 지도에서나 보던 나라, 생소한 도시에 가서 품격 높은 서점을 모두 뒤져 최상의 책을 찾는다.

"그러나 지식을 많이 얻는다고 공부를 잘하는 것은 아니다. 남들이 이미 해 놓은 일에 묻혀 헤어나지 못한다면 즐거움은 사라진다. 정신을 차리고 일어나서 스스로 깨달아야 한다. 깨달은 바를 입증하고 널리 펴기 위해 이미 이루어진 지식을 증거로 삼고 부품으로 이용해야 한다. 학문의 저작은 몇 만 개의 부품을 필요로 하는 자동차나 비행기보다 더욱 정교하다."

자료를 모으고 논증을 진행하고 집필을 마치고 출판을 하는 과정은 지루하고 힘들지만, 깨달음의 즐거움이 모든 작업의 시발점이고 추진력이라, 무엇이든 감내하면서 신명나게 내달릴 수 있다고 조 교수는 말한다.

이 책은 〈한국일보〉 문화 기획 '나는 왜 공부를 하는가'의 연재 글을 모은 것으로, 다음 4부로 구성되어 있다. '공부는 삶이다', '공부는 새로움이다', '공부는 즐거움이다', '공부는 깨달음이다'.

"공부는 꽃보다 아름답다."_최완수(미술 사학자)

인간이 고통받을 때
하나님은 어디에 계시는가?

17세기 일본의 예수회 탄압을 소재로,
성직자의 고뇌와 하나님의 사랑을 탐구한 문제작

침묵

엔도 슈사쿠 | 홍성사

일본의 소설가인 엔도 슈사쿠의 대표작이다. 혹독한 박해를 받고
순교하는 신자들의 참상과 가혹한 고문을 앞두고 고뇌하다 결국
굴복하고 마는 사제의 배교 심리를 분석한 문제작이다.

　이 책은 다소 특이하게 구성되어 있다. 먼저 '머리말'에 해당하
는 '첫머리 이야기'로 시작된다. 이어서 '세바스티앙 로드리고의

편지'가 이어진다. '첫머리 이야기'에서는 작품의 무대가 되는 시대적 배경과 역사적 상황을 객관적으로 묘사하고 있다. 로드리고의 편지 부분에서는 이야기의 주인공 로드리고 사제의 심리적 내면세계를 편지 형식을 빌어서 주관적 시점으로 전개하고 있다. 나머지 부분은 천신만고 끝에 일본에 잠입한 로드리고 신부가 벽촌과 산중으로 숨어서 도망 다니다가, 결국 일본의 관헌에게 체포되어 지독한 흉계에 견디지 못하고 배교하는 과정을 묘사하고 있다.

1587년 이후 일본에서는 도요토미 히데요시가 로마 가톨릭의 예수회 신도들을 박해하기 시작했다. 예수회 신도들은 규슈 운젠 지대의 열탕에서 옷이 벗겨지고 손발이 묶인 채 뜨거운 물로 고문을 받는다. 비인간적인 박해가 계속되다가 1637년 3만 5천여 명의 신도들이 반란을 일으켜 시마바라 지역을 중심으로 정부군과 격전을 벌인다. 결국 신도들은 전멸당한다.

일본에서 박해가 진행되는 동안, 포르투갈 출신의 젊은 신부 세 사람은 존경했던 스승 페레이라 크리스트반 신부가 일본에서 배교했다는 소식을 듣게 된다. 일본에 파견되어 33년간 온갖 박해 속에서도 불굴의 신념으로 선교하던 페레이라 신부가 배교했다는 소식은 도저히 믿어지지 않았다. 세 신부는 소식의 진상을 확인하려고 리스본에서 배를 타고 인도를 거쳐 일본으로 잠입한다.

로드리고 신부는 일본으로 가는 밀항선을 찾고 있다가 마침 기치지로라는 일본인 청년을 발견하여, 그를 길잡이로 일본으로 들어온다. 과거에 배교한 적이 있는 비열한 일본인 기치지로는 로드리고를 관헌에 밀고하는 첩자가 된다. 밀고자 기치지로 앞에는 현상금으로 지불되는 은전(銀錢)이 던져진다. 체포된 로드리고는 관헌에게 잡혀 나가사키로 이송되고, 그곳의 감옥에 갇혀 지내다가 결국은 배교하는 과정이 작품의 후반부에 묘사된다.

로드리고는 '하나님은 거미줄에 걸린 나비'라면서 신앙을 저버린 스승 페레이라 신부의 배교와 고문당하는 교우들을 위해 배교를 결정해야 할 상황으로 인해 고뇌한다. 이때 그리스도가 그에게 말한다.

"너는 내가 교우들을 외면한다고 생각하지만, 그들과 같이 고통받고 있었다. 나를 밟아라. 나는 밟히기 위해서 세상에 왔다."

그리스도의 가르침에 따라 로드리고는 겉으로는 성화를 밟지만, 마음속으로는 신앙의 깊은 차원을 보전한다.

이 작품은 17세기 일본의 가톨릭(예수회) 탄압을 소재로, '인간이 고통받을 때 하나님은 어디에 계시는가?'라는 물음을 다루고 있다. 등장인물들에 대한 세밀한 심리 묘사가 장점이자 특징이라고 할 수 있다. 특히 고문당하는 교우들을 위해 배교할지 고민하는 가톨릭 신부 로드리고의 고뇌와 그리스도와의 대화 장면은 엔도의 작가로서의 필력과 기독교인으로서의 신앙이 잘 묘사된 장면이다. 작가는 '신앙을 지킬 수 없는 예수회 신도들을 배교자라고 비난할 수 있는가?'라는 질문을 로드리고 신부를 통해 독자에게 던지면서도 억지로 답을 구하려고 하지 않는다.

이 작품은 하나님에 대한 탐구, 강자와 약자에 관한 이야기를 한다. 배교를 하는 성직자의 고뇌의 여정을 따라가면서, 그 속에 하나님의 사랑에 찬 자비가 나타나기를 간절히 바라는 저자의 마음도 나타내고 있다. 또한 약자를 끝까지 저버리지 않는 하나님의 사랑도 느끼게 된다. 인간 중심이 된 세상 속에서도 하나님을 부인하지 못하는 사람들을 위해 의미 있는 메시지를 담고 있다.

밟아도 좋다. 네 발은 지금 아플 것이다. 오늘까지 내 얼굴을 밟았던 인간들과 똑같이 아플 것이다. 하지만 그 발의 아픔만으로 이제는 충분하다. 나는 너희의 아픔과 고통을 함께 나누겠다. 그것 때문에 내가 존재하니까.

가장 비참한 삶에서
가장 존경받는 삶으로 올라선 사람

땅콩으로 세상을 바꾼 위대한 과학자

조지 워싱턴 카버 이야기

땅콩 박사
로렌스 엘리엇 | 대한기독교서회

인종 차별의 아픔을 배움의 열정과 인내로 승화하고 땅콩으로 세
상을 바꾼 위대한 과학자 조지 워싱턴 카버의 전기다. 그는 미국
의 남북 전쟁 후 피폐하고 혼란스런 시기에 흑인으로 태어나 인
종 차별을 당했지만, 흑인을 교육시켜 주는 학교를 찾아 공부하
고 땅콩을 연구하여, 빈곤에 시달리는 미국 남부의 희망이 되었

고, 흑인과 백인의 인종 차별적 사회의식을 바꿔 놓았다.

아마 이 세상에는 카버만큼 날 때부터 불행한 처지에 놓였던 사람이 그리 많지 않을 것이다. 그는 부모가 어떠한 사람이었는지 알지 못하며, 자기가 세상에 태어난 해가 언제인지도 알지 못했다. 그는 나이 30이 훨씬 넘어서야 학업을 끝마쳤다. 고난과 역경을 극복하고 박사 학위를 받은 조지 카버는 특히 토양 및 비료와 식물의 성장 관계에 대해 열심히 연구하였다. 땅은 가지고 있는 양분의 분량만큼 우리에게 돌려준다고 주장하면서, 동물의 배설물 외에도 땅을 비옥하게 할 방법이 있다는 것을 입증하여 사람들을 놀라게 하였다.

카버 박사는 농부들에게 저축을 권장하기도 했으나, 사람들은 세속적인 즐거움을 누리는 유혹에서 쉽게 벗어날 수 없었다. 그들은 주중에 땀 흘리며 일하면서도 토요일에 즐길 재미를 기다리는 것이 유일한 낙이었다. 사람들은 카버 박사의 말을 비웃었으며, 그의 말대로 저축에 힘쓰는 노인을 보고는 고지식하고 정신 나간 사람이라고 하였다. 1년이 지나자 노인은 3에이커의 땅을 살 수 있었다. 이것을 보고서야 사람들이 너도나도 생활비를 절약하고 폐물을 주워 모아 5센트씩 저금하는 일에 열중하게 되었다.

식생활 개선 운동도 카버 박사가 힘쓴 중요한 일 중의 하나였다. 남부 지방에서 돼지가 살이 가장 많이 오를 때는 여름이다. 그런데 날이 더워 고기가 곧 상하기 때문에 돼지를 잡지 못했다.

카버 박사는 돼지고기의 저장법을 가르쳐 여름에도 돼지를 잡아 먹게 했다. 채소와 과실의 재배법, 저장법, 요리법까지도 가르쳐 넉넉히 먹게 하였고, 윌슨 장관이 보낸 씨앗을 나누어 주고 재배하도록 했다.

채소와 과실로 만드는 요리법을 여자들에게 가르치기 위하여 카버 박사는 소매를 걷어붙였다. 통조림 만드는 법, 말려서 저장하는 법 등도 가르쳤다. 밤낮으로 땅콩 연구를 계속하여 땅콩 구두약, 땅콩 크림, 땅콩 식용유 등 무려 105종의 식용품과 200종의 실용품을 고안해 내기도 했다. 그 결과 남부 지방의 가난한 사람들에게 희망을 주었고, 경제와 산업 회복에도 도움이 되었다.

카버 박사가 어느 날 상원 농업위원회에서 '땅콩의 섭리'에 대해 강연한 후 한 의원으로부터 질문을 받았다.

"성경이 땅콩에 대해 무엇을 말하고 있던가요?"

"성경이 땅콩에 대해 가르친 것은 없습니다. 그러나 성경은 내게 하나님에 대해 말했고, 그 하나님께서 내게 땅콩에 대해 말씀해 주셨습니다."

한마디로 카버 박사가 가장 비참한 삶에서 가장 존경받는 삶으로 올라서도록 이끈 것은 하나님을 향한 신실한 신앙이었음을 보여 준다.

"삶에 있어서 평범한 일을 남들이 잘하지 않는 방법으로 한다면, 세상의

이목을 받을 수 있다."_조지 워싱턴 카버

나의 삶은 어떤 숫자로,
어떤 수식으로 표현할 수 있을까?

80분간만 기억하는 수학 박사와 나,

그리고 루트가 맺어 가는 따뜻한 감동 이야기

박사가 사랑한 수식

오가와 요코 | 이레

"어떤 소설이든지, 소설을 읽는 동안 우리는 그 전부가 허구라는 것을 알아야 하지만, 그럼에도 책을 읽는 동안만은 그 속의 모든 말을 믿어야만 한다. 그리하여 우리가 그 책을 다 읽었을 때, 그 책이 훌륭한 작품이라면, 그 책을 읽기 전에 견주어 자신이 약간 달라졌다는 것을, 이전에 전혀 다녀 본 적이 없는 낯선 거리를 지나가다

문득 새로운 얼굴들을 만난 것처럼, 우리 자신이 변한 것을 발견하게 될지도 모른다. 그렇더라도 우리가 정확히 뭘 배웠는지, 그리고 우리가 어떻게 변했는지를 '말하기는' 무척 어려운 일이다."

_어슐러 K. 르 귄, 《어둠의 왼손》 머리말에서

우리는 소설을 '픽션(fiction)'이라고 부른다. 픽션은 '허구'라는 뜻을 가지고 있다. 허구란 무엇인가? 사전은 두 가지 의미로 풀이한다. 하나는 '사실이 아닌 것을 사실처럼 얽어 만듦(비슷한 말은 가공)'이다. 다른 하나는 '소설이나 희곡 따위에서 현실에 없는 이야기를 상상력으로 창작해 냄, 또는 그 이야기'다.

일본 242개 서점 직원들이 선정한 제1회 서점 대상, 제55회 요미우리 소설상 등을 수상한 《박사가 사랑한 수식》은 좋은 책임에 틀림없다. 독자에게 잔잔한 감동을 전해 주는 이 소설은 신비한 수학의 세계로 들어가는 현관 가까이로 우리를 인도한다. 내실을 가리고 있는 베일을 슬쩍 젖히면서 수학의 비밀스럽고 놀라운 광채를 우리에게 살짝 보여 준다.

이 책은 수학 입문서가 아니다. 불의의 교통사고로 기억력이 80분간만 지속되는 '천재 수학자'와 미혼모 파출부인 '나', 나의 아들 '루트'가 함께한 1년의 이야기이다. 나와 루트는 천재 수학자로부터 수식의 아름다움을 배워 나가면서 서로의 부족한 점을 채워 주려는 따뜻한 관심과 사랑을 체험하고 인생의 소중함을 깨닫는다.

불의의 교통사고로 인해 기억력이 80분만 지속되는 수학자는 매우 독특한 캐릭터이다. 박사가 루트에게 기억이 나는 동안이라도 큰 사랑을 주는 장면은 인상 깊다. 미혼모의 아들로 태어나 한 번도 느껴 보지 못했던 할아버지의 정을 느끼게 되는 루트. 서로를 생각하며 사랑하는 박사와 루트의 모습은 독자로 하여금 따뜻한 미소를 짓게 한다.

수식을 통해 상처를 치유하고 사랑을 깨닫는다는 설정이 독특한 재미와 감동을 선사한다. 인생을 함축적으로 보여 주는 수식의 세계. 나의 삶은 어떤 숫자로, 어떤 수식으로 표현할 수 있을까? 아마 이 작품은 많은 독자들에게 기억에 남는 좋은 독서 경험 중 하나가 될 것이다.

수학의 진리는 길 없는 길 끝에, 아무도 모르게 조용히 숨어 있는 법이지.

더구나 그 장소가 정상이란 보장은 없어. 깎아지른 벼랑과 벼랑 사이일 수도 있고, 골짜기일 수도 있고.

64

20만 번 이상의 깜박임으로 써 내려간 삶의 무한한 소중함

움직일 수 있는 건 오직 왼쪽 눈꺼풀뿐인

한 지식인의 감동 실화

잠수복과 나비

장 도미니크 보비 | 동문선

"이젠 목적지에 거의 도착한 듯하다. 이제부터 1995년 12월 8일

에 일어난 청천벽력 같은 사건에 대한 이야기를 해야겠다. 애초

부터 나는 내가 정상적인 인간으로 살았던 마지막 날의 기억을

이야기하고 싶었으나, 자꾸만 뒤로 미룬 나머지 이제 막상 내 과

거로 불쑥 점프를 하려니 현기증이 날 지경이다. 어디서부터 시

작해야 할지 모르겠다. 두 조각으로 깨어진 체온계로부터 흘러 나오는 수은 방울을 잡기가 무척 어렵듯이, 나는 이 무겁고 공허한 순간들을 어떻게 포착해야 할지 모르겠다. 말들이 슬금슬금 나를 피해 간다. 늘씬한 갈색 머리 여인의 따뜻하고 보드라운 육체 곁에서 정상인으로서 마지막 잠을 자고 눈을 떴으면서도, 그것이 행복인지도 모르는 채 오히려 툴툴거리며 일어났던 그 아침을 어떻게 말로 표현한단 말인가."

저자 장 도미니크 보비는 어느 날 뇌일혈로 쓰러진 후 의식을 회복했으나, 움직일 수 있는 것은 오직 왼쪽 눈꺼풀뿐. 그때부터 그의 또 다른 인생, 비록 15개월 남짓에 불과한 새로운 인생이 시작되었다.

유일한 의사소통 수단인 왼쪽 눈꺼풀을 깜박거려 써 내려간 글이 하루에 반쪽 분량. 15개월 동안 20만 번 이상 깜박거려 완성한 책의 제목은 《잠수복과 나비》. 마지막 생명력을 쏟아부어 쓴 이 책은 길지 않은 그의 삶에서 일어났던 일화들을 풍자와 유머로 진솔하게 묘사하고 있다. 눈물겨우면서도 결코 평정을 잃지 않은 저자의 이야기는 읽는 이로 하여금 삶의 소중함을 새삼 깨닫게 해주며, 무한한 감동의 세계로 인도한다.

머리말에서 저자는 끔찍한 사고를 회상한다.

"예전에는 이처럼 급작스런 사고를 뇌일혈이라 불렀으며, 한 번 걸렸다 하면 백발백중 죽는 병이었다. 그러다가 요즘에 와서는 소생 기술의 발달로 인하여 상황이 좀 더 복잡해졌다. 죽지는 않지만, 몸은 머리끝부터 발끝까지 마비된 상태에서 의식은 정상적으로 유지됨으로써 마치 환자가 내부로부터 감금당한 상태, 즉 영미 계통의 의사들이 로크드 인 신드롬(locked-in syndrome)이라고 표현한 상태가 지속된다. 왼쪽 눈꺼풀을 깜박이는 것만이 유일한 의사소통 수단일 뿐이다."

작가는 20일 동안의 혼수상태에서 깨어난 후에도 몇 주일이 지나고 나서야 자신의 정확한 병명과 증세를 알게 되었다. 이제 막 어스름한 새벽빛이 스며들기 시작하는 베르크 해양병원 119호 병실에서 자신을 새로이 발견하는 것은 1월도 거의 끝나 갈 무렵이었다. 그는 자신의 처지를 비관하지 않고 두 아이를 위해 글을 쓴다.

"나는 이 책을 나의 두 아이들에게 남기고 싶습니다. 나는 아이들에게 용기를 주고 싶었습니다. 이 책을 쓸 수 있게 한 힘의 원천은 아이들에 대한 나의 사랑이었습니다."

그는 이렇게 글을 맺고 있다.

"나는 단지 아주 나쁜 번호를 뽑았을 뿐, 장애자가 아니다. 나는 단지 돌연변이일 뿐이다."

책에 의하면, 1997년 3월 첫째 주 《잠수복과 나비》는 프랑스의 전 서점에 일제히 깔렸다. 저자는 자기만의 필법으로 쓴 자신의 책을 그의 소중한 눈으로 볼 수 있었다. 1997년 3월 9일, 장 도미니크 보비는 옥죄던 잠수복을 벗어던지고 나비가 되어 날아갔다.

자유로운 그만의 세계로. 우리에게 사랑과 희망의 메시지를 남기고, 프랑스 전 국민들은 젊은 지식인의 죽음 앞에 최대한의 존경과 애도를 보냈으며, 3월 14일 프랑스 TV는 그의 치열하고도 아름다운 마지막 삶을 다큐멘터리로 방영하였다.

나는 내 귀로 똑똑히 나이를 초월한 쉰 목소리가 죽음의 심연으로부터 스물여섯 개의 알파벳을 건져 올리는 소리를 들었다. 기력을 소진시키는 이 같은 연습 과정을 거치면서, 나는 내가 언어를 처음으로 발견하는 동굴의 원시인 같다는 생각을 하곤 한다.

기독교인이라면
반드시 읽어야 할 책 100
65

첫 200미터는 내 힘으로,
나머지 200미터는 주님의 도우심으로

금메달보다 주님이 먼저임을
삶으로 보여 준 에릭 리들 이야기

불의 전차, 그리고 그 후
러셀 W. 램지 | 라이트하우스

에릭 리들은 1902년 중국 천진의 스코틀랜드 선교사 가정에서
출생하였다. 중국 선교사의 자제로서 먼 거리를 걷고 달리던 습
관이 있어서인지, 어린 시절부터 탁월한 육상 재능을 보이면서
스코틀랜드에서 교육을 받았다. 에든버러 대학에 입학한 뒤 본격
적인 육상 선수 활동을 시작한 그는 수년 간에 걸쳐 스코틀랜드

287

는 물론, 전 영국의 단거리 육상 대회를 모조리 휩쓸었으며, 스코틀랜드 국가 대표 럭비팀에서 활약하기도 하였다.

1924년 제8회 파리 올림픽에 영국 대표로 출전한 에릭 리들은 금메달 후보였다. 100미터 경기 일정이 발표되었는데, 첫 예선 일자가 주일 오후 3시와 5시였다. 그는 일정표를 보자마자 "저는 주일에는 안 뜁니다"라고 자신의 단호한 결정을 알렸다. 그의 결정은 주일 성수를 위한 자기희생적 결정이었으며, 주일은 주님의 날이므로 주님을 위한 일을 해야 한다는 신앙의 표현이었다.

에릭 리들이 100미터 출전을 포기한다는 소식을 들은 영국 전체의 반응은 냉소적이었다. 그를 가리켜 '편협하고 옹졸한 신앙인', '신앙을 소매 끝에 달고 다니며 신앙심 깊은 척하는 위선자', '조국의 명예를 버린 위선자'라고 비난하였다.

100미터 예선 경기가 있던 주일, 에릭 리들은 스코츠 커크 장로교회에서 간증 설교를 하였다. 그날 그는 경기장에 나가 동료 선수들을 격려하는 일도 하지 않은 채 평소처럼 교회에서 성도들을 위해 주일을 온전히 하나님께 드렸다. 100미터 경기에서는 동료 헤럴드가 금메달을 목에 걸었다. 헤럴드의 기록은 에릭 리들보다 약간 뒤졌다. 에릭 리들은 기쁜 마음으로 헤럴드의 우승을 축하해 주었다.

하나님은 에릭 리들을 버리지 않으셨다. 에릭 리들은 자신의 주 종목이 아닌 200미터에서 동메달을 땄다. 400미터에도 출전했다. 사실 400미터에서는 다른 선수들의 들러리였다. 예선에서만도 스위스의 임바흐, 미국의 피치 같은 선수들은 세계 신기록을 세우면서 우승 후보로 각광을 받았다.

드디어 결승의 날이 왔다. 에릭 리들은 신들린 사람처럼 첫 코너를 돌았다. 경기를 지켜보던 전문가들은 에릭 리들이 저런 속도를 유지하다가는 도중에 쓰러져 죽을지도 모른다고 불안함을 표현하였다. 에릭 리들은 임바흐, 피치 등 우승 후보를 제치고 47.6초라는 세계 신기록을 세우며 금메달을 목에 걸었다. 에릭 리들이 결승전에 출전할 때 담당 안마사가 쥐어 준 쪽지가 응답되었던 것이다.

"구약에 이런 글이 있네. '나를 존중히 여기는 자를 나도 존중하리라.' 최선의 영광이 있기를 빌면서."

에릭 리들은 올림픽 경기로 국가적 영웅이 되었다. 그는 400미터 첫 우승의 비결을 묻는 기자들에게 대답하였다.

"처음 200미터는 제 힘으로 최선을 다했고, 나머지 200미터는 주님의 도우심으로 빨리 달릴 수 있었습니다."

이듬해 에릭 리들은 하나님과의 헌신 약속을 지키기 위해 모든 영광을 버렸다. 영웅으로서의 모든 영광을 내던지고 아버지와 형의 뒤를 이어 24세의 젊은 나이에 중국 선교사로 떠난 것이다. 에릭 리들은 12년간 중국에서 복음을 전했다.

하늘나라의 비밀을 아는 길은 오로지 하나님의 섭리에 완전히 순종하는 것이다. 이것만이 하늘나라의 신비를 알 수 있는 유일한 열쇠이다. 또한 하나님이 주신 말씀을 바로 깨닫는 것은 그것을 '이해'하려 하지 않고 '실천' 하려 할 때이다.

당신은 영적으로
성장하기 원하는가?

하나님은 모든 성장의

근원이시다

그리스도인은 어떻게 성장하는가

헨리 클라우드, 존 타운센드 | 생명의말씀사

사람들이 인간관계의 성숙과 정서적 문제, 전반적인 성장의 문제를 해결하도록 돕기 위한 성경적 해답을 제시하는 책이다. 저자들은 하나님이 일하시는 방법에 관한 보편적 오해를 분쇄하고, 성장이 자아실현이 아니라 하나님이 주도하시는 '성화'라는 사실을 강조한다. 이 책이 던지는 주된 질문들은 다음과 같다.

그리스도인의 성장에 필요한 과정들은 무엇인가? 그 과정은 영적 성장에 관한 성경적 이해와 신학과 일치하는가? 영적 성장과 실제 생활의 문제들 사이는 격차 없이 조화를 이루는가? 사람들이 성장하도록 돕는 목회자나 상담자, 그 밖의 사람들의 책임은 무엇인가?

임상 심리학자인 저자들은 그리스도인의 영적 성장을 위한 실제적이고도 검증된 지혜를 준다. 지혜는 큰 그림을 보게 하는데, 먼저 하나님과의 관계에 주목하게 한다. 또한 용납과 용서, 순종과 고난과 같은 주제도 다룬다.

우리 주변에는 열심히 신앙생활을 하지만 행복하지 못한 이들이 있다. 그들 중에는 평신도도 있고 목회자도 있다. 그들은 모두 기도와 성경 공부 등 여러 가지 영적 훈련에 깊은 관심을 기울인다. 그럼에도 그들은 깊은 상처를 떠안고 제각기 다른 이유로 삶의 질곡에서 헤어나지 못한다.

저자들은 삶 속에서 가장 기본적으로 필요로 하는 것은 관계라고 말한다. 다른 사람들과 관계를 맺은 사람들은 번성하고 성장하지만, 관계를 맺지 않은 사람들은 시들어 죽기 때문이다. 유아기에서 노년기에 이르기까지 인간의 건강 상태는 얼마나 많은 관계를 맺고 있느냐에 좌우된다. 관계를 맺지 못한 사람들은 질병에서 회복되지 못한 채 고통 속에 죽어 간다.

다른 사람들과의 관계가 단절되면 소외감에 시달리고, 사랑을 갈망하는 마음은 무엇인가를 끊임없이 원하는 욕구로 발전한다. 예를 들면 마약, 성, 음식, 쇼핑, 도박 등이다. 그런 것들은 만족을 가져다주지 못한다. 진정한 욕구는 하나님과 다른 사람들과의 관계를 비롯해 사람들을 통해 이루어지는 그분의 역사를 거쳐야만 해결되기 때문이다. 사람들이 이를 받아들여야 중독증은 사라진다.

성장을 추구하는 사람이든, 다른 사람의 성장을 돕는 사람이든 관계를 성장의 기초로 삼아야 한다. 사람들은 하나님과의 관계만이 아니라 그분의 몸에 속해 있는 다른 사람들과의 관계를 통해서도 성장한다.

저자에 따르면, 대개 사람은 사춘기 시절을 지나는 동안 또래 그룹을 통해 부모로부터 독립심을 기르고 성인으로 자라는 과정을 거치게 된다. 지나치게 자녀를 통제하려고 드는 부모로 인해 어떤 사람은 미성숙한 성인의 단계에 머무르게 되고, 유아 심리가 나타난다. 자기주장, 정직함, 이성과의 관계, 재능 계발, 자주적인 생각, 부모로부터의 독립 등과 같은 요소는 유아 심리를 극복하는 데 매우 중요한 역할을 한다.

영적 공동체는 온전한 성인으로 성장하는 데 필요한 환경을 제공한다. 성경은 하나님이 모든 성장의 근원이라고 가르친다. 성경 공부 그룹은 다양한 관계를 다룰 수 있다. 우울증이나 중독에 빠진 사람을 도와줄 수도 있다. 성경 공부 그룹에 참여한 사람은 자신도 모르는 사이에 성경의 원리를 실천으로 옮긴다. 그룹 회원들끼리 서로를 신뢰하면 약점과 아픔을 공유한다. 그러면 더욱 마음이 안정되어 공허하고 고립된 상태에서 차츰 벗어난다고 저자들은 강조한다.

생명에 이르는 길을 제공하는 진리는 영적 성장에서 다양한 역할을 한다. 진리는 무엇보다 성장을 위한 체계를 제공한다. 성장하려면 성장의 과정과 길을 알아야 한다. 진리는 곧 성장의 길이다. 진리의 인도가 없으면 성장은 이루어지지 않는다. 그리스도인은 성경에서 영적, 정서적 성장을 위한 최상의 전략을 배운다.

이 책은 단 하나의 접근법을 경계하면서 기도와 성경 공부, '성장 그룹'과의 지속적인 접촉이 필요하다고 말한다.

성경은 우리의 삶에 필요한 모든 것이 우리 자신이 아니라 하나님께로부터 나온다고 말씀한다.

단 한순간도 시선을 떼지 않고 동행하시는 하나님을 경험하라

'한국의 새로운 기적의 산실', 한동대 이야기

갈대 상자

김영애 | 두란노

책의 제목인 '갈대 상자'는 무엇을 뜻하는가? 애굽에서 히브리 남자아이가 태어나면 모두 죽임을 당했던 것처럼 한동대학교에는 엄청난 시련이 있었다. 하나님께서 갈대 상자를 통해 모세를 지켜 주셨듯이, 한동대는 하나님의 기적의 손에 의해 순간순간 보호를 받았다. 갈대 상자에 담긴 모세가 후일 민족을 구하는 지도자가 되었듯이, 새벽이슬 같은 이 시대의 정직하고 유능한 지도자를 양육하는 이야기가 하나님이 손수 엮으시는 한동대의 갈대 상자에 담겨 있다.

《갈대 상자》는 부르심과 순종의 이야기이다. 저자의 남편인 김영길 박사가 한동대 총장직을 맡게 되는 에피소드가 다음과 같이 책에 나와 있다. 저자 부부는 1994년 1월 20일 저녁 식사 후 모처럼 한가로운 대화를 나누다가 전화 한 통을 받았다. 손진곤 변호사의 전화였다. 포항에 한동대라는 종합 대학교가 세워지는데, 김영길 박사를 초대 총장을 맡을 적임자로 생각하고 있다는 이야기였다. 완곡하게 거절하였으나, 손 변호사에게서 다시 연락이 왔다. 학교 건설 현장도 둘러보고 설립자도 한번 만나 보라는 권유를 끝내 거절하지 못해 김 박사는 포항행 비행기를 탄다.

1994년 1월 말 김 박사가 두 번째로 한동대를 방문할 때는 부인 김영애 권사도 동행했다. 건설 관계자는 지하 공동구와 모든 기계를 자동화할 동력실의 중앙 관제소로 그들을 안내했다. 그들의 눈길을 끈 것은 학교 입구에 세워질 대학 교회 배치도였다. 김 박사는 학교 관계자에게 물었다.

"학교 이름을 왜 한동이라고 했지요? 기독교 정신을 나타내는 다른 이름도 많이 있을 텐데요."

거기에는 사연이 있었다. 학교명을 공모했는데, 무려 130여 개가 넘는 이름이 들어왔다. 설립 본부 측에서 몇 개를 선정해서 이

사장에게 들고 갔다. 이사장은 비교적 아래쪽에 적힌 이름을 짚었다. 설립 본부는 학교 이름을 한동으로 정하고 응모자에게 연락을 했다. 어린아이가 전화를 받았는데, 아버지도 어머니도 교회에 가시고 안 계신다는 거였다. 아이에게 물었다.

"아버님이 뭐하시는 분이시냐?"

"목사님이세요."

지금은 고인이 되신 그분은 구룡포 어촌에서 자그마한 교회를 개척하신 우선화 목사님이었다. 교회에서 꼭 써야 할 돈 100만 원이 필요해서 학교 이름을 응모했던 목사님 내외분은 그날도 교회에 가서 이름이 뽑히기를 기도하고 있었다.

우선순위에서 밀렸던 이름이 이사장의 눈길을 끌었던 것은 목사님 내외분의 간절한 기도 때문이 아닌가! 그렇다면 한동대는 하나님께서 시작부터 개입하시는 대학이란 말인가! 이 이야기에 부부는 크게 감동을 받았다. '한동'은 더 이상 평범하거나 촌스러운 이름이 아니었다. 마음이 흔들리기 시작했다.

쉽지 않은 결정이었고, 마음의 흔들림 때문에 하나님의 확증을 요구하기도 했지만, 김 박사 내외는 하나님의 부르심에 응답하였다. 하나님은 한동대를 세우실 때, 김영길 총장에게 느헤미야서를 계속 읽게 하셨다. 한동대의 개교는 하나님의 도우심과 인도를 믿으며 보이지 않는 길을 따라가는 일이었다.

세계적인 과학자이자 KAIST 교수였던 김영길 박사는 하나님의 소명을 받고 한동대 초대 총장으로 취임했다. 주위 사람들의 방해와 재정적인 온갖 어려움 속에서 오로지 하나님만을 바라보며 기도함으로써 수많은 질곡과 난관을 극복해 나갔다.

저자는 길목 길목마다 동행해 주시는 하나님의 손길을 수없이 지켜보았다. 그러면서 그분의 손에 이끌려 길을 떠난 사람은 아무리 캄캄하다 할지라도 가장 안전하다고 감히 외칠 수 있는 '간 큰 사람'이 되어 갔다. 단 한순간도 시선을 떼지 않으시는 하나님을 경험하면서 저자는 탄성을 질렀다.

"와! 하나님, 굉장하시네! 정말 살아 계시네!"

김영길 총장과 김영애 권사도 인간이기에 학교 재정에 위기가 닥칠 때마다 심한 좌절감에 빠지곤 했다. 하나님은 그때마다 절묘하게 위기에서 건져 주셨다. 김 총장은 자신이 가는 길이 하나님의 소명임을 인식하고 조금도 후회 없이 묵묵히 걸었다. 독자는 '한국의 새로운 기적의 산실'인 한동대를 통해 우리 삶에서 살아 일하시며 인도하시는 하나님을 만날 수 있을 것이다.

한동은 더 이상 평범하거나 촌스러운 이름이 아니었다. 우리의 마음이 흔들리기 시작했다.

만화적 상상력으로 뒤집어 보는
인간과 세계에 대한 신선한 관점

인간 중심적 시선에서 벗어나
전혀 새로운 시선으로 관찰한 인간 세계

나무

베르나르 베르베르 | 열린책들

'상상력.' 이것은 오늘날 문학의 영역에서 매우 중요한 말이지만, 르네상스 이전까지는 인간의 합리적 사고를 방해하는 이상 심리 중 하나로 간주되었다. 특히 플라톤은 상상을 비합리적 세력이라 하여 위험시하면서 진리와 실재의 발견에 크게 저해된다고 보았다. 그로부터 중세를 통해 르네상스에 이르기까지 상상(또는 환상)

은 때로 가치가 인정되기도 하였지만, 대체로 인간의 '이성적 영혼'보다는 훨씬 열등한 능력쯤으로 치부되었다.

네티즌이 선정한 '2003년 올해의 책'인 《나무》는 바로 상상력의 산물이다. 베르나르 베르베르는 이미 《개미》, 《뇌》 등의 작품으로 국내에서 폭발적인 반응을 얻은 작가로, 전 세계에서 가장 많이 읽히는 프랑스 작가이기도 하다. 베르나르 베르베르는 어린 시절을 이렇게 회상하고 있다.

"내가 어렸을 적에 아버지는 나를 재우기 전에 언제나 이야기를 들려주셨다. 그러면 나는 밤에 그 이야기에 관한 꿈을 꾸었다. 그 뒤로 나는 세상살이가 너무 어려운 것으로 보일 때마다 짤막한 이야기를 짓곤 했다. 내가 겪는 문제의 요소들을 무대에 등장시켜 이야기를 짓고 나면 이내 마음이 평온해졌다. 초등학교 시절에 다른 아이들은 나에게 이야기를 지어 달라고 부탁하기 일쑤였다. …… 세월이 흐르면서 이야기들은 갈수록 환상적인 것으로 변했다. 그러다가 그것들은 하나의 게임이 되었다. 사람들에게 어떤 문제를 제기하고 뜻밖의 해법을 찾아내게 하는 게임 말이다."

우선 이 소설집은 상상력의 힘과 즐거움을 함께 맛보게 한다. 작가는 만화적 상상력으로 인간 세상을 뒤집어 본다. 18편의 이야기들은 하나같이 '만약 인간이 이렇게 된다면, 만약 세상이 저렇게 돌아간다면'이란 가정에서 출발한다. 그의 작품은 인간 중심의 세계관에서 벗어나 전혀 새로운 시선으로 인간을 관찰하는 것이 특징이다. 이번 작품집도 예외가 아니다. 작품집 전체는 강한 풍자성과 비판 의식을 띠고 있다.

　다음으로 작가는 자신만의 기발한 발상과 엄밀한 관찰을 통해 현실과 세계를 새롭게 조망하는 특별한 이야기를 만들어 내고 있다. 작가는 일상의 사소한 대화에서 영감을 얻기도 한다.

　〈수의 신비〉라는 작품은 어린 조카와 이러저러한 이야기를 나누던 중에 착상되었다. 어린 조카의 말에 따르면, 그의 반에는 10까지 셀 줄 아는 아이들과 그보다 큰 수를 셀 줄 아는 아이들 사이에 서열이 존재한다는 것이었다. 그 말에서 영감을 얻어 탄생한 〈수의 신비〉의 주인공 배상은 아주 어려서부터 숫자 1에 담긴 깊은 뜻을 배우기 시작하고, 결국 숫자 1에 관한 모든 것을 알게 된다.

　〈말 없는 친구〉도 인상적인 이야기다. 범행을 목격한 나무가 범인을 밝혀내는 결정적인 증거를 보여 주는 역할을 '의식적으로' 한다는 것이다. 나무는 시끄러운 음악(하드록)을 거부하고, 비발디의 〈사계〉를 좋아한다. 식물도 자기 나름의 방식으로 주위 세계를 지각한다는 것이다. 검류계로 나무의 전기 저항을 살펴보면 분명한 차이를 보였다. 이 작품의 끝부분에서 나무는 이렇게 말한다.

　"수세기 전부터 인간은 우리를 땔감이나 종이의 원료로만 생각해 왔어. 하지만 우리는 죽어 있는 물건이 아니야. 지구상에 있는 모든 것이 그렇듯이 우리는 살아 있고, 세계에서 벌어지고 있는 일들을 지각하고 있어. 우리도 우리 나름대로 고통을 받고 기쁨을 느껴."

작가는 〈말 없는 친구〉에 언급된 과학적인 발견은 거의 알려지지 않았지만 분명한 사실이라고 말한다.

베르나르 베르베르의 소설집은 작게는 인간에 대한 풍자요, 크게는 문명 비평서이다. 가벼운 마음으로 읽을 수 있지만, 책을 덮은 후 잠시 생각에 잠기게 한다.

이야기를 구상할 때 나에게 영감을 주는 것은 주로 산책할 때의 관찰, 친구들과 나누는 이야기, 꿈 등이다.

인간 비극에 대한
싱싱한 작가적 감각

별의 엇갈림이 나빴던

연인의 비극적 이야기

로미오와 줄리엣
윌리엄 셰익스피어 | 민음사

《로미오와 줄리엣》은 영국의 극작가 윌리엄 셰익스피어의 5막짜리 비극으로, 1594~1595년경에 지은 것으로 알려져 있다.

이 비극은 이탈리아 베로나의 두 명문 집안인 몬터규와 캐풀렛 사이에서 전개된다. 몬터규 가의 아들 로미오는 캐풀렛 가에서 열린 가면무도회에서 상대의 신분을 모른 채 그 집 딸 줄리엣

303

과 사랑하게 된다. 두 사람은 로렌스 신부의 주선으로 비밀리에 결혼식을 올린다. 그러다 로미오는 캐풀렛 가의 친족 티볼트를 찔러 죽이는 사건에 얽혀 들면서 추방형을 선고받는다. 두 사람은 마지막 하룻밤을 밝히고, 가슴 에이는 아쉬움을 간직한 채 로미오는 만투아를 향해 길을 떠난다.

로미오와의 관계를 전혀 모르는 줄리엣의 부모는 딸에게 영주 친족인 파리스 백작과 결혼하라고 강요한다. 절박하게 도움을 구하는 줄리엣에게 로렌스 신부는 신비한 약을 준다. 약을 복용하면 42시간 가사 상태가 계속되다가 다시 깨어난다는 것이다. 줄리엣이 죽은 것으로 가장하고 그동안 로미오를 오게 하여 두 사람이 몰래 도망가게 하려는 계획이었다. 약을 먹고 가사 상태에 빠진 줄리엣은 신부의 지시에 따라 캐풀렛 가의 지하 가족 묘지로 옮겨진다.

로렌스 신부는 로미오에게 전후 사정을 알리는 편지를 보낸다. 편지를 지닌 전달자가 그만 전염병 발생지에서 전염병 혐의로 붙잡히고 만다. 편지를 전달받지 못한 로미오는 만투아에 있던 하인을 통해 줄리엣이 죽었다는 소식을 접하고 크게 낙담한다. 로미오는 몰래 베로나로 돌아와 지하 묘지의 줄리엣 곁으로 가서 약을 마시고 죽는다. 얼마 뒤에 가사 상태에서 깨어난 줄리엣은 로미오의 시신을 보게 된다. 줄리엣도 로미오의 뒤를 따른다. 달려온 영주와 양가의 부모들 앞에서 로렌스 신부는 그간의 경위를 설명한다. 두 집안은 두 젊은이의 넋을 위로하는 뜻에서 화해한다.

이 작품은 여러 가지 우연한 사건들로 인해 비극의 밑바닥으로 떨어져 가는 구조를 절묘하게 보여 준다. 서로 반목하는 두 명문 집안의 자녀로 태어난 것 자체가 두 사람의 인생을 결정짓고 만다.

로렌스 신부의 도움으로 두 사람은 비밀 결혼식을 올렸고, 어쩌면 신부의 중재로 그 사실을 세상에 널리 알릴 날이 올 수도 있었다. 적어도 신부는 그렇게 할 생각이었다. 그런데 로미오의 친구가 줄리엣의 친척 티볼트에 의해 죽임을 당하는 사건이 벌어진다. 로미오로서도 가만히 있을 수 없게 된 것이다. 추방은 불행한 결과였지만, 그래도 희망을 모두 잃어버린 것은 아니었다. 문제는 누구의 책임도 아닌 우연의 결과로 줄리엣의 죽음과 관련된 중대한 연락이 이루어지지 않게 된 것이다.

비극의 징조는 짙어졌으나, 마지막 한순간에 연인이 구제될 가능성이 없지는 않았다. 줄리엣이 깨어날 시간을 생각해서 로렌스 신부가 지하 묘지로 갔던 것이다. 불과 반 시간 늦음으로 해서 두 사람의 목숨은 꺼지고 만다.

당시 사람들은 인간의 운명이 별의 지배 아래 있다고 생각했다. 셰익스피어는 두 사람을 가리켜 '별의 엇갈림이 나빴던 연인'이라고 부르고 있다. 평론가들은 이 작품을 싱싱한 감각이 돋보이는 셰익스피어의 청년기 걸작으로 평가한다. 여러 번 영화화되고 무대에 오른 이 작품은 이후 '집안의 반대로 비극에 이르는 연인'이라는 모티브로 무수한 작품들에 영향을 끼쳤다. 인간의 힘을 벗어난 비극 속에 놓인 인간의 모습을 그린 이 작품은 많은 독자의 가슴에 기억될 불멸의 걸작임에 틀림없다.

"오, 둥근 궤도 안에서 한 달 내내 변하는 지조 없는 달에게 맹세하진 마세요, 그대의 사랑도 그처럼 바뀌지 않도록."_줄리엣

음모, 배신, 복수⋯⋯:
그 뒤에 남는 것은?

음모에 빠진

한 남자의 복수 이야기

몬테크리스토 백작
알렉상드르 뒤마 | 민음사

《몬테크리스토 백작》은 프랑스 낭만파 소설가이며 극작가인 뒤마가 지은 장편 소설이다. 오래전에 번역된 책에는《암굴왕》이라는 제목이 붙어 있다.《몬테크리스토 백작》의 집필에는 수많은 협력자가 있었다고 한다.

　이야기는 1815년 2월을 기점으로 하여 시작된다. 주인공은 이 무렵 마르세유에 입항하는 상선에 탄, 스무 살이 채 안 된 일등 기관사 에드몽 당테스이다. 그는 애인 메르세데스와 결혼식을 올린 날 밤에 세 명의 적 당그라르, 페르낭, 빌포르의 음모로 갑자기 경관에게 잡혀 간다. 동료인 당그라르는 에드몽의 출세와 행운을 질투한 나머지, 페르낭은 메르세데스를 짝사랑한다는 각자의 이유로 경관에게 밀고하고, 검사 대리 빌포르는 자신의 영예와 승진을 위해 음모에 가담한다.

에드몽은 아무 죄 없이 억울하게 마르세유 앞바다에 있는 암굴 이프 성에 14년간 갇히게 된다. 그는 옥중에서 늙은 죄수 팔리아 신부를 알게 되어 교육을 받게 되고, 급기야 이탈리아 앞바다 코르시카와 토스카나 사이에 있는 몬테크리스토 섬의 동굴 안에 감추어진 보물의 소재를 전해 듣는다. 신부가 죽자 에드몽은 기적적으로 탈출에 성공하여 몬테크리스토 섬에서 찾은 엄청난 보물을 가지고 몬테크리스토 백작이라는 이름으로 파리에 나타난다.

팔리아 신부를 통하여 이미 자신을 둘러싼 음모의 비밀을 푼그는 복수하려는 계획을 실천에 옮긴다. 파리의 은행가가 되어 있는 당그라르, 메르세데스를 아내로 맞고 몰세르라는 이름으로 백작 신분이 되어 있는 페르낭, 검찰총장이 되어 있는 빌포르. 그들은 모두 몬테크리스토 백작의 치밀한 복수 계획에 따라 각각 죄값을 받는다.

뒤마는 풍부한 공상을 바탕으로 《삼총사》, 《철가면》, 《몬테크리스토 백작》등 250편이 넘는 작품을 썼다. 매번 등장인물의 활기찬 성격 묘사와 교묘한 줄거리 등 스토리 작가로서 천부적인 재능을 보여 주었다.

《몬테크리스토 백작》은 부분적으로는 구성의 개연성이 떨어지는 부분이 없지 않으나, 전체적으로 보아 줄거리의 재미와 구성의 교묘함, 서정성 덕분에 작품 발표 당시부터 독자의 커다란 사랑을 받아 왔다. 1848년에는 작가 스스로 〈몬테크리스토〉라는 제목으로 연극을 올리기도 했다. 세월의 지나도 여전히 대중의 인기를 누리는 이 책은《삼총사》와 함께 오늘날에도 많은 이의 서가에 꽂혀 있다.

당테스는 바닷속에 던져지고 말았던 것이다. 그리고 발에 매달아 놓은 36킬로그램의 무거운 추 때문에 그는 점점 더 밑으로 밑으로 끌려 내려갔다.

바다가 곧 이프 성의 묘지였던 것이다.

기독교인이라면
반드시 읽어야 할 책 100
71

당신은
어떤 미래를 꿈꾸는가?

미래를 다시 상상함으로
오늘 당신의 목적을 발견하라

하나님의 도시
스카이 제서니 | 죠이선교회

미래를 정확하게 이해하는 일은 매우 중요하다. 우리의 행동 양
식에 영향을 미치는 모든 세계관과 종교들은 미래에 대해 이야
기한다. 기독교도 예외는 아니다. 예수님과 예수님의 제자들, 교
회는 언어와 상징을 사용하여 미래를 전했다. 우리가 미래에 관
해 믿는 바는 현재의 삶을 결정한다. 그리스도인이 오늘날 신속

하게 변하는 세계에 신실하게 참여하는 방법을 아는 것은 어느 때보다 중요하다.

저자에 따르면, 이 책은 미래에 관한 책이 아니다. 현재에 관한 책이다. 어떤 삶이 진정으로 의미 있는지를 밝히는 책이다. 우리가 세상과 관계 맺는 법, 세상 안에서 우리의 목적이 무엇인지를 다시 생각해 보는 책이다.

"오늘 우리가 무엇을 중요하게 여기는가의 문제는 우리가 미래에 대해 무엇을 믿는가의 문제와 분리할 수 없다."

저자는 '미래는 우리의 신앙과 삶에서 필수적인 요소'라고 말한다.

"왜냐하면 우리가 미래를 바르게 바라볼 때(비전), 우리의 상황을 초월할 수 있고(소망), 현재를 살아가는 방식을 형성하기(목적) 때문이다. 미래는 오늘 우리가 세계와 관계 맺는 법을 결정한다."

저자는 막시밀리아노 콜베 신부의 희생을 이야기한다. 콜베 신부는 '전혀 상관없는 사람을 위해 끔찍한 죽음'을 스스로 택하였다. 콜베 신부의 행동에는 궁극적으로 어둠이 승리하지 못하리라는 희망이 있었다. 어두운 수용소에서 강력한 빛이 폭발한 것과 같았다.

"콜베 신부는 자기희생이 미래 도시의 실존하는 현재성을 조명한다는 사실을 유례없는 방식으로 분명히 밝혀 주었다. 한 사람이 다른 사람을 위해서 자신의 생명을 내어 줄 때, 그 구원받은 사람

311

을 엄청나게 사랑한다는 사실을 보여 주는 것이다."

저자에 따르면, 죽음을 기꺼이 받아들이는 행위는 하나님 안에 생명의 풍성함이 있으며, 죽음은 마지막 결정권이 없고, 우리가 죽음의 마수에서 벗어나 하나님의 끝없는 생명을 나누게 된다는 사실을 신뢰하는 것이다. 생명을 포기하는 행동은 세상의 광야가 오래 지속되지 않을 것이며, '질서와 아름다움과 풍요로움으로 가득한 미래 도시'의 현재성이 예수 그리스도의 부활 능력으로 우주를 덮으리라는 사실을 믿는 것이다. 이런 믿음은 예수님이 죄인의 손에서 죽는 것을 받아들이셨을 때 예수님 안에서 명확하게 드러났다. 예수님은 "그 앞에 있는 기쁨을 위하여 십자가를 참으사 부끄러움을 개의치 아니하"셨다.

예수님의 부활은 하나님의 풍요로움과 이 세상의 결핍에 대한 승리를 궁극적으로 보여 주는 사건이다. 예수님은 부활하셔서 죽음에 대해 승리를 선포하셨고, 우리가 "생명을 얻게 하고 더 풍성히 얻게 하려" 새로운 길을 여셨다. 우리는 그리스도의 십자가에서 미래 도시의 가치와 실재성을 가장 찬란하게 목격한다고 저자는 말한다.

"예수님은 죽으심으로 질서를 이루어 내셨다. 그리스도는 사람 사이에 존재하던 적개심이라는 벽을 허무셨고, 십자가로서 우리가 하나님과 한 몸이 되어 화목하게 하셨다. 또한 십자가에서 예수님은 아름다움의 능력을 드러내셨다."

저자는 성경에 묘사된 미래 세계를 볼 수 있도록 도와준다. 저자는 미래에 대한 성경적 비전이 각자의 목적의식에 어떤 영향을 주는지 밝히고 있다. 그는 세상을 향한 하나님의 비전이 갖고 있는 아름다움과 풍요로움과 질서를 제시하면서 독자가 미래를 보도록 초대한다. 이 책의 장점은 매우 어려운 신학적 주제를 비전문적 용어를 사용하면서 성경적으로 풀어내고 있다는 점이다.

오늘 우리가 살아가는 방식은 미래를 어떻게 생각하느냐에 따라 결정된다.

미래를 다시 상상함으로 오늘 당신의 목적을 발견하라.

Chapter 6

하나님이 바라시는
가정

갈등은 관계가 깊어지는 데
필연적인 과정이다

갈등의 '전투 지대'를
'사랑의 둥지'로 바꾸는 법을 알고 싶다면

부부갈등 해소전략 4
켄 산데 | 미션월드라이브러리

갈등이 없는 결혼 생활이 있을까? 거의 예외 없이 대부분의 가정
에서 남편과 아내는 '전투'를 경험한다. 이 책은 '전투 지대'를 '사
랑의 둥지'로 바꾸는 법을 소개한다. 저자는 이 책에서 성경에 기
초하여 기본적인 갈등 해결 기술들을 가르치고 있다.

갈등을 어떻게 바라봐야 할까? 저자는 갈등 상황이야말로 이해

와 용서를 통해 '하나님께 영광을 돌릴 기회'라고 말한다. 갈등을 영적인 관점에서 바라보는 것은 우리가 깨어진 관계를 회복시키는 성경적 답을 찾아 나서는 출발점이 된다. 물론 이 과정에는 고백이 필요하고, 문제를 직면하는 용기도 필요하다.

갈등에 대한 사람들의 반응은 기본적으로 세 가지로 나뉜다. 회피적 반응, 공격적 반응, 평화적 반응이 그것이다. 회피적이거나 공격적인 반응은 대부분의 경우 관계를 파괴시킨다. 평화적 반응인 용서는 무엇보다도 이 책의 메시지의 핵심이다. 용서는 느낌이나 감정을 의미하지 않는다. 용서는 의지적 결단이다. 저자는 우리가 피스메이커(peacemaker)가 된다면 파괴적인 갈등에서 가정을 보호할 수 있으며, 배우자에 대한 사랑과 친밀감이 깊어지고, 자녀들이 평생 간직할 귀한 지혜를 전수하게 될 것이라고 말한다.

갈등의 진원지는 어디인가? 갈등은 항상 욕망에서 출발한다. 충족되지 못한 욕망들은 우리의 심리 저변을 움직일 가능성이 매우 높다. 욕망 자체가 문제가 아니라, 어떤 욕망이 우리의 마음을 지배하는 요구가 될 때가 문제다. 그렇게 되면 그것은 우상이 된다. 우리가 행복해지고 풍족해지며 평안해지기 위해서 꼭 가져야 하는 어떤 것이라고 믿는 것, 다르게 표현하자면 우리가 사랑하고 경외하며 믿는 대상이 우상이다.

저자는 '결혼 전 갈등'에 대해서도 이야기하고 있다. 결혼하려는 한 쌍의 남자와 여자는 두 개의 톱니바퀴에 비유할 수 있다.

각각의 톱니바퀴에는 톱니와 홈들이 있어서 서로 잘 맞물려야만 원활하게 바퀴가 돌아간다. 물론 톱니의 짝이 잘 맞는 정도와 두 톱니바퀴의 마찰 정도, 두 톱니바퀴가 상충하면서도 서로 계속 물려 있으려는 정도에 따라 여러 가지 잡음이 생겨난다. 이러한 과정에서 생겨나는 소리를 가리켜 '결혼 전 갈등'이라 부른다.

전혀 다른 환경에서 성장한 두 사람이 하나가 되는 과정에서 어쩔 수 없이 생겨나는 것이 결혼 전 갈등이다. 두 사람이 서로를 온전히 수용하고 섬기기 위해서는 이런 갈등이 필연적으로 발생할 수밖에 없다.

이 책은 갈등에 대하여 새로운 안목을 갖게 한다. 갈등은 창조적 기회가 될 수 있다. 깨어진 관계를 회복하는 과정에서 남편과 아내는 더 성숙한 인간관계를 배우고, 더 깊은 부부 관계를 경험하게 된다. 이 책은 결혼을 앞둔 사람과 이미 결혼한 부부 모두에게 실제적으로 유익한 책이다.

하나님께서는 부부와 가족의 갈등 속에서 우리로 하여금 놀라운 복음의 메시지를 깨닫게 하시고 그분의 아들, 예수 그리스도의 삶을 변화시키는 능력을 나타내기를 원하신다.

남자와 여자가 서로를 있는
그대로 사랑하기 위해서는

남녀가 어떻게 다른지를 이해하고

소통의 방법을 배우고 싶은 당신에게

화성에서 온 남자, 금성에서 온 여자

존 그레이 | 동녘라이프

'인생의 바이블'로 불리며 40여 개국에서 번역 출간된 이 책은 남녀 관계에 대한 인식의 새 지평을 열었다. 인간관계 관련 서적 중 20세기 최대 역작으로도 꼽힌다. 이 책은 수많은 부부들을 이혼의 위기에서 구해 내었으며, 남녀 관계뿐 아니라 인간관계에서 서로를 더욱 잘 이해하도록 도움을 주고 있다.

전체 13개의 장으로 구성되어 있다. 남자와 여자가 서로의 차이를 이해하지 못했을 때 갈등이 생겨나며, 갈등을 극복하고 사랑으로 나아가기 위해서는 서로의 차이를 이해해야 한다는 큰 주제를 각각의 장들이 뒷받침하고 있다.

책은 남자는 화성에서 오고, 여자는 금성에서 왔다는 상상에서 시작된다. 아주 옛날에 천체를 관찰하던 화성인들이 금성인을 발견했다. 단 한 번 언뜻 보았는데도 그들은 그때까지 알지 못했던 느낌을 갖게 되었다. 사랑에 빠진 화성인들은 얼른 우주여행 방법을 고안해 금성으로 날아갔다. 금성인은 마음으로부터 그들을 환영했다. 그들은 예전에 한 번도 경험하지 못했던 사랑을 위해 가슴을 활짝 열었다.

그들의 사랑은 마법과 같았다. 그들은 함께 있는 것이 즐거웠고, 무엇이든 함께 나누며 기쁨을 느꼈다. 비록 다른 세계에서 왔지만 차이를 마음껏 누렸고, 서로에 대해 알기까지, 서로 다른 욕구와 기호, 행동 양식을 이해하기까지 몇 개월이 걸렸다. 그 뒤 그들은 몇 년 동안 사랑하고 조화를 이루며 함께 살았다.

어느 날 그들은 지구로 가기로 마음을 먹었다. 처음에는 모든 것이 근사하고 아름다웠지만, 지구 환경의 영향으로 갑자기 그들은 이상한 선택적 기억 상실증에 걸렸다. 화성에서 온 남자와 금성에서 온 여자는 자신들이 서로 다른 행성 출신이고, 따라서 다를 수밖에 없다는 것을 기억하지 못했다. 그들은 그 기억이 없어

지면서 서로 충돌하기 시작했다

존 그레이 박사는 이런 비유를 들어 어떻게 이성 간의 차이가 남자와 여자의 흔한 충돌을 야기하면서 서로 사랑하고 존중하는 관계를 이루는 것을 막는지 설명한다. 그리고 수많은 부부와 개인들을 상담한 오랜 경험을 토대로 의사소통과 정서적 욕구, 행동 방식 등에서 뿌리 깊은 차이를 극복하고 서로를 더욱 잘 이해하는 길을 안내하고 있다.

저자는 남자와 여자의 친밀감에 대한 욕구가 어떻게 다른지를 설명한다(6장과 7장). 남자는 고무줄과 같아서 가까이 다가갔다가 다시 멀어지려고 하는데, 남자에게는 본능적으로 독립과 자율에의 욕구가 있기 때문이라는 주장이다. 이에 반해 여자는 파도처럼 오르내림을 반복한다고 말한다.

저자는 남자와 여자가 원하는 사랑이 다르다는 사실을 밝히고 있다. 남자는 자신을 신뢰해 주고, 인정해 주고, 감사해 주는 사랑을 원하지만, 여자는 자신에게 관심을 기울여 주고, 이해해 주고, 존중해 주는 사랑을 필요로 한다.

9장에서는 남녀 사이의 논쟁에서 남자는 자신이 옳은 것처럼 행동함으로써 상대의 감정을 무시해 버리려는 경향이 있음을 말한다. 여자는 상대에게 이의를 제기하며 불만과 비난을 표시함으로써 남자의 방어 심리를 자극하는 경우가 많다고 한다.

여자는 남자와 달리 사랑의 선물을 크기와 상관없이 모두 같은 비중으로 받아들이기에, 하나의 큼직한 선물보다 작은 사랑의 표현들을 필요로 한다고 저자는 이야기한다. 남녀가 자신의 감정을 숨기는 방법이 서로 다르다는 사실을 설명하고, 자신의 부정적인 감정을 상대에게 전하는 방법으로 사랑의 편지를 권하고 있다.

이 책은 남자와 여자가 인생의 모든 영역에서 어떤 차이점을 보이는지를 설명한다. 남녀는 의사를 전달하는 방법이 서로 다를 뿐만 아니라, 생각하고 느끼고 지각하고 반응하고 행동하고 사랑하고 필요로 하는 것 등 모든 것을 달리한다. 남녀가 서로 다르다는 사실을 구체적으로 깨달으면 상대를 잘 이해하게 된다. 따라서 서로 간의 오해는 곧 풀리고, 그릇된 기대 또한 쉽게 수정된다. 배우자가 다른 별에서 온 사람처럼 자신과 다르다는 사실을 기억한다면, 변화시키려고 애쓰거나 맞서는 대신 차이를 편하게 받아들이고 더불어 잘 지낼 수 있을 것이다.

남자들이여, 여자들을 그냥 내버려 둬라. 자연스럽게 기분이 좋아지는 여자들을 내버려 둬라. 그냥 그녀의 투정을 받아 주기만 해라. 기분을 업시키기 위해 억지스러운 방법을 쓰기보다는 그냥 이야기를 들어 주고 감싸 주고 이해해 줘라.

그리스도인 가정을
천국으로 만들어 가는 비결

가정 사역에 관심이 있는

모든 그리스도인들에게

가정사역 스타트
송길원 | 국제제자훈련원

저자는 '가정 천국'을 이루는 비결을 담고자 했다. 저자는 '교회 같은 가정, 가정 같은 교회'를 꿈꾼다. 저자는 무너지는 가정을 향해 가정의 회복과 치유의 메시지를 간절한 마음으로 전하고 있다.

　첫째로, 이 책은 가정 사역의 실용서이다. 저자는 딱딱한 이론과 학문적 성과를 소개하기보다는 적용과 감동이 있는 메시지를

323

독자에게 전하고 있다. 그는 가정 사역 안에 비그리스도인들과의 가장 효과적인 접촉점이 있다고 말한다. 또한 가정 사역만큼 좋은 교회 부흥의 촉매제가 없다고 주장한다.

1장에서 저자는 결혼 주례 이야기로 시작한다. 책을 처음 펼쳐 들었을 때는 뜻밖이었다. 내용을 읽고 난 후에야 이유를 미루어 짐작할 수 있었다. 한 가정이 여러 증인 앞에서 탄생하는 결혼식은 저자에게 있어서 단순한 통과 의례가 아니다. 목사가 주례를 서는 결혼식은 비그리스도인들에게 복음에 대한 감동을 주는 가장 효과적인 시간이 될 수 있다.

2장에서는 가정 설교의 중요성을 역설하고 있다. 저자는 가정 설교의 원리를 명쾌하게 제시하고 있다. 가정 설교는 가정 사역의 핵심이다. 가정을 파괴하는 문화가 너무나 왕성한 이때에 주일 저녁 강단이나 수요 강단에서 가정에 대한 메시지가 끊임없이 전달되어야만 성도는 가정을 지켜낸다는 것이다.

둘째로, 이 책에는 저자의 연구와 경험이 녹아 있다. 그는 영적 가장으로서의 남성의 위치를 상기시킨다. 남성의 존재감을 일깨우는 작은 배려들을 소개하고, 남성들을 위한 구체적인 프로그램을 시행하라고 충고한다. 목동 지구촌교회(조봉희 목사)의 경우는 1년에 한 차례 남성 대회를 연다. 제3의 야외 장소로 나가서 남성을 위한 워크숍이나 세미나를 여는 것도 좋다.

셋째로, 가정 사역에 있어서 책의 중요성을 상기시키고 있다.

신혼부부 반에서 가정생활에 도움이 되는 책자를 선정, 한 달에 한 번꼴로 책 내용을 발제하고 독서 토론을 하면, 그것 자체가 가정 치료에 매우 탁월한 효과를 준다. 책을 읽고 독서 토론을 함으로써 자연 치료가 되는 것이다. 이 방법의 장점은 가정 문제에 관한 책을 발제해서 토론하다 보면 각 케이스별로 자신의 가정 문제를 간접적으로 지적당하게 된다는 것이다. 그때 참석자들은 노출시키기 어려운 자신의 문제들을 책 내용을 통해 간접적으로 풀게 된다.

저자는 독서 요법(독서 치료)이 가정 사역 중 하나라고 소개한다. 한마디로 이야기해 독서 요법이란 "책을 자꾸 읽게 함으로써 책 속에서 스스로 해답을 찾도록 도와주는 것"을 말한다. 그리스도인의 치부를 직접 드러내지 않고 혼자 문제를 조명해 보면서 자가 치료를 한다는 점에서 매우 좋은 방법이다.

저자도 상담 시에 1차적으로는 독서 요법을 많이 활용한다고 한다. 가정의 사사로운 이야기가 나오기 전에 일단 문제의 요지만 파악하고는 그와 관련된 탁월한 책을 소개해 주면서 다음 주까지 읽어 오라는 과제를 준다. 그러면 많은 내담자들은 책을 읽는 동안 자기 문제가 책 속에 섬세하게 다 녹아 있음을 발견하게 된다는 것이다.

저자 송길원 목사는 전문가적 노하우를 바탕으로 가정 사역의 전체적 그림을 알기 쉽게 그리고 있다. 이 책은 목회자와 가정 사역에 관심이 있는 분들에게 실제적 도움이 될 것이다.

자녀 양육의 지혜, 남편 섬김의 방법, 세상살이의 정보 등을 책을 통해 얻

고 나눔으로써 여성들은 더욱 아름답게 나이를 먹어 갈 수 있다.

75 기독교인이라면 반드시 읽어야 할 책 100

자녀 양육은 숙제가 아니라
놀라운 축복이다!

행복한 부모가 되는 길을
알고 싶은 당신에게

부모 학교

게리 토마스 | CUP

게리 토마스는《영성에도 색깔이 있다》로 우리에게 알려진 저자
다.《부모 학교》에서 저자는 행복한 부모의 길을 소개한다. 자녀
양육에 대한 두려움과 죄책감을 가지고 있는 부모에게 저자는 자
녀 양육은 숙제가 아니라 놀라운 축복이라는 사실을 강조한다.

　자녀 속에 감춘 하나님의 계획을 통해 부모는 자신감과 기쁨

을 회복할 수 있다. 이 책은 부모가 자녀를 양육하는 과정에서 부모 자신이 얻는 유익을 보게 한다. 자녀를 키우면서 부모는 영적으로 다듬어지고, 내면에 그리스도의 성품이 이루어지는 경험을 할 수 있다. 자녀 양육은 영성 훈련의 명문 학교이다. 저자는 자녀 양육이 주는 유익을 다음과 같이 열거하고 있다.

자녀 양육은 하나님을 갈망하게 한다. 자녀 양육은 죄책감을 다루는 법을 가르쳐 준다. 자녀 양육은 하나님의 음성을 듣는 법을 가르쳐 준다. 자녀 양육은 하나님의 경이로운 기쁨을 누리게 한다. 자녀 양육은 두려움에 맞서는 용기를 길러 준다. 자녀 양육은 분노 처리법을 가르쳐 준다. 자녀 양육은 외양을 넘어 영광을 보게 한다. 자녀 양육은 인내와 견딤과 오래 참음을 가르쳐 준다. 자녀 양육은 인생에서 정말 중요한 것이 무엇인지 가르쳐 준다. 자녀 양육은 우리의 성품 개발을 독려한다. 자녀 양육은 우리에게 희생을 가르쳐 준다. 자녀 양육은 통제와 두려움을 넘어 신뢰와 소망에 이르게 한다. 저자는 자녀를 기르면서 부모의 영혼도 함께 아름답게 빚어진다고 말한다. 이것이 저자가 제시하는 행복한 부모의 길이다.

부모는 스스로 인지하든 못하든, 자녀에게 절대적인 힘을 갖고 있다. 때로 엄마는 하나님보다 힘이 세다! 부모는 자신도 모르게 하나님의 자리에서 하나님보다 센 힘으로 자녀들을 압박하고 몰아세우며, 세상을 행복이 아닌 불행한 모습으로 살아가도록 인도하는 경우가 적지 않다. 그렇기에 무엇보다도 자녀 양육은 신성한 소명(부르심)이라고 저자는 말한다. 부모의 역할은 신성하다.

이 책은 방법론을 다루는 가볍고 달콤한 책이 아니다. 저자는 결혼 후 하나님께서 우리에게 맡겨 주시는 자녀를 어떻게 사랑해야 하는지를 알려 주면서, 자녀 양육에 대한 영적 통찰을 제시한다. 하나님께서 부모를 변화시키기 위해 자녀들을 어떻게 사용하시는지를 보여 주면서, '부모 됨'의 심오한 의미를 깨우쳐 준다.

독자는 자녀를 기르면서 부모의 영혼도 함께 아름답게 빚어진다는 사실을 확인할 수 있다. '충분히' 좋은 부모가 되기 원한다면 이 책을 통해 길을 안내받을 수 있을 것이다. 또한 자녀로 인해 슬픔을 느껴 본 엄마, 아빠들에게 큰 위로와 격려가 된다. 결혼을 준비 중인 예비부부들에게도 의미가 있다. 강력히 추천한다.

자녀를 기르면서 부모의 영혼도 함께 아름답게 빚어진다.

크리스천 부모들이여,
자녀에게 성경적으로 사고하는 법을 가르치라

크리스천 부모로서 자녀에게
믿음의 전수자가 되고 싶은 당신에게

가정아, 믿음의 심장이 되어라

보디 바우컴 | 미션월드라이브러리

최근 교회를 떠나는 그리스도인 자녀들이 급증하고 있다. 미국
의 경우 대학 신입생 때 75~88퍼센트가 기독교 신앙을 떠난다
고 한다. 심지어 그들 대부분은 복음주의적인 가정에서 자랐다
고 한다. 분명 자녀 양육에 큰 문제가 있음을 말하는 결과다. 학
자들의 통계적 수치를 떠나서라도 우리의 현실은 너무나 심각한

지경까지 왔다.

그동안 변화를 위한 많은 노력들은 아무 효과를 거두지 못했다. 청소년 사역에 대한 새롭고 혁신적인 접근법을 다루고 있는 책들이 무수히 출판되고, 어린이를 위한 사역에 더 관심을 기울이자는 의견도 제기되었다. 청소년들이 세상으로 잘 나아가도록 원만하게 도와주는 것이 문제의 해결책이란 주장도 있었다.

그런 방법은 엉뚱한 데서 해결책을 찾는 격이다. 우리의 자녀들이 낙오되는 것을 교회 교육의 탓으로 돌려서는 안 된다. 물론 교회는 자녀들의 신앙생활에 매우 중요한 역할을 담당한다. 그러나 오늘 우리의 자녀들이 교회를 떠나는 것은 가정에서 이루어져야 할 교육을 교회로 떠넘겼기 때문이다. 제자도와 믿음의 전수는 가정에서 시작되고 완성된다. 교회는 가정에서 이뤄지는 신앙 교육에 대해 "성도를 온전케 하며 봉사의 일을 하게(엡 4:12)" 하는 보조적인 역할을 할 뿐이다. 그러면 사람들은 매우 상투적으로 반응한다.

"좋은 말이지만 가정이 그 역할을 다 감당할 수는 없어요. 어쩔 수 없는 일이죠."

자녀들에게 하나님의 말씀을 가르치기 위해 충분한 시간을 투자하지 않고 당연히 교회의 책임으로 여기는 가정들이 넘쳐 난다. 이런 사람들은 성경 읽기에 시간을 할애하는 것은 개인적인 책임이며, 성경의 교훈을 가르치고 체득하게 해서 실천하도록 돕

331

는 것은 온전히 교회의 몫이라고 생각한다. 저자는 이 문제를 가정의 울타리 안에서 재검토한다. 다음 세대를 위해 하나님께서 명하신 것을 가족 구성원들이 이뤄 내도록 동기를 제공하고, 실제적인 도움을 주기 위해 노력한다.

저자에 따르면, 성경적 사랑이 기초이다. 성경적 사랑을 제대로 이해하면 그 토대 위에 자녀들의 영적 생활을 세워 갈 수 있다. 성경적 사랑이 기초라면, 성경적 세계관은 전체적인 틀이 된다. 부모는 자녀들이 성경적으로 사고하는 법을 가르쳐야 한다. 우리 자녀들이 성경 적으로 사고하도록 교육하는 것은 우리의 사명이다. 우리의 세계관은 우리의 일상 속에서 결정과 행동을 유도한다. 우리는 우리가 믿는 바에 따라 행동하게 되어 있다. 우리 아이들도 결국 그들이 믿는 대로 행동하게 될 것이다. 부모는 자녀에게 하나님과 인간과 진리와 지식, 그리고 윤리에 대해 성경적 관점을 가르쳐야 한다.

제5장 '말씀이 살아 있는 가정'에서 저자는 가정이 성경 학교라고 말한다. 대다수 사람들의 생각과는 달리 어린이에게 성경을 가르쳐야 하는 책임은 교회보다 가정에 우선한다. 저자는 자녀의 솔직한 의구심을 수용하고, 자녀의 성경적 질문에 답하라고 말한다.

저자는 책의 역할도 중요하다고 강조한다.

"성경을 가르치는 데 도움을 주는 책을 수집하라. 우리는 자녀들이 무슨 소린지 전혀 알아듣지 못하는 어린아이 때부터 책을 읽어 주었다. …… 자녀들이 성경을 이해하는 데 도움을 줄 수 있는 책들을 수집하라. …… 성경적 진리와 도덕을 가볍게 여기는 오늘날의 문화 속에서 아이들에게 이런 책을 읽히는 것은 정말 가치 있는 일이다. …… TV를 끄고 자녀들의 손에 책을 쥐어 주어라."

후기 기독교(post-Christianity)의 상황은 반(反)가족 사회(anti-family society)를 낳았다. 하나님은 여전히 자녀 양육에 관심을 갖고 계신다. 신명기 6장의 가르침에 근거하는 이 책은 '가정이 이끄는 신앙'을 지향한다. 자녀 훈육은 크리스천 부모의 의무이며 특권임을 강조한다. 저자는 '가정을 기초로 한 청소년 사역' 모델을 제시하면서 크리스천 부모와 교회의 소명을 일깨우고 지혜와 용기를 전해 주고 있다.

대학 입학 후 1년 사이에 교회를 떠나는 십대들 대부분은 복음주의적인 가정에서 자랐다고 한다.

자녀의 인생을 축복하는
50가지 가정 교육법

성공적인 자녀 교육의
비밀을 알고 싶다면

자녀의 삶에 하나님을 더하라

조만제 | 예영커뮤니케이션

저자는 모범적인 독서가로 살아왔고, 기독교 양서를 통해 한국
교회를 섬겨 왔다. 나는 저자를 가리켜 '새벽을 깨우는 영원한 젊
음'이라고 표현한 적이 있다. 저자는 새벽을 깨우는 크리스천이
다. 장로인 부친의 신앙적 교양과 훈계 가운데 성장한 저자는 시
간을 지혜롭게 관리했는데, 특히 가정을 이룬 후 4남매를 양육

하면서 저자는 새벽에 가정 예배를 드렸다. 말 그대로 새벽형 크리스천 가정이다.

저자는 이 시대의 모범적인 아버지상을 보여 주는 분이다. 자녀 앞에서 언행이 일치하는 삶으로 살아 있는 가르침을 주었다. 자녀의 성적을 묻기보다는 진정한 실력자가 되도록 전인 교육에 힘썼고, 진실한 신앙인이 되도록 가르쳤다.

저자는 참교육자로서 후진 양성에 일생을 바친 분이기도 하다. 경희대학교와 경희대 평화복지대학원에서 열정과 진실, 실력 있는 강의로 많은 후학을 키웠다. 국내와 세계 각지에서 제자들이 조국과 세계를 위해 땀 흘리고 있다.

저자는 평생 학습자로서 여전히 미래를 위해 달려 나가는 영원한 젊음이다. 서두르지 않고 한 걸음씩 앞으로 전진해 온 그가 세운 한국기독청소년교육원의 사역은 이제 많은 결실을 맺어 가고 있다. 청소년에 대한 끊임없는 관심과 애정에서 비롯된 이 사역은 자녀 신앙 교육을 위한 부모 교육과 독서 클럽 조직, 연구원 교육 등의 사역으로 확대되어 활발히 진행되고 있다.

책의 부제는 '자녀의 인생을 축복하는 50가지 가정 교육법'이다. 저자는 가정에 믿음의 주춧돌을 세우라고 말한다. 가정을 하나님의 학교로 만들고, 가정을 천국의 모형으로 만들라고 한다. 신앙 공동체로서의 가정의 중요성을 강조하는 것이다. 그리스도인은 새로운 가족 문화를 만들어야 한다.

2장에서 저자는 '자녀들에게 부모는 인생의 거울'이라고 말한다. 아버지는 아버지로서의 자격을 갖추어야 한다. 부모는 기도를 뒷받침해야 하고, 자녀에게 마음의 문을 열어야 한다. 저자는 대화로 사랑의 끈을 연결하라고 말한다.

3장에서 저자는 책 읽기가 모든 학습의 기초라고 말한다. 부모가 아이와 함께 책을 읽으면서 호기심을 유발할 질문을 던지라고 말한다. 책에서 생각의 힘을 얻어야 훌륭한 사람이 되기 때문이다. 저자는 다음과 같이 조언하고 있다.

"좋은 책을 골라 주어라. 글의 힘으로 자녀의 삶을 바꿔라. 시를 선물처럼 안겨 주어라. 방학 중 독서 계획을 세워라."

4장에서 저자는 사랑으로 자녀의 인생을 축복하라고 말한다. 부모는 평화로운 가정을 만들어야 한다. 자녀의 성격을 헤아리고 꿈의 씨앗을 심어 주어야 한다. 다채로운 경험을 통해 정서를 길러 주어야 한다. 또한 저자는 자녀가 '나'를 알아 가는 일기를 쓰게 하라고 말한다.

5장에서는 자녀에게 부모 공경을 가르치고 훈계로 성장을 도우라고 한다. 6장에서는 사랑 깊은 유산을 물려주는 부모가 되라고 전한다. 가정 예배에서 교육을 시작하고, 목적이 있는 신앙 교육을 전승시키라고 한다.

저자는 이 책의 여섯 장에 걸쳐서 성공적 자녀 교육의 비밀을 공개하고 있다. 이것은 이론뿐인 이야기가 아니다. 가정에서의 임상 교육과 시행착오, 이론 정립과 적용의 과정을 통해 열매 맺은 귀한 결실들이다.

부모들이여! 여러분의 품 안에 있을 때 그들에게 철저히 신앙을 교육해야 한다. 금은보화를 물려주는 것보다 신앙을 물려주는 것이 가장 위대한 유산임을 기억하자.

자녀를 천재로 만드는
유태인 가정 교육에서 배우라

세계를 움직이는 1퍼센트를 만드는
유태인 자녀 교육법을 알고 싶다면

천재를 만드는 유태인의 가정교육법
류태영 | 국민일보

미국 유명 대학 교수 중 30퍼센트를 차지하고, 미국 노벨상 수상자의 24퍼센트를 차지하며, 미국을 움직이는 30명의 인물 중 5명을 차지하는 유태인의 두뇌는 어디에서 근원하는 것인가? 이 책은 유태인들의 교육 방식과 우리의 교육 현실을 비교하고 대안을 제시한다.

저자에 의하면, 유태인들을 이해하기 위해서는 "그들의 종교와 교육을 알아야 한다. 그들의 종교 또한 그들의 교육과 밀접한 관계여서, 교육과 종교를 나누어서 생각할 수 없다." 저자는 유태 민족을 연구하면서 그들 교육의 근본은 신앙을 기초로 한 정신 교육에 있다는 것을 알게 된다.

저자는 이 책에서 이스라엘 유학 기간 중에 보고 들은 유태인의 교육 방법을 소개하고 있다. 특히 한국의 교육 현실과 저자 자신의 경험을 함께 언급하면서 바른 학교 교육과 가정 교육의 방향을 이야기하고 있다. 저자는 유태인들의 교육 방법과 지향하는 바를 구체적 예를 들어 소개한다. 그 내용은 다음과 같이 요약할 수 있다.

첫째로, 유태인들은 자녀(학생)들을 한 인격체로 보고 대우한다. 그들은 자녀를 자신의 소유물로 보지 않는다. 그들의 교육은 자녀들의 자립심을 키워 주는 데에 목적이 있다. 유태인의 교육은 개성을 최대한으로 존중하고 더욱 신장시키는 것에 중점을 둔다. 개성을 길러 주는 책임은 가정과 학교와 모든 교육에 있다. 이를 통하여 아이들은 자아를 실현하는 것이다.

둘째로, 그들의 교육은 자녀들의 재능을 계발하고 창의력을 신장시키는 것에 목표를 두고 있다. 이스라엘에서는 모든 아이들의 교육 초점을 창의력을 계발하고 지혜를 키우는 데 맞추고 있다. 창의력 배양을 위해서 질문을 통하여 아이들의 창의력과 사고의 폭을 넓혀 준다. 여기에서 빼놓을 수 없는 것이 바로 인성 교육이다.

유태인들은 아이들의 인격 형성 시기에는 가정에서나 학교에서 결코 학과 성적에 관심을 갖지 않는다. 무엇보다 아이들의 성격이나 창의력, 정신 자세에 깊은 관심을 기울이는 것이다. 이를 통해 아이들은 자연스럽게 천재가 되는 기초를 다지는 셈인데, 그것도 인류의 발전에 공헌하는 천재를 만드는 것이다. 유태인들이 생각하는 천재는 우리가 생각하는 천재와 개념부터 다르다. 기억력의 천재, 아이큐가 높은 천재란 뜻에서 천재가 아니다. 하나님이 주신 재능을 천재로 생각하는 것이다.

무엇보다도 그들의 교육 목표는 사람됨을 목표로 한다. 공부 못하는 것은 얼마든지 이해해 주지만, 거짓말하거나 비겁한 행동을 하는 것은 결코 용서하지 않는다. 유태인들은 사람을 판단할 때 용감하다든가, 봉사 정신이 투철하다든가 하는 인간성을 최우선으로 한다. 당연히 교육의 목표도 인간성에 초점을 두고 있다.

셋째로, 그들의 교육은 가정 교육에서 시작한다. 진정한 가정 교육을 위해서는 아버지의 교육적인 권위가 필요한데, 유태인 가정에서는 아버지가 절대적인 권위를 장악하고 있다. 아버지는 권위를 자녀의 교육을 위해 십분 활용한다. 유태인 가정에서 안식일은 철저하게 지켜지는데, 아버지는 그날을 자녀들과 함께 지내는 시간으로 정한다. 자녀를 한 명씩 자기의 방으로 불러 일주일 동안 있었던 일들을 묻거나, 학교 진도 점검, 《탈무드》 읽기 등으로 30분 정도 할애한다.

어머니의 역할도 중요하다. 아이들에게는 누구나 타고난 재능이 있다. 유태인 어머니들은 항상 '남보다 뛰어나려고 하지 말고 남과 다르게 되라'고 주문한다. 유태인의 어머니들은 아이가 다른 아이보다 무엇을 잘하는가 찾으려 하지 않고, 무엇이 다른가를 찾아내어 키워 주려 노력한다.

이 책은 저자가 직접 보고 관찰하고 연구하여 얻은 '유태인 교육'의 본질을 알려 준다. 자녀 교육에 관한 책이 많이 있지만, 또 다른 측면에서 지혜와 통찰을 줄 것이다.

유태인의 가정 교육은 물고기 잡는 법을 가르쳐 준다.

기독교인이라면
반드시 읽어야 할 책 100
79

하나님이 부모를 공경하라고 명령하신 이유

성경적인 효를
실천하려면

성경적 효 입문

김시우 | 도서출판 다사랑

성경적 효를 학문적으로 정립하고 체계적으로 서술한 탁월한 저
작이다. 초등학교 시절부터 성경적 효 사상에 남다른 관심을 가
졌던 저자 김시우 박사가 심혈을 기울여 연구한 결과를 우리 앞
에 내놓았다. 효와 윤리와 도덕이 무너진 오늘의 현실을 바라볼
때 이 책의 출간은 때맞추어 이루어진 노고의 결과다. 이 책은 모

든 윤리의 근간이요 초석이라고 할 효 사상을 성경적 관점에서 최초로 심도 있게 탐구하였고, 그 덕목의 보편화 가능성을 제시하였다. 뿐만 아니라 성경적 효 체계의 통합성과 공동체 생활화 문제까지 다룸으로써 '사랑의 효'를 통해 성경적 효의 현대적 의미를 밝혀내고자 하였다.

저자는 십계명의 신적 기원을 믿는 신앙을 출발점으로 하여, '약속 있는 첫 계명'인 제5계명(부모 공경)의 심오한 의미와 현대적 중요성을 역설하고 있다. 일찍이 16세기의 개혁자 장 칼뱅은 제5계명을 설명하면서 "자기를 낳아 준 분들의 노고를 인정하지 않는 자들은 인생의 혜택을 받을 자격이 없다"고 말한 바 있다. 미국의 탁월한 설교자 제임스 보이스는 제5계명이 특별히 말하고 있는 것은 가정과 육적인 부모라고 말하면서 "십계명의 둘째 판은 부모와의 관계에 대한 율법으로 시작한다. 이렇게 된 것은 의도적인 것이라 할 수 있는데, 이처럼 부모와의 관계를 다룸으로써 이 계명은 사회의 가장 작은 단위, 즉 사회의 다른 모든 관계와 구조들의 근본이 되는 가족에 초점을 맞출 수 있기 때문"이라고 했다.

오늘날 한국 교회는 신앙과 윤리 사이의 격차로 인해 많은 어려움을 겪고 있다. 스스로 진리를 알고 있다고 자부하는 그리스도인들조차도 '성경적 효'의 기본을 모를 뿐 아니라, 그 실천 전략을 전혀 생각하지 않는 것이 현실이다. 이에 저자는 부모 공경의 계명을 바탕으로 한 성경적 효가 믿음과 행함의 에너지요, 신행 일치의 원동력이라고 역설한다. 요컨대 성경적 효 체계는 현대 사회의 윤리적 문제점에 대한 해결 방안과 대안의 기능이 있다는 것이다.

이 책에서 저자는 효의 새로운 패러다임을 제시한다. 성경적 효는 하나님을 경외하며 주 안에서 부모를 사랑으로 공경하고 섬기는 것이다. 더 나아가서 성경적 효는 인간 공동체를 위한 질서를 내포한 사랑의 규범이기도 하다. 저자는 성경에서 다양한 효맥(孝脈)을 발굴하여 쇠퇴해 가는 전통적 효 사상을 '사랑의 효(HYO)', 즉 세대간 조화(Harmony of Young & Old)와 화합의 정신으로 새롭게 해석, 복원했다.

먼저 천부효도(天父孝道)로 창조주 하나님을 경외하여 하나님 아버지와 인류의 화목(신앙)을 이루고, 나아가 친부효도(親父孝道)로 가정에서 부모와 자녀 간의 화합에서 시작하여 가족 간의 화목, 직장에서의 노사 화합, 사회와 국가 공동체에서 계층·세대·지역 간 화합과 통합(윤리) 등의 사상적 배경과 실천 방안을 제시했다. 이를 통해 21세기 세계 평화와 인류 하모니 사상으로 인류 사적 지표를 제안하고 있다.

이 책은 땅에서 잘되고 장수하며 복을 누리는 비결과 가화만사성(家和萬事成)의 원리를 가르쳐 준다. 21세기 현대인들의 필독서로, 현대적 의미의 효가 무엇인지를 기독교인은 물론 비기독교인들에게도 소개할 만한 책으로 추천하고 싶다.

하나님이 우리 위에 세우신 사람들을 우리는 존경하며 경의와 순종과 감

사로 대해야 한다.

Chapter 7

신은
있는가?

순례의 신학이 전하는
메시지는 무엇인가?

순례의 영성과 보행의 신학이
답을 제시한다

길 위에서 하나님을 만나다

찰스 포스터 | IVP

저자는 '순례의 신학'을 소개한다.

여행은 인간이라는 존재의 정의와 정신세계의 근간을 이룬다.
이동하고 싶은 욕구를 억누를 수는 있지만, 억누르면 우리의 머
리와 사회와 영혼과 혈관에 좋지 않은 일이 벌어진다. 유대교와
기독교 전통을 보면 여호와는 분명하고 확실하게 유목민 편이시

다. 그분은 궤 안에서 난민의 어깨에 메여 이동해 다니시고 천막 속에서 경배를 받으신 순례자 하나님이셨다.

유목민의 삶에는 여호와의 가치관과 성품을 그대로 닮은 요소가 많이 있다. 이를테면 주변부에서 이루어지는 삶, 사람을 가리지 않는 극진한 대접, 주변부 사람들에게 느끼는 연대감, 인간과 환경이 맺는 친밀한 관계, 걸음마다 새로워지는 시각, 재물에 초연한 자세 등이다.

인간이 되신 여호와 하나님은 집 없는 떠돌이셨다. 그분은 신비로운 나라가 임했다고 선포하시며 팔레스타인을 걸어 다니셨다. 그것이 바로 복음이었고, 지금도 마찬가지다. 그분은 사람들에게 자기를 따르라고 하셨는데, 곧 걷는다는 뜻이었다. 그분의 흙 묻은 발을 중심으로 돋아난 나라는 먼저 된 사람이 나중 되고 나중 된 사람이 먼저 되는 신기한 나라였다.

저자에 의하면, 하나님께서 사람이 되셨을 때 그분은 집 없는 방랑자가 되셨다. 그분은 팔레스타인을 가로질러 걸어가면서 신비한 왕국이 도래했다고 선포하셨다. 그분은 사람들이 따르도록 초청하셨고, 초청의 내용은 걷는 것이었다.

순례란 하나님을 따라 유랑하는 것이다. 행선지가 정해져 있다 해서 유랑이 아닌 것은 아니다. 그리스도인의 순례는 예수님과 함께 걷는 것이고, 마땅히 그래야 한다.

"물리적인 순례는 몸과 물집과 배고픔과 설사가 모여 이루어

349

지며 그 자체로 하나님 나라의 활동"이라고 저자는 말한다. 순례는 편협한 생각과 스스로 의롭게 여기는 독선과 불안한 마음을 물리치는 데도 효과가 좋다. 순례는 뒤로 돌아가는 여정이다. 순례는 우리에게 새로운 눈, 즉 어린아이의 눈을 준다. 순례자는 춤추며 즐거워하는 어린아이다.

발걸음이 차곡차곡 쌓일수록 당신은 하나님 나라의 주변부에 조금씩 가까워진다. 그리하여 깨어진 것들이 회복되고 새로운 것들이 만들어진다. 신체적인 이유로 순례를 떠날 수 없는 사람들도 있지만, 예수님의 제자로서 방랑자의 마음가짐은 누구나 가질 수 있다.

순례는 급진적 기독교를 맛보게 한다. 급진적이지 않은 것은 기독교라 할 수 없으므로 사실 '급진적 기독교'라는 말은 중복된 표현이다. 이해하기 쉽지 않은 개념이지만 직접 길을 걸어 보면 이해가 잘될 것이다.

저자에 따르면, 초기의 아일랜드 교회는 순교의 종류를 세 가지로 보았다. '적색 순교'는 그리스도를 위하여 죽는 것이고, '녹색 순교'는 힘든 금욕을 실천하는 것이며, '백색 순교'는 몇 년씩 집을 떠나서 사는 것이다. 아일랜드의 순례자들은 녹색 순교와 백색 순교의 길을 갔다.

"순교자들은 예수님의 발에도 피가 흘렀음을 기억하며 눈길을 맨발로 걷곤 했고, 백색 순교자들은 갈매기의 이동로를 무작정 따라가거나 암자를 예루살렘 삼아 저 아래 난파선에서 쉬고 있는 바다표범들을 내다보곤 했다."

예수님이 제자들에게 처음으로 하신 말씀은 "나를 따르라"였다. 예수님은 다른 말씀들도 하셨지만 사복음서를 요약하면 "함께 산책을 나가자"도 나쁘지 않다.

예수님의 샌들을 중심으로 그 나라가 발현되었듯 순례자들의 신발을 중심으로 그 나라의 꽃들이 피어날 수 있다.

신은 만들어지지 않았다, 스스로 존재할 뿐

《만들어진 신》의 리처드 도킨스에게 보내는 설득력 있는 응답

스스로 있는 신

데이비드 A. 로버트슨 | 사랑플러스

이 책은 《만들어진 신》의 저자 리처드 도킨스에게 보내는 공개 비평 서한이다. 최근 무신론계에서 가장 주목받는 사람들 중 한 사람을 꼽는다면 리처드 도킨스일 것이다. 도킨스는 '이 시대 최고의 지성 100인'에 오를 정도로 영향력 있는 과학자이며, 베스트셀러 작가이기도 하다. 그의 《이기적 유전자》는 1976년 출간 이

후 30년 동안 과학계를 떠들썩하게 한 세기의 문제작이며, 창조론과 진화론의 대립 양상을 밝힌《눈먼 시계공》은 영국왕립학회 문학상과 〈로스앤젤레스 타임스〉 문학상을 받았다.

《만들어진 신》에서 도킨스는 과학과 종교, 철학과 역사를 넘나들며 창조론을 공격하고, 특히 기독교 신앙을 주된 공격 목표로 설정하여 논의하고 있다.《스스로 있는 신》은 리처드 도킨스의 공격에 대한 적절하고 설득력 있는 응답이다. 유정칠 교수는 추천사에서 도킨스의 과학이 무신론으로 진화했다고 표현했다. 옥스퍼드의 동물학과 교수로 있는 도킨스는 '창조와 진화'에 관한 논쟁에서 창조론자들을 공격하는 진화론의 옹호자로 자주 나온다. 그는 자신의 학문 분야인 생물학을 넘어 종교와 신학 문제를 다루면서 논리의 비약과 부적절한 근거를 들어 선동적으로 창조 신앙을 공격하고 종교(특히 기독교)를 거부한다.

도킨스의 공격에 대해 데이비드 로버트슨은 열 통의 편지 형식으로 논리적 허점을 날카롭게 지적하고 있다. 리건 던컨 박사는《스스로 있는 신》에 대해 "탁월한 내용은 유쾌하고 매력적으로 다가온다. 각각의 편지들은 리처드 도킨스의 오류투성이의 유치한 주장들을 지적하고 폭로하는 데 주저함이 없이 당당하다"라고 평가하고 있다.

저자가 밝히고 있듯이, 이 글의 목적은 도킨스의 책에서 발견되는 기본적인 허구들에 대해 진실을 이야기하고 이의를 제기하는 것이다. 저자는 구약의 신이 잔인하다는 주장은 허구라고 말한다. 그는 구약을 읽을 때면 놀라운 하나님을 발견한다. 그분은 자비, 정의, 아름다움, 거룩함, 사랑의 하나님이시다. 신약의 하나님도 똑같다. 도킨스가 만들어 낸 우스꽝스러운 하나님의 모습은 성경의 가르침을 무시하고 전후 관계를 고려하지 않은 채 몇몇 인용문들을 취할 때에만 겨우 가능하다.

도킨스는 묻는다.

"누가 설계자를 설계했는가?"

도킨스의 물음에 대해 저자는 "아무도 아니다"라고 답한다.

"하나님은 만들어지지 않습니다. 하나님은 창조주이지 창조물이 아닙니다. 하나님은 시간과 공간 밖에 계십니다. 하나님은 무(無)에서 창조하십니다."

도킨스는 성경이 부도덕하다고 주장한다. 이것도 허구라고 저자는 말한다. 저자에 의하면, 성경은 다른 어느 것보다 믿을 수 있고 타당하다. 애매하고 난해해 보이는 부분조차도 좀 더 시간을 두고 고민하다 보면 21세기 보통 사람의 필요와 욕망과 삶을 다룬다는 것을 깨닫고 깜짝 놀라게 된다.

이 책의 마지막 부분에는 주제와 관련된 도서 목록이 있다. 저자는 주제와 관련하여 백 권이 넘는 책과 논문을 읽었다. 저자는 알리스터 맥그래스의 《도킨스의 신》, 《무신론의 황혼》, 스티브 J. 굴드의 《시대의 반석》, 휴그 밀러의 《창조주의 발자국》, 《암석들의 간증》, 존 폴킹혼의《쿼크, 혼돈, 기독교》, 오웬 진저리치의《하나님의 우주》, 마이클 베히의《다윈의 블랙박스》등 많은 책을 소개하고 있다.

저자는 왜 기독교가 진리라고 믿는 것일까? 저자는 간단하게 답하고 있다.

"창조가 있습니다. 인간의 정신과 영혼이 있습니다. 도덕률이 있습니다. 악이 있습니다. 종교가 있습니다. 경험이 있습니다. 역사가 있습니다. 교회가 있습니다. 성경이 있습니다. 예수님이 계십니다."

다원주의와 무신론 사이에는 분명 논리적 틈새가 있다. 도킨스는 그 틈새를 증거가 아니라 현란한 수사로 연결하려는 것 같다. _알리스터 맥그래스

(영국의 신학자)

355

어떤 의미에서 교회가
하나님의 형상인가?

삼위일체와 교회 사이에는
긴밀한 연관 관계가 있다

삼위일체와 교회
미로슬라브 볼프 | 새물결플러스

교회론 연구에 대한 가장 중요한 공헌 중 하나로 평가받은 이 책
의 원제는 '우리의 모양을 따라'이다. 저자 미로슬라브 볼프가 다
루는 주제는 하나님의 형상으로서의 교회이다.

저자는 서문에서 책을 쓰게 된 유래를 소개한다. 그는 마샬 티
토와 공산당원들이 권력을 휘두르던 시기에 유고슬라비아(현재는

크로아티아)의 목사 사택에서 태어났다. 그의 부모님은 자신들이 돌봐야 할 신자들의 작은 공동체를 위해 '살았다'. 그의 가정은 교회 속에 있었고, 교회는 그의 가정 깊이 스며들어 있었다.

저자는 학교에서 '인민의 적'의 아들로서 노골적인 차별을 받으며 성장했다. 이에 분개하면서 그는 한때 아버지의 길을 뒤따르지 않으리라고 맹세했다. 그러나 그의 영혼에 깊이 새겨진 것은 부모님이 공동체에 대해서 가졌던 굴하지 않는 헌신의 마음, 즉 사랑이었다. 그것은 교회를 사랑하시고 교회를 위하여 자신을 주신 그리스도의 헌신을 반영하는 헌신이었다. 저자는 말한다. "그러한 사랑이 아니었더라면 나는 어쩌면 그리스도인이 되지 않았을 것이며, 신학을 공부하지 않았을 것이다."

사랑의 목격자로서 저자는 교회라 불리는 공동체가 실제로 삼위일체 하나님의 형상이라고 이야기한다. 저자에 따르면, 교회는 하나님의 삼위일체적 삶 속에, 즉 자신을 내주는 사랑으로 불경건한 이들을 구원하시고 하나님 자신과의 교제로 이끄는 '삼위일체 삶' 속에 뿌리를 박고 있다. 삼위일체와 교회 사이에는 긴밀한 연관 관계가 있다는 점을 그는 강조한다. 이것은 다음과 같은 점들을 시사한다.

그리스도인의 삶은 동등한 이들의 공동체 속에서 사는 것이며, 교회와 교회의 구성원들이 하나님이 자기를 내주는 사랑을 본받을 수 있게끔 그리스도의 성령에 의해 힘을 받아야 하며, 관대함과 용서 그리고 원수 사랑의 실천을 요구한다.

저자는 자유 교회라는 교회론을 소개한다. 이 책은 '우리가 교회다'라는 자유 교회의 저항적인 외침을 삼위일체의 틀 안에서 자리 잡게 하여 해명하는 것이다. 저자는 몰트만과 판넨베르크의 에큐메니칼(Ecumenical) 연구와 조직 신학의 조명을 적극적으로 받아들인다. 특히 최초의 침례교도인 존 스미스의 목소리에도 귀를 기울인다.

저자에 의하면, 신앙을 경험한다는 것은 '교회적 존재'가 된다는 의미이다. 그는 말한다.

"만일 삼위 하나님과의 교제 속으로 전체 하나님의 백성을 모아 종말론적 통합의 역사 속에서 이러한 경험을 선취하고자 한다면, 교회 이외의 다른 방식으로는 이를 실현할 수 없다."

본래 이 책의 원고는 튀빙겐 대학교 신학부의 박사 후 과정에 요구되는 교수 자격 논문으로 제출되었다. 저자는 독자들의 편의를 위해 다소 수정을 가했다. 이 중요한 책은 교회에 관한 중요한 질문들을 던진다.

이 책을 읽고 오늘의 교회에 대해 더 깊이 생각하는 독자가 많아지기를 바란다. 특히 개신교 교회론에서 발견되는 개인주의적 경향에 맞서야 하는 이유를 발견하고, 인격과 공동체가 각각 존중되는 교회에 대한 이해가 증진되기를 기대한다.

구원을 위한 외적 보조 수단으로 교회를 이해하는 것은 구원론적으로나 교회론적으로 부적절하다. 교회는 단순히 경건한 개인들의 덕성을 함양시켜 주는 훈련의 주체나 장이 아니다.

내 입맛에 맞는 교회만
찾고 있는가?

예수님의 사랑과 섬김을 실천하는

하나님의 교회로 거듭나려면

이것이 교회다

찰스 콜슨, 엘렌 산틸리 본 | 홍성사

세상의 희망이 되는 교회를 이야기하는 책이다. 우리는 교회의
정의를 내리는 것에 어려움을 겪고 있다. 우리는 예배 드리는 장
소를 교회라고 부르고 있다. '교회를 세운다'고 말할 때, 사람들
이 영적으로 성숙해지도록 기르고 있다는 말이 아니라, 건물을
짓고 있다는 의미인 것이다. 이것은 교회에 대한 우리의 관점을

전제로 하는 말인 동시에 그 관점을 결정하는 말로, 교회의 중요
도나 성공 여부가 건물 자체의 크기나 웅장함에 직결되어 있다
는 생각을 낳았다. 불신자들이 교회의 정체성이나 사명을 정확
히 이해하지 못하는 것은 당연한 일이지만, 그리스도인 스스로
가 자기 정체성이나 사명을 제대로 이해하지 못한다는 것은 그
야말로 곤혹스러운 일이다.

갤럽 조사에 의하면, 비슷한 환경에서 교회에 다니는 사람과 다
니지 않는 사람과의 행동을 비교해 보니 별반 다를 바가 없었다.
거듭났다고 고백하는 신자들에게서조차 타락한 행동을 발견할 수
있었다는 것이다. 저자에 의하면, 많은 그리스도인들은 오직 '예수
와 나'의 관계만 중요시하여, 그리스도에 대한 개인적인 순종에
열중한 나머지 핵심을 모두 놓쳐 버렸다. 우리 각 개인은 그리스
도의 몸, 즉 교회의 일부가 되어 전투에 소집, 곤궁한 이 땅에 참
된 소망과 진리를 가져다주기 위해 부름을 받았다.

이 책은 각각의 교회들이 아니라 본질적 교회를 다룬다. 이 책
의 목적은 교회에 관한 위대한 교리를 상세히 설명하고, 교회가
지닌 숭고한 비전을 고취시키며, 교회라는 한 단계 높은 관점에
주의를 돌리려는 것이다. 교회는 인종과 국가, 다양한 신앙 고백
을 가진 하나님 의 백성들로 구성된다고 진정으로 믿기에, 저자
는 가능한 한 가장 포괄적인 관점에서 교회라는 주제를 다룬다.

교회 정체성의 위기는 우리 문화 깊숙이 배어 있는 소비자 심

리에 뿌리를 두고 있다. 종교 소비주의에 영합하는 행위가 교회에 심각한 영향을 미쳤다는 사실만은 짚고 넘어가야 한다고 저자는 말한다. 종교 소비자들의 소비 욕구는 여론 조사에 잘 나타나 있다. 〈유에스에 이 투데이〉가 시행한 조사에 의하면 전체 미국인 중 56퍼센트가 교회에 출석하고 있다. 그중 45퍼센트는 '자신들에게 도움이 되기' 때문에, 26퍼센트는 '마음의 평화와 정신적인 안정' 때문에 나간다고 했다. 목회자들의 설교도 잘못된 것을 지적하고 정곡을 찌르는 설교보다는 교인들의 입맛에 맞다면 정통 신앙이든 뉴에이지 운동이든 상관없는 것이다. 교회는 성도들에게 성경과 교리를 잘 이해시키고, 그와 더불어 기독교의 진리를 삶의 모든 영역에 적용시키도록 할 수 있는 모든 일을 해야 한다.

저자는 진리를 가르치는 일은 목회자뿐만 아니라 교회에서 지도적인 위치에 있는 모든 교인들이 참여해야 할 일이라고 말한다. 그것은 반드시 성도의 생활에 영향을 주는 가르침이어야 한다. 이런 일들을 행해야 교회는 좀 더 건전하고 성숙해지며 그에 따른 열매, 곧 일치와 그리스도와의 친밀한 관계, 모든 교인들이 참여하는 진리의 공개적인 증거와 목회 사역, 기꺼이 자기 자신을 내주는 살아 있고 역동적인 친교와 상호 관심 등의 열매를 맺을 것이다.

저자는 기독교 세계관적 관점에서 이 시대의 바른 교회상을 제시하고 있다. 많은 어려움과 모순에 직면한 현대 교회가 나아가야 할 길을 보여 주면서, 이를 통해 한국 교회가 다시 거룩함과 순결을 회복하고, 예수의 사랑과 섬김을 실천하는 하나님의 교회로 거듭나도록 도와준다.

영역 싸움을 조심하십시오. 처음에는 사소해 보일 수도 있지만, 결국에는 교회의 하나됨을 깨뜨리고, 도움이 필요한 주변 사람들에게 그리스도의 사랑을 증거하는 일을 망칠 것입니다.

교회의 본질은
무엇인가?

그리스도의 교회는 어떠해야 할지

고민하는 당신에게

교회란 무엇인가?

한스 큉 | 분도출판사

고 옥한흠 목사(사랑의 교회)는 미국 유학 중에 한스 큉의 책을 읽고 큰 충격을 받았다고 한다. 이 책은 탁월한 저작이다. 유익하기도 하다. 필터링이 필요한 내용이 있지만, 전체적으로 통독의 가치가 있다고 본다.

한스 큉은 가톨릭의 거물급 신학자이지만, 개신교에 관하여 균형 잡힌 이해를 가지고 있다. 그는 가톨릭 진영 안에 있는 개신교 신학자로 불리기도 한다. 이 책은 1978년 3월 우리말로 처음 소개되었다. 한스 퀑은 묻는다.

"그리스도의 교회에 있어서 과연 무엇이 근본적으로 중요하고, 무엇이 그렇지 않은가?"

저자에 따르면, 교회의 본질과 형태는 따로 나누어서 볼 것이 아니라 하나의 전체로 보아야 한다. 본질과 형태의 구별은 개념상의 구별이지 실재상의 구별은 아니다. 형태 없는 본질은 꼴이 없으니 비실재요, 본질 없는 형태는 알맹이가 없으니 역시 비실재다. 교회의 본질은 언제나 역사적 형태 안에서 보아야 하고, 역사적 형태는 언제나 본질을 출발점과 목표로 해서 이해해야 한다. 그에 의하면, 교회의 '본질'은 불변하는 플라톤적 이상인 천국에 있는 것이 아니고, 오직 교회의 역사 안에 있다. 현실 교회는 비단 역사를 가지고 있을 뿐 아니라 역사가 발생하는 가운데 존재한다.

저자에 의하면, 궁극적으로 신앙은 단순히 교회에서 나올 수는 없고, 교회도 단순히 신앙에서 나올 수는 없다. 교회는 개인의 신앙의 결단과는 상관없는 객관적인 존재가 아니며, 신앙인들도 스스로 모여 교회를 만들 수 있는 것은 아니다. 신앙과 교회는 서로 의존하며, 서로가 도와서 열매를 맺는다.

저자는 회개는 근본적이고 전적인 내적 전환이요, 전인(全人)의 하나님에의 회귀라고 말한다. 바른 설명이다. 복음의 신앙은 근본적으로 회개와 조금도 다를 것이 없다. 철저한 회개는 구원의 시대가 성취되었고 하나님의 통치가 시작되었다는 믿음으로 말미암아 가능하다. 철저한 신앙은 자기 자신의 죄와 은총의 필요성을 인정하고 하나님의 뜻을 철저히 수행할 자세를 표현하는 회개에서만 가능하다.

저자에 따르면, 주의 만찬은 교회와 교회의 여러 가지 예배 행위의 중심이다. 여기서 교회는 온전히 주님과 함께 있고, 따라서 온전히 자기 본연의 존재가 된다. 그리스도의 교회는 모여서 함께 식사를 한다는 가장 깊은 친교에 이른다. 친교로 세상에서 봉사할 힘을 얻는다. 이 식사는 기념과 감사의 식사이므로 교회는 본질적으로 감사하며 기념하는 공동체다. 이 식사는 계약과 친교의 식사이므로 교회는 본질적으로 줄기차게 사랑하는 공동체이다. 이 식사는 종말의 잔치를 미리 맛보는 것이며, 교회는 본질적으로 자신 있게 기다리는 공동체. 교회는 그러므로 본질적으로 식사의 친교다. 본질적으로 친교요, 일치요, 상통이다.

이 책은 비교적 방대한 원본을 짧고 이해하기 쉬운 책으로 만들어 달라는 요청의 결과이다. 일종의 축소판이다. 저자는 교회의 본질에 관하여 결정적으로 중요한 부분을 축소판에 옮겨 놓았다.

교회는 절로 존재하는 것이 아니라 구체적으로 신앙인들을 통하여 존재한

다. 국민 없는 국가가 없고 지체 없는 육신이 없듯이, 신앙인 없는 교회란

없다.

왜 아직도
정의를 말해야 하는가?

정의는 하나님이 생각하신 세상을
만드는 것이다

팀 켈러의 정의란 무엇인가

팀 켈러 | 두란노

뉴욕 시의 리디머 장로교회의 목사인 팀 켈러는 이 책에서 복음주
의자들에게 사회 정의의 실천을 설득력 있게 촉구하고 있다. 켈러
는 과장 없이 신구약 본문을 통해 고아와 과부와 나그네(이민자)를
위한 정의를 요구하시는 하나님의 마음을 소개한다.

저자에 의하면 하나님의 은혜에 관한 개인적인 경험과 정의와

가난한 자들을 향한 마음은 직접적으로 관련이 있다. 그는 사회 정의에 관심이 있으나 돈을 어떻게 사용해야 하는지, 경력을 어떻게 만들어 가야 하는지, 이웃들을 어떻게 선택해야 하는지 모르는 젊은 그리스도인들을 염두에 두고 책을 썼다. 또한 정의를 행하는 일을 의심의 눈으로 바라보는 '정통' 그리스도인들을 위한 책이기도 하다. 뿐만 아니라 정통 복음주의 교리를 팽개치고 정의를 실현하려는 젊은이도 마음에 두고 썼다.

저자에 의하면, 가난한 이들에게 깊은 관심을 갖는 게 중요하지만, 성경이 말하는 정의의 개념은 거기에 한정되지 않는다. 일반적으로 '의로워지다'로 풀이되지만 '공정해지다'는 뜻으로도 해석하는 히브리어를 잘 곱씹어 보면 더 많은 깨달음을 얻을 수 있다. 그것은 '짜데카'라는 단어인데, 올바른 관계들 가운데 사는 삶을 가리킨다.

성경학자 알렉 모티어는 '의롭다'는 말을 "하나님과 올바른 관계를 맺고 있는 까닭에 삶에서 맞닥뜨리게 되는 모든 관계를 바로잡는 일에 자연스럽게 헌신한다"는 의미로 정의한다. 저자는 성경이 말하는 의로움이 관계들에 관한 것이므로 필연적으로 '사회적'일 수밖에 없다고 말한다. 현대인들은 성경을 읽다가 '의로움'이라는 단어와 마주하면 일단 성적으로 순결을 지키거나 열심히 기도하고 하나님 말씀을 공부하는 것 같은 개인 윤리의 차원에서 생각하는 경향이 있다. 그러나 성경이 말하는 '의로움'은 하루

369

하루 가족 및 사회적인 관계들을 공정하고 공평하며 관대하게 이끌어 가는 일상적인 생활을 지칭한다.

저자에 따르면, 교회의 사명은 공의를 행하는 것이 아니다. 말씀을 선포하고 보전하며 건전하게 양육하는 일이라고 믿는다. 가난한 이들에게 공의와 사랑을 베푸는 일이야말로 믿음으로 의롭게 되었음을 보여 주는 증거다. 실제적이고 물질적인 결핍을 채워 주려는 노력 없이 복음을 전하는 활동만으로 이웃을 사랑할 수는 없다는 것이다. 신약을 보면 초대 교회는 교회의 재정과 물질을 공동체의 가난한 구성원들과 나누는 일을 공정하게 처리하기 위해 집사라는 특별한 일꾼을 세웠다.

성경의 정의 개념은 포괄적이며 실제적이지만, 또한 고상하고 놀랍다. 공의는 역사 속에서 하나님이 행하고 계신 일들의 핵심이다. 하나님은 인류를 그분 자신과 화목하게 하시며, 위대한 사역의 결과로 세상 모든 피조물이 주님과 화평하게 된다.

성경이 말하는 정의의 중심에는 '샬롬'이라는 목표가 있다. '샬롬'은 보통 '평화'로 번역되지만, 원어는 그보다 훨씬 심오한 의미를 담고 있다.

"이 말은 모든 관계가 올바르고 완벽하며 기쁨으로 가득해서 물리적, 정서적, 사회적, 영적인 차원을 통틀어 한 점 부족함 없이 완전하게 조화를 이룬 상태를 가리킨다."

저자가 말하는 정의는 사람들을 공정하고 공평하게 대하는 것이다. 이러한 정의는 하나님의 성품으로서의 의(righteousness)와 연결되어 있다. 성경적 의는 바른 관계의 삶을 가리킨다. 그 의는 '사회적 의'다. 따라서 정의로운 삶으로의 부르심은 피할 수 없다고 저자는 답하고 있다.

가난한 이들을 위해 아낌없이 공의를 베푸는 삶은 진실하고 참된 복음을 믿고 좇는 이들에게 반드시 나타나는 명확한 증거다.

성경으로 풀어 읽는
한국 초대 교회사

내 조상들의 하나님을

만나고 싶다면

한국 교회 처음 이야기

이덕주 | 홍성사

책의 부제는 '성경으로 풀어 읽는 한국 초대 교회사'다. 저자는 한국 교회 1세대의 순전한 믿음과 처음 신앙을 생생하게 보여 주고 있다. 빚 문서를 불태우고 마을 사람들의 빚을 탕감해 준 부자, 노비를 수양딸로 삼은 과부, 성경을 다 외워 버린 맹인, 세례를 받기 위해 나무 십자가를 어깨에 메고 천 리 길을 걸어온 사람

372

들의 믿음을 만날 수 있다.

저자에 의하면, 성경 말씀이 한반도에 응하여 한민족 역사 속에 일어난 말씀의 성육신 사건을 기록하는 것이 한국 교회사의 내용이 되어야 한다. 저자는 먼저 한국 교회의 '위기 상황'을 지적한다. 교회 안 깊숙이 파고들어 온 물질주의와 세속주의, 물량적 업적주의가 빚어낸 각종 부조리, 그리고 윤리적 문제 등 한마디로 처음 사랑의 순수한 열정이 사라졌고, 조건 없는 희생을 찾아보기 어렵다는 것이다. 그런 의미에서 오늘 한국 교회에 가장 시급히 요구되는 것은 '회개'와 '처음 사랑 회복'이다.

책의 열네 번째 이야기의 제목은 '네 이름이 무엇이냐'이다. 1890년대 후반, 강화도 북단 홍의 마을에 복음이 들어왔다. 마을 훈장으로 있던 박능일이 먼저 복음을 받아들이고, 서당을 예배당으로 삼아 교회를 시작하였다. 마을 사람들은 '훈장님 말씀 따라' 예수를 믿기 시작했다. 그때 처음 믿은 사람들이 세례를 받으면서 이름을 바꾸었다. 그들은 믿을 '신(信)', 사랑 '애(愛)', 능력 '능(能)', 은혜 '은(恩)', 충성 '충(忠)', 거룩할 '성(聖)' 같은 글자들을 적은 쪽지를 주머니에 넣고 함께 기도한 후에 한 사람씩 쪽지를 꺼냈다. 제비뽑기를 한 것이다. 그리고 한 '일(一)' 자를 돌림자로 하여 이름을 바꾸었다.

"홍의교회의 박능일, 권신일, 권인일, 권문일, 권청일, 권혜일, 김경일, 김부일, 종순일, 주광일, 장양일 등이 그렇게 해서 나왔다."

홍의 마을 교인들은 모두 이름을 바꾸었고, 족보에도 새 이름을 올렸다. 그들은 개명을 통해 세례가 갖는 신생(新生)의 의미를 보여 주었고, 한 '일' 자를 돌림자로 씀으로써 신앙 공동체 의식을 강하게 표현하였다.

저자 이덕주 교수는 이렇게 집필 목적을 밝히고 있다.

"이 책을 쓰면서 궁극적으로 기대한 것은 내 조상들의 하나님을 만나는 것이었다. 과거의 하나님을 오늘의 하나님으로 모시는 일이다. 한국 초대 교회사를 아름답게 장식했던 신앙 선배들의 하나님을 다시 만날 때, 오늘의 한국 교회가 처한 신앙 위기를 극복할 수 있을 것 이다. 결국 이 책에 실린 모든 글은 글을 쓰는 나 자신을 향한 경고이자 채찍이고, 훈계이자 격려이다. 행여 이 글을 읽는 이들 가운데 내가 글을 쓰면서 느꼈던 아픔과 감동에 동감할 수 있는 독자가 있다면 더 바랄 것이 없겠다."

이 책은 읽은 대로 배운 대로 성경을 실천하며 1903년 원산 부흥운동, 1907년 평양대부흥 운동, 1909년 백만명구령운동의 '성령 바람'을 일으켰던 신앙 선조들의 열정과 한국 교회의 성장 과정을 그리고 있다. 저자의 신학적 입장과 생각이 다소 드러나는 부분도 있지만, 전체적으로 유익하고 감동적이다.

원산에서 시작된 부흥운동의 불길은 서울과 개성을 거쳐 전국으로 확산되었고 마침내 1907년 평양 대부흥운동으로 연결되었다.

깨끗한 부자가 되는 것이 생의 목표가 될 수 없다!

'부유한 삶'이 아니라
'거룩한 삶'을 추구하려면

바늘귀를 통과한 부자

김영봉 | IVP

부와 돈의 문제는 초대 교회부터 논의된 '뜨거운 감자'였다. 라틴
교부 키프리안은 부의 선한 사용과 실천을 위해 수백 편의 설교
를 했다고 한다. 그는 "가난한 자들 자신도 도움을 필요로 하는
사람들에게 베풀 책임이 있다"라고 했다. 일찍이 리처드 포스터
는《돈 섹스 권력》에서 돈의 어두운 면과 밝은 면을 이야기한 후,

"돈은 보다 큰 목표를 위해서 붙잡혀야 하고 복종해야 하며 사용되어야 한다"라고 말했다. 토마스 머튼은 현대의 물질 만능주의를 슬퍼하면서 "우리 생활의 진정한 법은 부와 물질의 힘이라는 법이다"라고 말하기도 했다.

그리스도인들에게 있어서 돈을 지나치게 중요시하는 것은 단순히 불행이라기보다는 우상 숭배이다. 그리스도께 충성하기 위해서는 돈이라는 우상을 향하여 "아니!"라고 소리칠 줄 알아야 한다. 우리는 반드시 돈을 권좌에서 끌어내려야 한다. 신약에서 기도와 믿음에 관한 구절은 약 500 구절이지만, 돈과 소유에 대해 다루는 본문은 약 2,000 구절에 이른다. 쉐일러 매튜스에 따르면, 예수님은 정치학이나 경제학을 가르치는 선생은 아니었으나, 경제적인 문제들에 무관심하시지 않았다. 비교적 단순한 2천 년 전의 사회에서도 예수님께서 재물의 영적 위험을 크게 강조하셨다면, 지극히 풍요로운 환경 속에서 사는 현대의 우리는 그 문제를 더 심각하게 받아들여야 한다.

《바늘귀를 통과한 부자》는 한국 교회의 가장 큰 화두 가운데 하나인 부에 대한 문제를 본격적으로 다루고 있다. 이것은 '청부론과 청빈론을 넘어서는 가난과 부에 대한 영적 사색'이다. 저자는 다음과 같이 말한다.

"전반적으로 한국 교회는 물질적이고 현세적인 번영을 신실한 성도에게 주시는 하나님의 복으로 여겨 왔다. 반면 가난하고 병

들고 실패하는 것은 믿음이 부족하기 때문에, 혹은 죄를 지었기 때문에 받은 재앙으로 취급되었다. 이런 시각에서 본다면 나는 괜한 죄책감을 가진 것이다."

저자는 이러한 분위기가 최근 더욱 고조되고 있다고 본다.

"이상하게도 기독교 서점가에 '돈' 혹은 '부자'에 관한 책들이 한꺼번에 쏟아져 나오고, 그 중 많은 책들이 베스트셀러가 되고 있다는 것이다. 아마도 일반 서적 베스트셀러 목록에 '부자 되는 법'에 관한 책들이 지속적으로 올라 있는 사회적 현상과 무관하지 않을 것이다. 지금 우리 사회는 '부자 되는 것'을 생의 가장 중요한 목표로 여기는 풍조에 빠져 있다. …… 기독교 출판계도 이 풍조에 영향을 받고 있는 셈이다."

가히 '부 권하는 사회'라 할 만하다. 저자에 의하면, '깨끗한 부'라는 말은 허구이다. 저자는 '청부론'을 비판하고 있는데, 청부론의 입장은 다음과 같은 것이다.

"그리스도인이 정당하게 돈을 벌고, 그 수입에서 하나님의 몫과 다른 사람의 몫을 정직하게 떼고 나면, 그 나머지를 마음껏 누릴 권리가 있다. 돈을 버는 과정에서 깨끗하고, 수입에 대한 몫 가르기에서 깨끗하면, 나머지 돈에 대해서도 '깨끗하다'. 이런 과정을 통해 그리스도인들이 물질적인 풍요를 누리는 것이 하나님의 뜻이다. 그러니 부자 되기를 부끄러워하지 말라."

저자는 청부론이 진리로 통하는 우리의 상황을 매우 염려한다.

하나님이 우리를 부르신 소명에 대해 생각하면 할수록 '깨끗한 부자' 되는 것이 생의 목표가 될 수 없음을 저자는 확인하기 때문이다. 하나님은 우리를 '부유한 삶'이 아니라 '거룩한 삶'으로 부르셨기 때문이다.

"거룩한 삶이 언제나 부유한 삶과 일치하는 것은 아니다. 하나님은 우리가 받은 모든 것을 사용하여 거룩한 삶으로의 부르심을 완성하기를 원하신다. 그렇기 때문에 하나님의 부르심은 전면적이고 철저하다. 그것은 우리 삶의 모든 영역에 대한 부르심이다."

저자는 진정한 복은 '쌓음'이 아니라 '나눔'에 있다고 말한다.

이 책은 교회 현장에서의 체험과 고민에서 나온 것이다. 저자는 오랫동안 한국 교회를 지배해 온 주된 흐름에 이의를 제기하고 대안을 제시하고 있다. 본서가 한국 교회를 위해 올바른 비판과 대안을 제시하는 데 이바지하기를 바라는 마음 간절하다.

"천국에는 가난이 없지만 지상에는 많이 있다. 하지만 인간은 가난의 가치를 알지 못했다. 그래서 하나님의 아들은 그것을 귀하게 여겨 하늘에서 내려와 스스로 가난을 선택함으로 그 귀중함을 우리에게 일깨워 주셨다."_클레르보의 베르나르

복음주의 사회적 양심을 깨우라

기독교인으로서 '가난한 이웃'과

더불어 사는 법을 알고 싶다면

가난한 시대를 사는 부유한 그리스도인

로날드 사이더 | IVP

저자는 질문한다.

"지나치게 많이 먹고, 고급스러운 옷을 입고, 사치스럽게 집을
장식한 사람들이 가난을 이해할 수 있을까? 우리는 아버지가 교
과서를 사 줄 수 없기 때문에 마을의 학교에 가지 못하고 바깥에
서 놀고 있는 아홉 살짜리 소년의 마음이 어떠한지 정말로 느낄

수 있는가? 우리는 가난에 찌든 부모가 자신의 어린 딸이 기본 적인 의료 혜택조차 받을 수 없어서 아이들이 잘 걸리는 질병으 로 죽어 가는 것을 슬퍼하며 속수무책으로 지켜보는 심정을 이 해할 수 있는가?"

한 저명한 경제학자는 절대 빈곤 가운데 살고 있는 12억 명과 같은 생활 방식을 채택할 경우 포기해야 할 '사치품'을 항목별로 분류했다. 침대, 의자, 탁자, 텔레비전, 램프 등 거의 모든 것을 치 워 버려야 했다. 모든 가족은 벽장에 가장 낡은 외출복 한 벌, 셔 츠나 블라우스 한 장만을 간직하게 될 것이다. 그 집 가장은 구두 한 켤레를 가질 수 있다. 아내나 아이들은 신발을 한 켤레도 가질 수 없다. 더 이상 신문과 잡지와 책을 볼 수 없다.

굶주림과 아사는 세상에 만연해 있다. 1,300만 명이 해마다 예 방 가능한 전염병과 기생충에 의한 질병으로 죽는다. 슬프게도 어 린아이들이 가장 먼저 피해를 입는다. 매일 3만 명의 어린아이들 이 굶주림과 예방 가능한 질병으로 죽는다. 몇 년 전 유니세프는 개발 도상국에서 보건, 교육, 가족계획, 깨끗한 물 등을 포함한 기 본적인 사회 복지 사업을 제공하는 데 들어가는 총 비용이 매년 300억 달러에서 400억 달러가 될 것이라고 추산했다. 전 세계의 부자들은 해마다 골프를 치는 일에 이보다 더 많은 돈을 들인다.

로날드 사이더에 따르면, 부유한 5분의 1에 해당하는 사람들은 믿을 수 없을 만큼 부유하며, 가장 가난한 5분의 1은 절망적일 정도로 가난하다. 선진국에 사는 사람들은 세계 인구의 5분의 1밖에 되지 않는다. 하지만 그들은 지구 자원의 3분의 2를 소비한다.

성경은 두 가지 특별한 경우에 부유한 자들을 경고한다. 첫째는 가난한 자를 억압함으로써 부유하게 되는 경우이고, 둘째는 그들이 가난한 자들과 나누지 않는 경우다. 성경은 신자들에게 가난하고 억눌린 자들에 대한 하나님의 특별한 관심을 본받으라고 명령한다.

AD 250년까지 로마에 있는 교회는 1,500명의 궁핍한 사람들을 지원해 주었다. 독일 학자 마르틴 헹겔에 따르면, 후기 로마 제국에서 이 같은 종류의 경제적 나눔은 독특한 것이었다. 하나님은 모든 백성이 최소한의 생계를 유지하기 위한 생산 자원을 갖고, 공동체에서 존귀한 구성원이 되기 원하신다. 교회는 오늘날 가장 세계적인 단체다. 교회는 세계 역사의 중요한 순간에 나눔의 새로운 모델을 따라 살 수 있는 기회를 갖고 있다.

제3부에서 저자는 가난의 원인을 다룬다. 가난에 대한 단 하나의 원인은 없다. 개인적인 선택과 복잡한 사회 구조가 가난을 유발한다. 기아의 일부는 부유한 나라들이 자신의 이익을 위해 만들어 놓은 경제 구조의 결과다. 우선 세계 인구의 4분의 1에 해당하는 사람들은 어떤 방식으로든 세계 시장 경제에 참여할 만한 자본이 없다. 그들에게는 한 뼘의 땅도 없고, 돈도 없으며, 사실상 아무런 교육도 받지 못했다.

그러면 우리는 어떻게 살아야 하는가? 저자는 실제적인 제안을 한다. 월 예산을 세우고 그것을 지켜라. 자전거와 카풀 제도를 이용하고 짧은 거리는 걸어라. 에어컨 대신 선풍기를 사라. 재생산할 수 없는 천연 자원의 소비를 줄여라. 옷에 대한 유행을 따르지 마라. 한 달 동안 생활 보호 대상자들과 같은 수준의 예산을 갖고 살아 보라. 아이들에게는 더 많은 물질보다 더 많은 사랑과 시간을 주라.

이 책은 1977년 처음 출간되면서 30여 년간 복음주의의 사회적 양심을 깨우는 날카로운 목소리가 되어 온 현대의 고전이다. 2006년 〈크리스채너티 투데이〉는 이 책을 복음주의 형성에 영향을 준 책 50권 중 하나(7위)로 선정했다.

우리 시대에 하나님을 따른다는 것은, 가난한 자들의 하나님을 예배하는 삶과 조화된 공동생활 양식을 구현하는 것을 의미한다. 모든 면에서 공정한 사회 구조를 건설하기 위해 희생적으로 헌신하는 것을 의미한다.

참된 지식은
행동, 사랑, 인격

세상의 지식이 아닌
기독교 지식을 배우고 싶다면

기독교 세계관으로 가르치기
알버트 그린 | CUP

기독교 교육의 목표는 성령의 은혜로운 역사를 힘입어 부모가 그
리스도인인 자녀들의 마음과 가슴에 성경적 의식을 가르치는 것
이다. 저자는 서론에서 가정이나 기독교 학교에서의 기독교 교
육이 사치가 아니라 다음 세대에 신앙을 전수하기 위한 마지막
보루라고 말한다.

모든 가르침은 궁극적으로 하나님 자신의 행위를 포함한다. 모든 진정한 학습은 하나님에 의해 가능할 뿐 아니라, 동시에 하나님을 알기 위한 배움이다. 우리는 성경과 예수 그리스도의 인격을 통해 하나님을 아는 것을 배운다. 기독교 정신은 살아 계신 하나님과 그의 주권이 인간의 의식과 실재의 전 영역에 미치고 있음을 인식하는 것에서 시작한다.

기독교적 지식관은 지식의 정의에 있어서도 현대에 받아들여진 견해들과는 엄격하게 분리된다. 현대인들은 지식이란 마치 컴퓨터 데이터베이스 속에 들어 있는 정보의 수동적인 축적이거나, 혹은 자동차 운전처럼 실습을 통해서 기술을 습득하는 것이라고 믿는다. 반면 기독교적 견해에 의하면, 지식은 적극적인 것이다. 진리가 알려지기 위해서는 행해져야만 한다!

참된 지식은 언제나 하나님에 의해서 창조되고 유지되는 무엇인가에 대한 지식이기 때문에, 피조물을 통해서 우리에게 말씀하시는 하나님께 대한 응답과 반응을 필연적으로 요구한다. 진리나 거짓을 말하는 것은 우리의 말을 통해서가 아니라 우리의 행위를 통해서이다. 우리가 하나님을 의지해서 행할 때 우리는 진리를 행하는 것이다. 반면 우리가 하나님을 떠나서 행할 때 우리는 거짓말을 하는 것이다.

기독교적 지식관에 있어서 두 번째 특징은 사랑이 담기지 않은 지식은 참된 지식이 아니라는 것이다. 예를 들면, 반 룰러는 "나는 하나님의 사랑 속에서 친구를 발견하고, 하나님의 사랑 속에서 피조된 모든 실재를 발견한다"라고 말한다. 그는 다시 말한다. "사랑은 모든 사물에 생명을 주며, 생명 이상의 것을 준다. 그것은 실재를 부여한다. 사랑은 창조한다. 사물들은 사람들이 사랑할 때만 실재와 가치를 지니게 된다. 세상은 사랑을 받을 때 창조되었다. 하나님께서 세상을 창조하셨다고 그가 말씀하신다. 그렇게 하신 이유는 그가 세상을 사랑하셨기 때문이다. 사랑 안에서, 그리고 사랑을 통해 세상은 비로소 존재하게 되었다. 이제 인간은 이와 같은 하나님의 창조적인 사역을 나누기 위해 부름을 받았다. 인간 역시 하나님이 창조하신 것들을 사랑해야만 한다. 오직 그렇게 할 때만 그들은 인간에게 실제적 의미를 지닌다. 그럴 때에 인간 역시 공허한 소리 이상의 존재가 된다."

기독교적인 인식론의 중요한 특징은 지식이 인격적이라는 것이다. 소나 고양이 같은 짐승들이나 민들레나 데이지와 같은 꽃들은 모르지만 사람은 안다. 단순히 통계학적인 지식에 의해서는 우리는 다른 사람을 알지 못한다. 어떤 사람이 자신의 어떤 면을 자발적으로 우리에게 보여 주고자 할 때만 우리는 그 사람을 알게 된다.

마틴은 "사람들에 관한 지식이란 알려지게 될 그 사람의 일부를 스스로 드러내려는 자율적인 행동에 근거한다"라고 말한다. 이것은 하나님에 대해 아는 것과 하나님을 아는 것 사이의 차이점이다. 하나님께서 자신을 우리에게 나타내실 때만 우리는 하나님을 알게 된다. 흥미로운 일은 하나님께서 창조와 구주 예수 그리스도의 성육신과 고난을 통해서 하시는 일이 바로 이것이라는 점이다.

이 책은 현대의 사상적 경향과 기독교 철학의 기초를 다룬 후, 기독교 학교의 내용과 방법을 논하고 있다. 저자는 교육 과정을 학생들이 성장하는 수단으로 사용해야 한다고 강조한다.

가정이나 기독교 학교에서의 기독교 교육은 사치가 아니라 다음 세대에 신앙을 전수하기 위한 마지막 보루다.

오직 마음을 새롭게 하여 변화를 받으라

바른 기독교 세계관을
확립하고 싶다면

기독교 세계관과 현대 사상
제임스 사이어 | IVP

이제는 '기독교 세계관'이라는 단어가 그리스도인들에게 친숙해
졌지만, 한국 교회에서는 1980년대에 들어와서야 기독교 세계관
정립의 필요성을 절감하고 논의의 대상이 되기 시작했다. 그 필
요성이란 다름 아닌 말씀과 삶의 괴리 문제에 대한 반성을 의미
한다. 많은 그리스도인들이 배우고 확신한 바의 말씀에 순종하기

를 원하면서도 실천하지 못하고 있는 것은 인간의 기본적인 욕망 이외에도 한 사람의 내면세계를 구성하고 있는 다양한 사상들이 의식과 무의식 속에서 미치는 영향력을 간과하고 있었기 때문이다. 우리 안에 혼합된 사상들을 분류 및 정리하여 기독교적인 삶을 살도록 도와주기 위해 세계관에 대한 이해가 요청된 것이다.

사람에게는 누구나 세계관이 있다. 이것은 바꾸거나 고칠 수는 있어도 버릴 수는 없다. 세계관은 마치 벗어 버릴 수 없는 안경과 같다. 우리는 안경 렌즈의 두께와 색깔에 의해 모든 사물을 바라보고 이해한다. 그래서 세계관을 '인식의 틀'이라고 말한다. 세계관은 인생관, 물질관, 우정관, 가정관, 행복관, 정치관, 교육관 등의 모체가 된다. 우리가 할 수 있는 일은 안경의 유리를 교체하거나 색깔을 바꾸는 것이다.

제임스 사이어는 사물을 보는 기본 가설이 세계관이라 보고 근본 실재에 대한 물음, 인간에 대한 물음, 사후 세계에 대한 물음, 도덕의 근본에 대한 물음, 역사의 의미에 대한 물음 등의 해답이 세계관에 따라 상이하게 달라진다고 했다. 결국 세계관은 모든 생각을 정리하는 데 필요 불가결한 준거의 틀인 것이다.

기독교 세계관이란 성경의 내용을 체계화한 것이 아니라, 체계화된 진리에 대하여 성령의 조명을 필요로 한다. 이러한 정의는 기독교 세계관이 체계화된 신학적 지식과 다를 바 없다는 면도 있다. 어쨌든 기독교 세계관은 성경에 근거하고 있으며, 성경의 구속사(救贖史)를 중심으로 이루어진다. 구속사는 '창조-타락-구속'이라는 도식으로 성경의 진리를 표현하고 있다. 창조-타락-구속이라는 기독교 세계관의 틀은 그리스도인이 가져야 할 인간관, 윤리관, 결혼관, 노동관, 역사관 등을 결정한다.

우리가 살고 있는 세계는 다양한 삶의 방식과 사상들이 널려 있다. 다양하게 혼합된 사상들이 그리스도인들의 삶을 잠식하면 기독교 세계관을 중심으로 한 삶의 체계가 무너질 수밖에 없다. 우리는 그리스도인다운 삶을 살기 위해 바른 기독교 세계관을 정립해야 한다. 혼합된 사상의 구조물을 올바른 기독교 세계관으로 정립하면 그리스도인다운 삶의 방식을 드러낼 수 있다. 인간이 자신이 믿는 바대로 살 때는 삶의 의미와 목적이 뚜렷할 때이다.

기독교 세계관은 그리스도인으로서 삶의 의미를 자부하게 하며, 그 목적에 대하여 확신하게 하므로, 자신이 믿는 바를 삶으로 옮겨 하나님에게 헌신하게 된다. 그뿐 아니라 다양한 삶의 정황 아래에서 어떻게 방향을 선택해야 할지 가르쳐 준다. 모든 삶의 영역에 있어서 판단의 근거가 되는 것이다. 바른 세계관은 바른 삶을 형성한다는 전제를 따라 우리들의 삶과 사상을 성경적인 가르침으로 변화시켜야 한다. 기독교적으로 바른 세계관은 결국 세상이 좇는 것과는 다른 생각과 다른 삶의 양식으로 변화를 받아야 하는 것을 의미한다. 변화를 받아야 한다는 것에 바울은 이렇게 말한다.

"너희는 이 세대를 본받지 말고 오직 마음을 새롭게 함으로 변화를 받아 하나님의 기뻐하시고 선하신 뜻이 무엇인지 분별하도록 하라(로마서 12:2)."

우리 가운데 누구든 지적으로 온전한 상태에 도달하려면 타인의 세계관을 파악할 수 있어야 할뿐더러 우리 자신의 세계관도 인식할 수 있어야 한다.

그리스도인이 문학 작품을 읽는 일은 왜 중요한가?

그리스도인이 어떤 자세와 방법으로

책을 읽어야 하는지 알고 싶다면

신앙의 눈으로 본 문학

수잔 갤러거, 로저 런든 | 한국기독학생회출판부

문학의 이해와 관련하여 우리는 많은 물음을 가질 수 있다. 문학
이란 무엇인가? 문학을 반대하는 이유들은 무엇인가? 작가는 왜
작품을 쓰는가? 그리스도인이 문학 작품을 읽는 일은 왜 중요한
가? 문학은 독자에게 어떤 유익을 주는가? 그리스도인의 문학 읽
기를 말할 때는 네 가지 기본적인 전제가 있다.

1. 문학 작품을 읽는 일이 지극히 중요하고 유쾌한 활동이 될 수 있다.

2. 모든 인간 행위와 마찬가지로 문학 작품은 역사의 일부이다. 역사는 진리와 미의 이야기요, 동시에 공포와 비극의 이야기이다.

3. 문학에 대한 생각들은 몇 세기에 걸쳐 극적으로 변화되어 왔다.

4. 세상에는 아름다운 질서가 있으며, 우리는 그것에 반응하도록 부름을 받은 존재임을 인정해야만 문학에 대한 생각을 시작할 수 있다.

문학이란 무엇인가? 문학은 인간 체험의 표현이다. 문학 작품을 구성하는 말들은 의미와 결과를 갖는다. 책을 읽으면서 우리는 책들이 경험과 진리들을 어떻게 구성하고 해석하며, 어떻게 전달하는가를 알게 됨으로써 인생에 참여하게 된다.

독서에서의 그리스도인의 자세는 어떠해야 하는가? 저자에 의하면, 우리가 하나님의 세계에서 행하고 이해하려고 시도해야 문학 작품을 읽는 것이 우리에게 도움이 될 수 있다. 우리는 책임 있는 그리스도인으로서 잡초는 뽑고 제멋대로 자라난 가지는 치는 식으로 문학 작품을 읽고 써야만 한다. 문학 서적을 읽는 것은 우리 자신과 타인, 문화와 역사에 대한 인식을 증가시키는 것같이 우리의 통찰력을 확장시킨다.

문학 작품은 단순히 논리 중심의 글이 아니다. 문학 작품은 저자의 논지(주제)를 표면에 드러내지 않는다. 문학은 내용과 구조를 통해서 메시지를 전한다. 따라서 문학을 위한 독서법에 관한 이해가 요청된다.

문학은 우리 자신의 경험을 표현할 수 있는 형태를 부여해 준다. 문학은 우리 자신이 겪은 적이 있었던 경험을 형상화해 준다. 이런 경우에 문학은 우리 자신의 감정이나 경험, 신념에 형체를 부여하는 것이 된다. 작가는 우리가 말하고자 했던 것을 말해 주는 대리인들이다. 다만 우리가 할 수 있는 것보다 훌륭하게 표현할 수 있다는 점이 다를 뿐이다.

문학은 위대한 주제나 사상에 대해 생각하도록 우리를 인도한다. 한 편의 시나 소설 속에는 하나의 인생관이 담겨 있다. 문학 전체는 지금까지 사람들이 의지하여 살아왔고, 또 기대어 살아가게 될 세계관을 제시해 준다. 우리가 읽는 작품의 세계관을 성경적 세계관과 비교하고 대조하는 법을 배워 갈 때, 문학 독서는 우리의 신앙을 보다 튼튼하게 해줄 수 있다.

이 책은 그리스도인이 어떤 자세와 방법으로 책을 읽어야 하는지 가르쳐 주고 있다. 동시에 문학 작품을 읽는 것이 왜 중요한지를 명쾌하게 밝히고 있다. 분명히 그리스도인들은 문학을 필요로 하나, 문학을 종교로 삼지는 않는다. 세속적 작가들과 문학 열광자들은 문학과 상상력을 그들의 '종교'로 삼아 왔다. 문학 속에는 깨우침도 있고 지혜도 있지만, 구원은 없다는 것을 그리스도인은 잊지 말아야 한다. 그리스도인은 생명을 구원하는 일이 모든 문학 작품의 창작과 보존보다 중요하다는 것을 명심하면서 작품을 쓰고 읽어야 한다.

문학은 위대한 주제나 사상에 대해 생각하도록 우리를 인도한다.

한평생을 돌아보면서 당신은
하나님께 어떤 말을 하고 싶은가?

삶이 하나님에 대한 감사함으로

넘칠 수 있다면

나의 감사

한경직 | 두란노

한경직 목사가 태어난 곳은 평안남도 평원군 공덕면 간리의 작은
마을이었다. 한도풍 씨의 맏아들로 1902년 12월 29일(음력)에 태
어났다. 부친은 농부였지만 학문에 대한 관심이 많았던 분으로,
자식들에게는 자신이 못한 공부를 시키려고 온갖 노력을 기울였
다. 부친은 일찍 기독교를 받아들였고, 한경직이라는 큰 인물을

기르는 온상이 되었다. 한경직의 어머니는 조용하면서도 부지런한 분이었다. 아이들의 잠자리를 펴 준 후에도 밤늦도록 물레질을 하였다. 어머니는 물레질을 하다가 흥이 나거나 고단하면 늘 찬송가를 불렀다.

한경직은 동네 다른 아이들처럼 한문을 먼저 배웠다. 한글이 좋아지게 된 것은 6촌 집안의 대문에 써 붙인 성경 구절 때문이었다. 그것은 전도를 위해 써 붙인 요한복음 3장 16절이었다.

"하나님이 세상을 이처럼 사랑하사 독생자를 주셨으니, 이는 저를 믿는 자마다 멸망치 않고 영생을 얻게 하려 하심이니라."

이 말씀이 한경직이 제일 먼저 배운 한글 문장이었다.

한경직은 고향 교회에서 설립한 진광소학교를 마쳤다(1914년 3월). 당시 진광소학교의 교사이던 홍기두 선생은 평소에 한경직을 무척 사랑하고 아꼈다. 홍기두 선생은 그를 굳이 오산학교에 진학시키고자 했다. 오산학교는 남강 이승훈이 세운 민족 학교였다. 오산학교에는 존경받는 교사가 또 한 사람 있었다. 바로 고당 조만식 선생이었다. 일본 메이지 대학 전문부를 졸업하고 귀국한 그의 카랑카랑한 목소리는 오산학교 재학생들의 가슴을 뒤흔들기에 충분했다. 한경직은 후에 이렇게 회상하였다.

"여러 선생님들의 가르침을 받아 왔지만, 고당 선생처럼 학생을 사랑하고 나라를 사랑하며, 실제로 모범을 보여 주며 그 전 생애를 희생한 교육가는 오직 한 분이었다고 기억됩니다. 그래서 특별히 그분을 존경하게 되었지요."

한경직은 정주 오산중학교를 거쳐 평양 숭실전문학교에 진학하였다. 3학년 여름 방학 때 황해도 구미포 바닷가 모래사장에서 주님의 부르심을 받고 응답하여 목사가 될 것을 결심하였다. 방위량(William N. Blair) 선교사의 주선으로 미국에 유학을 가서 프린스턴 신학교를 졸업하였다. 계획대로 예일 대학에 가서 교회사를 전공하여 박사 학위를 취득코자 했으나 돌연 건강에 이상이 생겼다. 종합 진단 결과, 진행 중인 폐결핵임이 판명되어 부득이 결핵 요양원의 목사관에서 2년간 요양하여 완쾌하였다. 한경직은 2년 간의 투병 생활을 독서와 기도로 일관하였다. 평생 주님을 위하여 헌신할 것을 다짐한 후 예일 진학을 완전히 포기하고 귀국하였다.

귀국 후 숭인상업학교에서 영어와 성경을 가르치면서 외국의 문물을 소개하고 애국 사상을 고취하였다. 1933년 신의주 제2교회에 부임하였다. 교회는 날로 부흥 발전하였으나, 1941년 일본 당국은 요시찰 인물인 한경직 목사를 신의주 제2교회에서 추방하였다. 해방 후 북한을 탈출한 한경직 목사는 서울에서 베다니전도교회를 창립하였다. 1946년 11월 12일 베다니전도교회는 영락교회로 이름을 바꾸었다(교회 소재지인 저동은 당시 영락동이었다).《영락교회 35년사》는 한경직 목사의 인격을 다음과 같이 묘사하고 있다.

"그의 인격은 문자 그대로 '전인적인 신앙인'이기에 신앙과 생활 사이에 괴리가 없고, 신앙과 신학 사이에도 모순이 없다. 한경직 목사는 항상 그리스도를 모시는 경건한 목사이다."

한경직 목사는 1970년 '국민훈장 무궁화장'과 1998년 '건국공로장'을 받았으며, 1992년 4월 29일 독일 베를린에서 '종교의 노벨상'이라고 불리는 '템플턴상'을 수상했다.

지나온 삶을 돌아보며 가슴에 사무치는 것을 한마디로 표현하자면 '하나님, 감사합니다', '하나님, 감격스럽습니다'이다. 몇 번이고 말해도 부족한 '감사합니다'가 나의 진심 어린 고백이다.

주 위해 살다가 주 위해 죽는다면
이보다 더한 성공이 있겠는가?

사랑의 순교자

손양원 목사의 일대기

사랑의 원자탄

안용준 | 성광문화사

"우리는 이렇게 위대한 경건인, 전도자, 신앙 용사, 나환자의 친구, 원수 사랑자, 그리고 순교자를 가리켜 일언으로 명명할 명사가 무엇인지 잘 모르나, 아마 성자라는 존호(尊號)를 써야 될 것이다. 광주 형무소에 있던 일본인 간수도 손 목사님의 언행에 감동을 받아 그를 성자라 불렀다 하거든, 그의 위대한 언행 생활의 여러 방면을

400

아는 우리들과 세계는 그에게 이 존호를 아니 쓰지 못할 것이다."

- 1950년 10월 29일 오후 2시, 손양원 목사 순교 추모회에서 행한

고 박형룡 박사의 추모사 일부.

손양원 목사는 1902년 6월 3일 경남 함안군 칠원면 구성리에서 손종일 장로의 장남으로 태어났다. 그에게는 손의원, 손문준 두 동생이 있었는데 모두 목사가 되었다. 1908년 부친의 입신과 함께 7세 때 입신하고 같은 해에 한문 서당에 입학했다. 1917년 10월에 선교사로부터 세례를 받았고, 일본 유학 중에 동경에서 설교를 통해 은혜를 받고 귀국하여 경남성경학원에 입학하였다. 이듬해 함안군 옥열리에 사는 정양순과 결혼하였다.

손양원은 1925년 성경학원을 졸업할 때 주기철 목사와 사귀게 되었다. 1938년에 평양신학교를 졸업한 그는 1939년 7월 14일 여수의 애양원교회 전도사로 부임하기까지 부산으로 내려가서 목사 없는 교회를 순회하며 전도하기에 전력을 다했다. 1940년 9월부터 1945년 8월 17일까지 신사 참배 반대 운동을 하다가 옥고를 치렀다.

1939년 7월 손양원은 일생 동안 나환자를 섬기는 것으로 주님을 섬기기로 결심하고, 여수읍 율촌면 신풍리에 자리 잡은 애양원교회에 가족과 함께 짐을 풀었다. 애양원은 미국 남장로교회 선교회의 전도 사업의 일환으로 1909년 전남 광주 양림에 처음

세워졌다가 1925년 신풍리로 옮겼다. 처음에는 9명으로 시작했으나, 그가 부임할 당시에는 7백 명 이상의 나환자를 수용할 정도로 큰 시설을 갖추고 있었다.

손양원 목사는 그들과 함께 살면서 손수 눈먼 자나 손 못 쓰는 이에게 음식을 먹여 주고, 중한 환자들의 몸을 돌봐 주는 일에 조금도 주저하지 않았다. 심지어 자신이 나병 환자가 되는 것까지도 사양하지 않을 각오로 살아갔다. 그는 나환자를 사랑했고, 나환자는 그를 사랑했다. 그런 탓인지 애양원의 환자들은 임종 시 한결같이 그를 뵙고 싶어 하였다. 손양원 목사는 애양원에 대한 사랑을 담은 기도를 남기기도 했다.

"주여 애양원을 사랑하게 하여 주시옵소서. …… 오! 주여, 나는 이들을 사랑하되 나의 부모와 형제와 처자보다 더 사랑하게 하여 주시옵소서. 심지어 나의 일신보다 더 사랑하게 하여 주시옵소서. …… 오! 주여, 내가 이들을 사랑한다고 하오나 인위적 사랑, 인간의 사랑이 되지 않게 하여 주시옵소서."

손양원 목사에게는 늘 입버릇처럼 하던 말이 있었다.

"나는 강단에서 설교하다 죽거나, 노방에서 전도하다 죽거나, 고요한 곳에서 기도하다가 죽거나 할지언정 약사발 들고 앓다가 죽을까 두렵다."

1950년 한국 전쟁이 터지고 난 7월 22일, 손양원 목사는 빨리 피신하라는 어떤 목사의 권유를 받았다. 그는 완강히 피신을 거절하였다. 7월 27일, 여수는 완전히 공산군에 의해 점령되었다. 9월 13일, 그는 마침내 공산군에 의해 체포되어 여수경찰서에 구치되었다. 그달 28일, 여수에서 가까운 미평 과수원에서 공산군에게 총살당하여 순교의 잔을 마셨다.

손양원 목사의 순교 일대기인《사랑의 원자탄》은 일제 치하와 한국 전쟁이라는 근현대사의 질곡을 기도와 사랑으로 껴안았던 사랑의 순교자 손양원 목사의 일생을 담은 책이다. 설교문, 편지, 기도문 등 손양원 목사가 남긴 기록을 토대로 안용준 목사가 다시 쓴 책이다.

"하나님의 영광을 위하여 지음 받은 이 몸이니, 주 위해 살다가 주 위해 죽는다면 이 이상 더한 성공이 있겠는가?"

_1950년 손양원 목사의 설교 중에서

주님,
내 영혼을 받으소서

주님 향한 열정으로 시대의 관습마저 깬

여자, 문준경

순교자 문준경 전도사의 신앙과 삶
주승민 | 킹덤북스

우리나라에서 최고의 복음화율을 자랑하는 곳은 전라남도 신안
군이다. 크고 작은 섬들로 이루어진 신안군의 복음화율은 35퍼
센트로, 전국 평균의 두 배에 이른다. 그중에서도 증도는 주민의
90퍼센트 이상이 예수를 믿는 전국 복음화율 1위의 섬이다. 마을
사람 거의 대부분이 크리스천으로, 주민 2,200여 명인 작은 섬에

교회만 11개가 세워져 있다.

전남 신안군 암태면 수곡리의 작은 섬에서 출생한 문준경은 17세의 나이에 신랑의 얼굴도 제대로 보지 못한 채 중매결혼을 해야 했다. 서로 마음이 합하지 않은 결혼은 두 사람 모두에게 고통이었다. 외지를 도는 남편은 아내를 돌보지 않고 목포에 소실을 두어 자녀까지 낳아 살았다. 문준경은 이때부터 자신은 '남편 있는 생과부'라며 신세를 한탄하면서 지내야 했다.

문준경은 며느리로서 시부모를 극진히 모시고 형제 간의 우의를 돈독히 하는 일에는 한 치의 어긋남이 없었다. 남는 시간에는 시부모님의 허락을 얻어 국문을 깨우치고 한문을 공부하는 데 할애했다. 자신을 극진히 아끼던 시아버지가 돌아가시고 시어머니도 큰시숙과 생활하자, 갈 곳이 없어진 그녀는 목포로 건너와 단칸방에서 삯바느질을 하며 외롭고 고달픈 삶을 살았다.

그런 그녀에게 예수 그리스도는 한 줄기 놀라운 빛으로 다가왔다. 예수를 믿으면 삶의 기쁨과 감사가 넘친다는 이야기를 듣고 찾아간 교회는, 유명한 성결교 부흥사인 이성봉 목사(당시 전도사)가 초가집 한 칸을 얻어 막 개척을 시작한 북교동성결교회였다. 이성봉 목사의 설교는 미래에 대한 희망도 낙도 없던 그녀에게 마음의 변화를 일으키게 했다. 그녀는 1년 만에 학습과 세례를 받았고, 개인 전도와 축호 전도에 가장 열성을 보이는 성도가되었다. 집사 직분을 받은 그녀는 하나님 앞에 자신의 인생을 헌신할 것을 서원하고 죽을 때까지 복음을 전하겠다고 다짐했다.

그녀는 서울에 있는 경성성서학원(서울신대 전신)에서 공부하고 싶다고 간절히 기도한 결과, 청강생으로 입학할 수 있었다. 당시 결혼한 여자는 입학을 허락하지 않는 관례가 있었다. 공부를 열심히 해도 정규 학생이 아니라는 이유로 장학금도 받지 못하는 등 어려움을 겪던 그녀는 이성봉 목사의 보증과 요청으로 결국 정규 학생이 되어 기숙사에도 들어가게 되었다.

문준경 전도사의 전도 열정은 남달라서 방학마다 고향으로 내려갔다. 그녀는 1933년 진리교회를 설립한 것을 시작으로, 1935년 증동리교회, 1936년 대초리교회를 차례로 건립했으며, 방축리에는 기도소를 지었다.

문 전도사는 '섬 교회의 어머니'로 불릴 정도로 섬 지역의 복음화에 헌신하였다. 경성성서학원에 재학 중에 세운 임자도 진리교회는 지역 최초의 교회였다. 이전까지만 해도 주변은 복음의 처녀지였으며, 그녀의 전도에 의해 비로소 칠흑 같은 어둠에서 벗어나기 시작했다.

한국 전쟁이 일어난 1950년 10월 5일 새벽, 문준경 전도사와 많은 교인과 양민들은 공산당원들에 의해 바닷가 모래사장에서 희생을 당했다. 그녀는 "주님, 내 영혼을 받으소서"라는 마지막 말을 남기고 총탄에 순교했다. 그녀의 나이 당시 59세였다. 이 사실은 옆에 있다 구사일생으로 살아난 수양딸 백정희 전도사에 의해 알려졌다 .

문준경 전도사는 신안군에만 11개 교회를 세웠다. 그 결실이 현재 섬 전체 인구의 90퍼센트가 기독교인이라는 기적으로 돌아왔다. 원래는 증동리교회 뒤편 나지막한 산에 문준경 전도사의 묘소가 있었는데, 2005년 증동리교회 앞바다, 즉 그녀의 순교 현장으로 이장했다.

순교는 고난 이상의 고난이다. 초대 교회의 교부 터툴리안은 '순교자의 피는 교회의 씨앗'이라고 말했다. 문준경 전도사는 믿음의 후대가 순교의 영성을 이해하는 데 큰 가르침을 준다. 순교자들의 신앙과 삶은 한국 교회를 새롭게 하는 영적 자양분이 될 것이다.

밑줄 긋기

몸이 벌집이 되기 전 "주님, 내 영혼을 받으소서"라고 기도했다. 문 전도사님이 순교 현장에서 드린 최후의 기도였다.

나의 조국은 학문 공화국과
그리스도 교회이다

인문주의자 에라스뮈스에 대한

훌륭한 안내서

에라스무스
롤런드 베인턴 | 현대지성사

북구 인문주의의 제1인자인 에라스뮈스는 1466년 10월 27일 네
덜란드의 항구 도시인 로테르담에서 태어났다. 에라스뮈스가 술
회하고 있는 자신의 출생에 대한 이야기는 매우 로맨틱하다. 하
지만 에라스뮈스의 출생과 유년기에 대해서는 잘 알려져 있지 않
다. 결혼을 할 수 없었던 사제 아버지와 의사의 딸인 어머니 사이

에 태어난 사생아였다는 사실 때문인지, 자신의 가계에 대한 기록을 남겨 놓은 것이 별로 없다.

'사랑받는 자'라는 뜻인 아버지의 이름 게리트를 희랍어로 표현한 '에라스뮈스'는 세례명이었다. 그의 아버지는 고전에 상당한 교양이 있었던 사람으로, 아들의 이름을 자신의 이름과 같은 뜻을 가진 희랍어로 지어 준 것으로 추측된다.

네덜란드의 인문학자인 에라스뮈스는 가톨릭교회 제도를 비판하고 희랍어 신약을 출간하였다. 저서에는 《우신 예찬》, 《자유 의지론》 등이 있는데, 파리 대학 신학부에서는 1542년에 《우신 예찬》을 금서로 결정하였다. 그 후에도 저서 일부가 가톨릭교회의 금서 목록에 들어갔다.

이 전기는 저자가 1967년 2월 프린스턴 신학교에서 다섯 번에 걸쳐 행한 강연을 확장한 것이다. 역사적으로 로테르담의 에라스뮈스는 정당한 평가를 받지 못했다. 부분적으로는 그에 대한 기억을 영속화시킬 만한 어떠한 교회도 그가 창설하지 않았다는 것이 그 이유이다. 저자는 여러 가지 이유로 오래전부터 에라스뮈스에게 마음이 끌렸다.

"나는 투쟁에 대한 그의 반감, 전쟁에 대한 그의 혐오, 증명을 초월하는 것들과 관련하여 그가 보여 주는 사려 깊은 회의주의에 공감을 느낀다. 동시에 그의 뜨거운 경건에 마음이 데워짐을 느낀다. 나는 서구 세계의 유산에 있어서 유대-그리스도교적인 것과 나란히 고전적인 것에 그가 부여한 위치가 정당하다고 확신한다."

에라스뮈스는 서양 최초의 예절 교본이라고 불릴 만한 《예절 독본》에서 소년들을 위한 예절에 대해 적고 있다.

"콧물이 흐르는 코는 지저분하다. 모자나 소매에다 코를 쓱 닦는 것은 농사꾼이라는 것을 나타낸다. …… 손수건을 사용하는 것이 더 낫고, 코를 풀 때는 머리를 돌려라. …… 하품을 하지 않을 수 없을 때는 손수건이나 손바닥으로 입을 가리고, 십자가 표시를 해야 한다. …… 모든 일에 웃는 것은 실없는 짓이다. 아무것에도 웃지 않는 것은 멍청한 짓이다."

한때 에라스뮈스는 독일의 종교 개혁가 마르틴 루터를 지지했는데, 그는 면죄부 판매에 관하여 이렇게 말했다.

"나는 면죄부 판매를 비난하지 않는다. 하지만 천국에 이르는 길을 돈 주고 살 수 있다는 생각은 언어도단이다. 이것은 신앙심을 불러일으키기보다는 연보함을 채우려는 의도를 가진 더러운 장사가 아닌가!"

공부의 실제적인 프로그램과 관련하여 에라스뮈스는 언어의 규칙을 암기하는 것보다는 폭넓은 독서를 더 신뢰했다. 그는 "온 우주가 나의 조국이다"라고 거듭 말하곤 했다. 그는 단지 두 사회에만 속한다는 의식을 갖고 있었는데, 하나는 학문의 공화국이었고, 다른 하나는 그리스도교 교회였다.

이 책은 20세기에 나온 가장 훌륭한 에라스뮈스 연구 성과 가운데 하나이다. 저자는 종교 개혁에 관한 세계적 권위자이며, 탁월한 재능을 가진 문필가이기도 하다. 에라스뮈스를 이해하는 데 있어서 이 책은 신뢰할 수 있는 안내자 역할을 해준다.

나는 한 도시의 시민이 아니라, 전 세계의 시민이 되고 싶소.

미국인의 눈으로 바라본 일본, 그리고 일본인

문화인류학자 루스 베네딕트의
일본 연구서

국화와 칼

루스 베네딕트 | 을유문화사

탁월한 문화인류학자 루스 베네딕트는 학문적 여정이 끝나 가던 1946년《국화와 칼》을 내놓았다. 1944년 6월 미 국무부의 위촉으로 진행한 연구인데, 전시 상황이라 저자 자신은 일본을 방문한 적이 없었다. 이광규 교수에 따르면, 베네딕트는《국화와 칼》이라는 제목을 통해 일본 사람들의 이중적인 성격을 드러냈다.

이 책의 장점은 학문적으로 위대한 저작이지만, 난해하지 않고 유려한 문체로 복잡한 사상을 쉽게 풀어냈다는 점이다. 서문에서 이안 부루마는 베네딕트가 '훌륭한 인간성과 영혼의 관대함을 지닌 작가'라고 높이 평가했다.

베네딕트는 평균적인 일본인의 행동과 사고의 틀(패턴)을 탐구하였다. 제1장의 첫 문장은 다음과 같다.

"일본인은 미국이 지금까지 전력을 기울여 싸운 적 가운데 가장 낯선 적이었다."

미국은 '서양의 문화 전통에 속하지 않는, 완전히 무장되고 훈련된 국민'과 싸웠던 것이다. 저자에 따르면, 일본인은 최고로 싸움을 좋아하면서도 얌전하고, 군국주의적이면서도 탐미적이고, 불손하면서도 예의 바르고, 완고하면서도 적응력이 있고, 유순하면서도 시달림을 받으면 분개하고, 충실하면서도 불충실하고, 용감하면서도 겁쟁이이고, 보수적이면서도 새로운 것을 즐겨 받아들인다.

제2장의 제목은 '전쟁 중의 일본인'이다. 일본은 당시의 전쟁을 다른 방식으로 규정했다. 일본의 정치가와 군인 들은 군비 싸움이 아니라 미국인의 물질 신앙과 일본인의 정신 신앙 간의 싸움이라는 말을 되풀이했다. 일본은 정신이 반드시 물질을 이긴다고 부르짖었다.

일본인에게 명예란 죽을 때까지 싸우는 것이었다. 절망적인 상황에 몰렸을 때 일본군은 최후의 수류탄 하나로 자살하거나, 무기 없이 적진에 돌격하여 집단 자살을 해야 하며, 절대로 항복해서는 안 된다. 일본인은 어떤 개인이나 국가가 다른 개인이나 국가에 모욕을 주는 것은 비방, 조소, 모욕, 경멸, 불명예의 징표를 강요할 때라고 인식한다. 일본인에게는 자신이 모욕을 받았다고 생각했을 때 복수하는 것이 하나의 미덕이다.

저자는 일본인의 도덕 체계를 상세하게 다룬 후, 일본의 육아법을 살펴본다. 육아법을 연구하지 않고서는 어떤 나라의 국민이 인생에서 중요하게 여기는 것이 무엇인지 이해하기가 불가능하기 때문이다. 일본의 갓난아이는 서양인의 상상과는 아주 다른 방법으로 양육되고 있었다.

일본에서는 갓난아이와 노인에게 최대의 자유가 허락된다. 유아기를 지나면서 서서히 구속이 커지고, 결혼 전후의 시기에 이르면 자신의 의지대로 할 자유는 최저에 달한다. 일본의 집은 정연하게 정돈되고 깨끗하게 청소되어 있는 것으로 유명하다. 어린아이는 그것을 존중하도록 배운다. 아이는 아버지에게 언제나 존경의 태도를 나타낸다. 아버지는 아이에게 높은 계층적 지위를 대표하는 훌륭한 모범이다.

저자는 60여 년 전에 책을 쓰면서 일본이 군국주의 길을 포기한다면 스스로의 번영을 준비할 것으로 예견했다. 즉, 미래에 '동양의 통상에서 필수적인 나라'가 될 것이라고 말했다. 이 책은 일본인의 보편적인 특성을 생활 방식에서 검토한 책이다. 저자는 일본인은 어떤 경우에 예의를 지키고 지키지 않는가, 어떤 경우에 수치를 느끼고, 어떤 경우에 당혹감을 느끼며, 자기 자신에 대해 무엇을 요구하는가 등에 관해 기술했다. 책에 기술된 사항의 이상적 전형은 이른바 서민이다. 시대가 바뀌었으나 이 책은 일본과 일본인을 이해하는 데 있어 고전적 가치를 여전히 지닌다.

칼도 국화와 함께 한 그림의 일부분이다. 일본인은 최고로 싸움을 좋아하면서도 얌전하고, 군국주의적이면서도 탐미적이고, 불손하면서도 예의 바르고, 완고하면서도 적응력이 있고, 유순하면서도 귀찮게 시달림을 받으면 분개하고, 충실하면서도 불충실하고, 용감하면서도 겁쟁이이고, 보수적이면서도 새로운 것을 즐겨 받아들인다.

기독교인이라면
반드시 읽어야 할 책 100

97

기독교인 독자로서
문학 작품 읽는 법

문학에 대해
기독교적 관점을 갖고 싶다면

기독교와 문학

리런드 라이켄 | 크리스챤다이제스트

문학 비평가 노드롭 프라이는 말하기를, "문학의 세계는 구체적인 인간들이 엮어 내는 즉각적인 경험의 세계다. 시인은 추상적인 사상보다는 이미지나 물건이나 감각을 더 잘 사용하고, 소설가들은 논쟁거리를 만들어 내는 것보다는 이야기를 들려주는 데더 관심이 많은 것이다"라고 했다.

문학은 왜 유익한가? 저자 리런드 라이켄에 따르면, 문학은 인간 체험의 표현이다. 문학의 독특성은 체험을 재창조하는 것에 있다. 문학은 본래가 체험에 대한 지식을 전달하는 수단이 아니다. 체험을 가능한 한 구체적으로 생생하게 제공해 준다. 문학은 인간 경험뿐만 아니라 경험에 대한 해석도 제공해 준다. 문학이 학문과 구별되는 것은 주제를 객관적으로 바라보기보다는 사람의 관심을 끌고 '사람에게' 가치 있는 것으로 본다는 점이다.

문학은 실재를 바라보는 창문이다. 문학은 기계를 조립하기 위한 설명서라기보다는 기계 자체의 그림이다. 한 편의 소설은 우리로 하여금 경험과 삶을 들여다보게 하는 창문이요 렌즈라고 할 수 있다. 문학 작품은 삶의 한 선택적 측면으로 우리의 생각을 집중시켜서 이해를 분명하게 해주기 때문이다.

특히 문학은 우리의 관점과 경험을 형상화시켜 준다. 즉, 문학은 우리가 가지고 있지 않은 경험이나 관점을 형상화시켜 준다. 다른 예술과 마찬가지로 문학은 상상력을 통해 시공을 벗어나 여행을 하면서 보고 배우고 즐기게 해준다. 이 과정에서 우리는 보다 성숙한 모습으로 보고 배우고 즐기게 된다.

우리는 문학 작품을 읽음으로써 넉넉한 정서와 따뜻한 인간미와 민감한 동정심을 가질 수 있다. 문학은 우리로 하여금 인간의 필요에 민감해지도록 만들어 준다. 문학은 인류가 간직한 기쁨과 슬픔, 고뇌와 환희에 참여하도록 해주기 때문이다. 이와 같이 문학 독서는 여러 측면에서 독자에게 매우 중요하다. 독자는 문학 독서를 통해 상상력과 미적 감수성을 훈련할 수 있고, 세련된 표현을 배울 수도 있다. 환상적 작품의 저자이기도 한 C. S. 루이스는 이 점에 관해 다음과 같이 말한다.

"우리는 우리의 존재를 확장하기 위해 애쓴다. 우리는 우리 자신을 넘어서고 싶어 하는 것이다. 본성적으로 우리 모두는 자기 자신의 독특한 관점과 선별 기준을 가지고 있어서, 그 입장에서 전체의 세계를 본다. …… 우리는 우리 자신의 입장에서뿐만 아니라 다른 사람의 눈으로 보고, 다른 사람의 상상력으로 상상하며, 다른 사람의 마음으로 느끼고 싶어 한다. 우리에게는 바라볼 창문이 필요하다. 이것은 내가 아는 한 문학이 가진 특이한 가치요 이점이다. 왜냐하면 문학은 우리 아닌 다른 사람의 체험으로 우리를 인도해 주기 때문이다. 나 자신의 시각만으로는 충분하지 않다. 다른 사람의 시각을 통해서도 보아야 하는 것이다."

문학 작품을 읽는 사람은 우선 작품에서 이야기하고 있는 내용을 충분히 이해하고 공감하려고 노력해야 한다. 작품에 나타난 인물, 구성, 주제, 표현 등을 잘 파악하고 감상했다면 다음 단계로 자신이 읽은 내용을 성경 말씀의 빛으로 검토해 봐야 한다. 그리스도인은 수동적인 독자가 되어서는 안 된다. 적극적이고 비평적인 독자가 되어야 한다. 이 책은 문학에 관한 기독교적 관점을 갖는 나침반 역할을 한다.

문학은 항상 우리를 하나님의 도성으로 인도하지는 않는다. 그러나 문학은 이 지상에서의 우리의 여정을 아름답고, 즐거우며, 통찰력 넘치고, 인간적 일 수 있도록 해주는 것이다.

기독교인이라면
반드시 읽어야 할 책 100
98

당신은 하나님을
어떻게 경험하는가?

지금 여기서,
하나님 나라를 살아가라

하나님의 모략
달라스 윌라드 | 복있는사람

리처드 포스터는 이 책을 추천하면서 다음과 같이 말했다.

"디트리히 본회퍼, 존 웨슬리, 장 칼뱅, 마르틴 루터, 아빌라의 테
레사, 빙겐의 힐데가르트, 나아가 토마스 아퀴나스와 히포의 아우
구스티누스의 진귀한 저작과도 같은 반열에 올려놓고 싶다. 만일
주님의 재림이 늦어진다면 이 책은 다음 밀레니엄을 위한 책이다!"

673쪽의 무게 있는 이 책은 무게 이상의 묵직한 감동과 도전을 준다. 저자가 인도해 들어가는 진리의 숲에서 우리는 정신이 번쩍 드는 경험을 하게 된다. 먼저 저자는 가볍고 표피적인 오늘의 기독교를 폭로한다.

"현대 그리스도인들에게 가장 뚜렷하게 나타나는 일반적 현상은, 예수 그리스도의 분명한 가르침에 대한 이해와 순종이 자신의 삶에 진정 중요한 요소라는 확고한 의식이 없다는 점이다. 뿐만 아니라 그것이 삶의 본질이라는 생각은 아예 없다는 사실이다. 그런 순종은 불가능한 것으로 여겨지고 있을 뿐이다."

많은 그리스도인들이 기독교의 주요 기능을 단순히 행복한 내생을 보장해 주는 길로 보고 있다고 저자는 말한다. 그러나 윌라드의 분명한 지적처럼 만족스런 내생은 보장하지만 지금 여기서의 삶에 전혀 영향을 미치지 못하는 믿음은 피상적인 '소비자 기독교'와 '광고문 신앙'에 지나지 않는다.

저자는 산상 수훈에 관해서도 놀랍도록 탁월한 통찰을 펼치고 있다. 많은 이들이 산상 수훈의 말씀을 '영혼을 짓누르는 새로운 율법 체계'로 와전시킨다. 저자는 산상 수훈이 "우리 곁으로 다가온 하나님 나라의 실체 안에서, 실제로 살아가는 법에 대한 예수의 가르침을 간명하게 추려 놓은 글"이라고 말한다. 그분의 말씀을 듣고 행하는 모든 사람은 이미 영원 속에 들어선 삶이므로 어느 것에도 무너지지 않는 삶, 즉 영원한 삶을 살게 된다는 말씀으로 산상 수훈은 끝난다.

산상 수훈에는 두 가지 질문이 있다. 첫째, 어떤 삶이 행복한 삶인가에 관한 질문이다. 두 번째 질문은 누가 진정 선한 사람인가에 관한 것이다.

예수께서 심령이 가난한 자들을 "복 있다" 하신 것은 자격이 될 만한 조건을 갖추고 있어서가 아니다. 말할 수 없이 비참한 상태임에도 불구하고 천국의 통치가 그리스도의 구속의 은혜를 통해 그들에게 임했기 때문이다.

알프레드 에더세임은 말하기를, "소위 팔복에 붙어 있는 약속들은 각 복과 연결된 영적 상태에 대한 보상이나 결과로 보아서는 안 된다"라고 했다. 각 경우마다 연결 고리는 그리스도 자신이다. 그분이 모든 믿는 자에게 천국을 열어 주셨기 때문이다"라고 했다.

오늘날 기독교가 하나님을 섬기는 일차적 방편으로 정치와 사회 활동을 강조하는 경향은 점점 더해 가면서도 세상에 미치는 영향력은 오히려 더 약해진 가장 큰 이유를 꼽는다면, 그리스도께 대한 순종의 실천을 실제 생활과 무관하게 여긴다는 점 때문이다.

하나님 앞에서
우리 모두는 동등하다

16세기 종교 개혁의 핵심,

마르틴 루터

독일 기독교 귀족에게 고함
마르틴 루터 | 세창미디어

마르틴 루터에 따르면, 로마 가톨릭교회에는 세 가지 담이 있다.
당시 기독교계에 널리 퍼진 부패는 세 개의 담 뒤에서 발생하였
다고 그는 주장한다.

첫째는 세속의 권력을 막는 법령의 담이다. 로마 가톨릭교회는
영적 계급이 세속적 계급 위에 있다고 보았다. 반면 루터는 '종교

계의 직분을 영적 계급, 일반 사회의 직분을 세속적 계급이라고 하는 것은 억지이며 거짓'이라고 주장했다.

"직분은 영적인 인간을 만들지 못한다. 우리들은 다 같은 하나님의 자녀들이고, 주교나 교황은 다 같은 권위의 성도들 가운데서 하나를 뽑아 전체를 대신하게 한 것 이외에 다른 의미나 가치는 없는 것이다. 왜냐하면 공회가 한 성도를 주교로 임명하면 그는 주교가 된다. 이것은 모든 성도가 주교가 될 가능성과 권리가 있기에 가능한 것이다."

현세적인 통치자들은 사제들과 같이 동일한 세례를 받고 같은 신앙과 복음을 가지고 있으므로 사제들과 동일한 권리를 갖는다. 사제들 중에서 선택된 교황이라 하더라도 현세적 통치자들을 임의로 구속할 아무런 권리를 가지고 있지 않다. 교황에게서 교황의 직책이 없어지면 다 같은 위치가 되기 때문이다.

"사제는 하나의 관리 이외에 아무것도 아니다. 왜냐하면 공동체에 의하여 주교로 임명되어 특별하게 보이다가도 공동체에 의해 파면되면 일반 무리와 같아지기 때문에 엄밀히 말하면 특별한 것이 없는 평범한 신도 중 한 명일 뿐인 것이다."

우리 모두는 하나이다. 한 몸이다. 동등하다. 우리 머리이신 예수님은 오직 한 분이시고, 우리는 모두 그분의 한 몸이므로 모두 동등하다. 따라서 "비록 교황이 수많은 영혼들을 파멸의 구렁텅이로 몰아넣는 실수를 저지르거나 의도적인 음모를 꾸민다 해도 교황이기 때문에 벌을 받지 않는다"라는 교회법은 분명 사탄이 제정한 법이 틀림없다고 루터는 주장한다.

둘째는 성서의 영향력을 막는 교황이라는 담이다. 로마 가톨릭교회는 성서 해석자인 교황과 교황 무오설을 주장한다. 루터에 의하면, "교황 옹호자들은 교황이 오류를 범하지 않는다고 주장하면서도 단 하나의 증거도 대지 못한다." 로마 가톨릭교회는 성서를 해석하는 권한을 궁극적으로 교황에게만 두고, 교황은 악인이거나 선인이거나 간에 신앙 문제에서 오류를 범할 수 없다는 교황 무오설을 주장한다.

루터는 모든 그리스도인이 성서를 읽고 해석할 권리를 가진다고 주장한다. 루터는 성서 해석과 해석의 확인이 교황에게만 속한다는 것은 조작적이라고 주장한다. 루터는 성서를 읽고 해석하는 "그 열쇠는 베드로에게만 주어진 것이 아니고, 전 교인에게 주어진 것이 매우 분명하다"고 주장한다. 그들이 베드로에게서부터 물려받았다는 천국의 열쇠는 베드로만이 아닌 모든 믿는 자들에게 공히 주신 것이다.

셋째는 공의회의 판단을 막는 교황권이라는 담이다. 이것은 교황과 공의회, 즉 교황만이 종교 회의를 소집하거나 결의를 확인할 수 있다는 주장이다. 루터는 사도행전 15장 6절의 사도 회의가 사도 베드로에 의해서가 아니라 사도와 장로 들에 의해 소집되었음을 언급한다. 또한 모든 종교 회의 중에서도 가장 유명한 니케아 종교 회의는 로마의 주교에 의해서가 아니라 콘스탄티누스 황제에 의하여 소집되고 확인된 사실을 근거로 하여 강력하게 반박한다.

루터는 말하기를, "필요성이 있고 또 교황이 그리스도교계에 거리낌이 될 경우에는 소집할 수 있는 처음 사람이 모든 몸의 한 성실한 지체로서 참으로 자유로운 공의회를 성립시키기 위하여 그 일을 행하여야 한다. 이 일은 세속적인 당국자처럼 잘할 수 있는 사람이 하나도 없다"라고 했다. 교황의 권위가 그리스도의 권위를 거스른다면 교황의 권위는 악한 세력의 권위일 뿐이라고 루터는 주장한다. 지식 없이 다만 권위를 가지고 하나님의 말씀을 마음대로 해석하여 타인에게 용납하도록 강요하는 것은 있을 수 없다는 주장이다.

마르틴 루터는 1520년에 쓴 이 글에서 로마 가톨릭교회의 개혁을 위한 구체적인 제안도 하고 있다. 한마디로 이 책은 16세기 종교 개혁의 핵심 주장을 보여 주고 있다.

우리 머리이신 예수님은 오직 한 분이시고, 우리는 모두 그 분의 한 몸이므로 한 머리에 한 몸으로 우리는 모두 동등하다.

무신론자에서 무신론자를 위한 사도로 거듭나다!

의심할 대로 의심하고,

따져 볼 대로 따져 본 끝에 내린 결론

작은 그리스도 C. S. 루이스

페리 브램릿 | 엔크리스토

'무신론자를 위한 사도'라고 불리는 C. S. 루이스는 일평생 펜과 종이로 하나님을 전한 사람이었다. 루이스는 1898년 11월 29일 북아일랜드의 수도 벨파스트에서 태어났다. 그의 아버지는 변호사로 성공하여 넉넉하게 가계를 꾸려 갔고, 1905년에는 벨파스트 교외에 있는 큰 집을 사서 가족 모두 이사하였다. 이사 후 얼마 되지 않아 어머니가 돌아가신다. 루이스와 그의 형 워렌은 오래된 집의 다락에 올라가 몇 시간이고 둘이서만 지낼 때가 많아졌다. 둘은 다락에서 스스로 만들어 낸 상상의 세계에 깊이 젖어들곤 하였다.

루이스는 자라면서 유년기에 가졌던 기독교 신앙을 버렸다. 그는 제1차 세계 대전 기간에는 영국군으로 복무했고, 그 후에 옥스퍼드 대학에 입학하였다. 1919년에서 1923년까지 옥스퍼드 대학의 유니버시티 칼리지에 있으면서 고전학과 철학을 전공하여 1922년에는 최고 우등생의 영예를 차지하였다. 졸업 후 1925년 봄에 옥스퍼드의 모들린 대학의 평의원으로 선출되었다. 그는 1946년 옥스퍼드 대학에서 영문학을 강의했으며, 1954년 캠브리지 대학에 신설된 '중세 및 문예 부흥기의 문학'을 강의하는 영어 교수직에 초빙되기 전까지 줄곧 모 들린에서 지내면서 조용하고 학구적인 활동을 하였다.

회심하고 난 루이스는 중세 및 르네상스 영문학 분야의 연구를 주도하는 권위자로 명성을 세워 가면서 관계되는 여러 책을 저술하였다. 루이스는 1963년 11월 22일 오후 5시 30분 옥스퍼드에 있는 자택에서 세상을 떠났다.

루이스는 그리스도인이 되기 전까지 철저한 무신론자였다. 그러던 중 1920년부터 10여 년간 그는 기독교에 대한 자신의 태도를 전반적으로 재검토하게 된다. 그는 자신이 유년 시절에 버렸던 신앙을 다시 찾게 된 사건을 자서전에 아주 상세하게 기술하고 있다. 루이스는 자신이 하나님을 받아들인 위대한 결단의 순간을 이렇게 고백하고 있다.

"모들린 기숙사에 있을 때였다. 밤마다 하던 일을 멈추고 잠시라도 쉴라치면, 내 편에서는 그렇게도 부딪치기를 원치 않았던 그분이 무정하게도 끊임없이 내게로 다가왔다. 두려워 피하기만 하던 바로 그분이 드디어 나를 찾아오신 것이다. 1929년 마지막 학기에 나는 드디어 항복하고 말았다. 결국 하나님은 하나님이라는 사실을 인정하고 무릎을 꿇어 기도했다."

인간의 이성과 경험으로 하나님을 발견하려고 씨름하다가, 결국 지적으로 정직한 자세를 취하자 하나님을 믿고 신뢰할 수밖에 없다는 결론을 내리고 회심하게 된 것이다. 회심한 루이스는 열렬한 그리스도의 증인으로 변화되었다. 그는 많은 글을 통해 어느 신학교 교수보다 훌륭하게 기독교 신앙의 타당성을 일깨워 주었다.

루이스는 당대의 사람들에게 기독교의 합리성을 설명하기 위하여 명쾌하고도 확신에 찬 여러 권의 책들을 펴냈다. 그의 저서는 기독교 교리와 신학에 관한 전집은 말할 것도 없고 시집, 문학비평, 우화, 과학 소설, 일반 소설, 아동 도서 등 매우 광범위했다. 특히 그는 무신론자였던 자신의 경험을 바탕으로, 기독교에 대해 의심을 품고 있는 사람들이나, 기독교인이 되기를 원하지만 자기가 지닌 지식의 방해를 받고 있는 사람들에게 확신을 갖게 해주는 훌륭한 전도자였다. 기독교의 진리를 의심할 대로 의심해 보고 따져 볼 대로 따져 본 그는 사람들이 깜짝 놀랄 만큼 솔직한 태도로 기독교를 논한다.

《순전한 기독교》는 그의 대표작으로, 라디오 방송을 통해 그리스도를 전했던 내용을 모은 책이다. 그가 자신의 손녀를 위하여 쓴《나니아 연대기》라는 동화는 주인공들이 펼치는 흥미진진한 모험을 통해 하나님의 역사하심을 비유적으로 보여 준다.

《작은 그리스도 C. S. 루이스》는 루이스라는 인간과 그의 기도 중심적인 삶, 그와 성경의 관계, 친구들과의 우정 등 한 인간으로서, 한 사람의 기독교인으로서 루이스의 완전한 모습을 보여 준다. 루이스의 영적인 삶에 대한 많은 의문들에 답을 해주기도 한다. 이 책은 영적인 삶을 진지하게 고민하는 기독교인들에게 진정으로 본받을 만한 완전한 귀감으로 C. S. 루이스란 인물을 소개하고 있다.

다른 사람을 위한 기도가 내 자신을 위한 기도보다 훨씬 쉽다는 사실을 나도 일찍부터 깨닫고 있었다.

기독교인이라면
반드시 읽어야 할 책 100

초판 1쇄 인쇄 2016년 9월 1일
초판 1쇄 발행 2016년 9월 8일

지은이 송광택
펴낸이 박세현
펴낸곳 팬덤북스

기획위원 김정대·김종선·김옥림
편집 김종훈·이선희
디자인 강진영
영업 전창열

주소 (우)03966 서울시 마포구 성산로 144 교홍빌딩 305호
전화 070-8821-4312 | **팩스** 02-6008-4318
이메일 fandombooks@naver.com
블로그 http://blog.naver.com/fandombooks

등록번호 제25100-2010-154호

ISBN 979-11-86404-69-0 03230

• 이 책은《기독교인이 죽기 전에 반드시 읽어야 할 책 100》의 개정판입니다.